王名扬
全集
④

王名扬先生（1916—2008）

1978年1月北京外贸学院（现对外经济贸易大学）第二届工农兵学员毕业照
（前排左三为作者）

1983年12月于成都四川大学（右二为作者）

1982年11月于广州白云山山顶公园（左二为作者）

王名扬全集 4

论文、词条汇编

Compilation of Academic Treatises and Dictionary Entries

王名扬 著

北京大学出版社
PEKING UNIVERSITY PRESS

图书在版编目(CIP)数据

王名扬全集.论文、词条汇编/王名扬著.—北京：北京大学出版社，2016.1
ISBN 978-7-301-25274-1

Ⅰ.①王…　Ⅱ.①王…　Ⅲ.①行政法—文集　Ⅳ.①D912.140-53

中国版本图书馆CIP数据核字(2014)第305640号

书　　　名	王名扬全集：论文、词条汇编 Wang Mingyang Quanji：Lunwen、Citiao Huibian
著作责任者	王名扬　著
责 任 编 辑	王建君
标 准 书 号	ISBN 978-7-301-25274-1
出 版 发 行	北京大学出版社
地　　　址	北京市海淀区成府路205号　100871
网　　　址	http：//www.pup.cn　http：//www.yandayuanzhao.com
电 子 信 箱	yandayuanzhao@163.com
新 浪 微 博	@北京大学出版社　@北大出版社燕大元照法律图书
电　　　话	邮购部 62752015　发行部 62750672　编辑部 62117788
印 刷 者	北京中科印刷有限公司
经 销 者	新华书店
	965毫米×1300毫米　16开本　23印张　360千字 2016年1月第1版　2016年1月第1次印刷
定　　　价	48.00元

未经许可，不得以任何方式复制或抄袭本书之部分或全部内容。
版权所有，侵权必究
举报电话：010-62752024　电子信箱：fd@pup.pku.edu.cn
图书如有印装质量问题，请与出版部联系，电话：010-62756370

《王名扬全集》编委会

主　任：应松年

编　委（按姓氏笔画排序）：

于　安　　马　龙　　马怀德　　王万华　　王黎红　　韦武斌
吕利秋　　刘　莘　　刘善春　　李　轩　　杨士林　　杨伟东
肖凤城　　吴偕林　　宋炉安　　张占忠　　张吕好　　张步洪
张泽想　　张树义　　张　越　　陈文锋　　单明伟　　胡建淼
柳砚涛　　姜明安　　贾新峰　　夏桂英　　高家伟　　郭修江
姬亚平　　董　皞　　蒋惠岭　　傅红伟　　曾祥瑞　　薛刚凌

特邀编辑：高家伟

编辑人员：

刘东刚　　李大勇　　姜　漪　　王华伟　　魏浩峰　　舒　彧
付小彦　　陈　雷

《王名扬全集》总序一

应松年*

《王名扬全集》付梓,是我的眷眷心愿,眼见这一心愿得以实现,庆幸之忱难以自抑。

《王名扬全集》出版,是中国行政法学人的殷切期盼,是中国法学界,尤其是行政法学界的一大盛事。王老的《英国行政法》《法国行政法》《美国行政法》是全集中的重头戏。这三部著作被称为"行政法三部曲",在20世纪八九十年代,改革开放后的法学勃兴时期,促进了刚刚兴起的中国行政法的发展,培育了整整一代行政法学人,产生了巨大的社会影响。王老逝世以后,我一直心怀企望,想将王老的全部著作收集、编辑、出版,一方面是为了表达对王老这位一代行政法巨匠的尊崇和思念,更重要的是期望王老的著作能够在新时期建设法治中国、推进依法行政的伟大事业中,继续发挥理论的参照和借鉴作用,同时,也可从中发现王老学术思想的发展历程,为行政法学人,尤其是中青年一代提供启示,树立榜样。

---

* 我国著名行政法学家,中国政法大学终身教授、博士生导师,现任中国行政法学研究会名誉会长。第九届、第十届全国人大代表,全国人大内务司法委员会委员,全国人大法工委行政立法研究组副组长,北京市第十届、第十一届、第十二届、第十三届人大代表、法制委员会副主任,第十四届北京市人大常委会法制建设顾问。兼任国家减灾委员会专家委员会成员、中国法学会学术委员会委员、最高人民检察院专家咨询委员等。曾两度获北京市优秀教师奖,并获中央国家机关"五一劳动奖章"和"2006年度法治人物"荣誉称号,享受国务院政府津贴。

王老于1948年赴法留学,在法国逗留10年之久,获得行政法和国际私法两个博士学位。1958年,王老响应周恩来总理的号召,和许多海外学子一样,怀揣报国志愿,启程回国,进入北京政法学院。但缘于众所周知的原因,他一直没有站上讲台开课。1963年,因为对外经贸大学需要一位法语教师,于是王老前去担任法语教学工作,且编了一部法语教材。

　　改革开放后,法学的春天到来,王老有了借其所学专业发挥作用的机会。1982年,司法部法学教材编辑部决定组织编写行政法学统编教材——《行政法概要》,其中有行政行为一章,找不到作者。主编王珉灿了解王老的经历,请他来写这一章。这个决定使王老宝刀生辉,《行政法概要》也由此而增色。应该说,王老所写的这一章,堪称全书的华彩乐章,很多观点直接影响了以后行政法学的理论和实践。我当时在法学教材编辑部专职编辑《行政法概要》,得以认识王老。不久,中国政法大学成立,当时许多高校都开设了行政法课程,中国政法大学还成立了行政法硕士导师组。其时我已调入中国政法大学,参加导师组工作。我们前去经贸大学敦请王老回法大任课,王老开始时无意回来,但一听说是去培养新中国新一代行政法硕士研究生,这无疑触动了王老的行政法情结,激起了他的专业报国的夙愿,欣然同意回法大,从此,我和他就一直在一起工作。

　　那时候,令我印象深刻的是王老的敬业精神。每次给研究生上课,到学校开会及参加各种活动,他都得从经贸大学坐公交车远道赶来法大,却从不迟到。他是湖南人,讲课时带有湖南口音,为防止学生听不明白,他极力以板书辅助,经常在黑板上书写,一堂课下来,满身粉笔灰。在讲课、活动的同时,他仍挤出时间写书。1987年《英国行政法》出版,1988年《法国行政法》出版。此后,他以70多岁的高龄,赴美国调查研究,1995年上、下两册的《美国行政法》出版。这是怎样的一种工作效率、工作精神!这时电脑开始兴起,在很多人还对电脑莫名其妙的时候,王老毅然自学电脑,短时间就运用自如,并开始用以写作《比较行政法》。可惜,我们完全没有想到,正当王老雄心勃勃、思绪飞扬地驰骋在《比较行政法》的构思、写作中时,病魔突然袭来,让他不得不违心搁笔。虽然我们仍满怀希望祈愿王老恢复健康,继续写作,王老自己也希望重新启动,完成书稿,但终于不能如愿。于是我们现在看到的是《比较行政法》十分珍贵的片断了。

与他的敬业精神和工作成就相比,他的生活条件如此简陋,两室一厅的房子,十分窄小。室中一床、一书桌、一椅子、一书柜,还加一方形饭桌、两个破旧的待客沙发,挤得满满的,要在其中走动,就得小心避让。椅子坐垫破了,用一张破皮披上,桌子已是摇摇晃晃,不堪使用。最后连电脑也疲劳罢工了。我们实在看不过去,几个人凑些钱,给他换了一些家具,置办了新电脑,后来,王老行动越来越困难,只能躺在床上看书,为方便他看书,我们给他买了一张可以摇起的活动床,但他坚决不许,最后只好退货。每每想起,都难抑心酸。

王老对于物质生活的困乏没有感受,是因为他活在丰富的精神世界里。改革开放的时代,正在兴起的中国行政法学界迫切希望了解国外行政法理论及实践,这激发起了王老的全部热情,同时也使他的著作产生了巨大的社会影响。时代需要王名扬,也造就了王名扬。王老恰当其时的成就,无可替代,可以说,当时能够介绍国外行政法学和行政法治实践的,并非没人,但唯有王老做到了。因为他拥有长期的国外留学、工作的经历,拥有相应的知识蕴藏,特别是拥有学术热情和学术责任感,还有他的严谨和才华。他的著述的鲜明特点是准确、精到,他全面地介绍和恰如其分地论述那些国家的法学和行政法学理、原则和制度,至今仍是我们了解或考察这些国家的法治理论和法治实践的可靠依凭。

王老著作的另一特点是中国化。他曾说过,在他编写"三部曲"时,都曾和这些国家的学者商谈过,征求过意见,应该怎样安排这些国家的行政法体例,以什么样的方式来阐述、介绍?最后他确定按中国人的法律思维方式和习惯来编排和写作,就是现在大家所看到的这种体例。所以,他的著作不是简单的翻译和单纯的述说,而是在综合研究、融会贯通的基础上,以中国化的思维、语言进行阐释,使我们易读、易懂、易接受。这才是真正的理论大家,截至目前,似未有相关著作能够企及。这一点,也正是他的著作受人欢迎的重要原因。我们从中不仅看到了一个学者的周密、慎思,而且感受到一位大家的入化能力和为读者谋的学者责任感。

这部《王名扬全集》,是目前尽我们能力所能收集到的王老的全部作品。王老1943年的硕士论文《事务官中立问题的研究》和在法国留学时的博士论文《中国法上公务员对行政相对人的民事责任》也收录于此。

留法博士论文是用法语写的,我们请人翻译成中文。除了英国、法国、美国行政法和比较行政法外,王老还写了许多论文,主编或参编了一些著作,我们将他所撰写的部分都收录于此,此外,还包括一些他翻译的作品。《王名扬全集》五卷六册,总计近300万字。

  全集得以出版,首先应该感谢高家伟和姜漪二位,他们前后花了两年多的时间,从事收集整理,乃至逐字逐句录入、校对,不嫌其繁,做得十分投入细致。《王名扬全集》正是他们二位编辑成书的,还要感谢王老的女儿王娅娣女士,她为搜集她父亲的遗著花费了巨大精力,同时,还要感谢北京大学出版社蒋浩先生的大力支持,使行政法学界久所企盼的《王名扬全集》得以出版问世!

2015 年初冬于北京世纪城

《王名扬全集》总序二

王娅娣

父亲离开我们已经七年了,七年间,他仿佛睡着了,我仍时不时去他身边照看。梦里常依旧和他生活在一起,形影交错,场景丰富。他凝神执笔于简陋的书桌前,继续着他计划中的思考与写作,好像从未中断。只是这段时间他睡着了,我不忍叫醒他,在他醒来之前我忙着其他。他是否已经完成了夙愿?是否完成了《比较行政法》的后半部?他说"按照原来的安排,如果能够续写,我会寻找些资助到国外(美国或者法国)编写,回来整理,把国外法律中的技术名词改写成更适合汉语习惯的表达方式,然后出版"。是否《中国行政法》也已经付诸印刷?是否他的五部曲都已经可以在网络上点击查阅?是否我可以在微信中给他点赞?

姜明安教授在《比较行政法》序言中写道:"王名扬的作品,对中国的行政法学的发展和行政法建设产生了深远的、重要的影响和作用。"生命有涯,事业无涯,这是喜剧也是悲剧。喜的是他真正留下了脚印,看到了我国成长起来一大批优秀的行政法学者,看到了桃李满天下的盛况。悲的是,他未完成夙愿就离开了我们。

在中国政法大学应松年先生和北京大学出版社蒋浩先生及各方的倾力促成下,《王名扬全集》即将于2016年初出版。期间经历了太多的艰辛和努力。从2012年应松年先生派学生姜涵女士春风般地来到我身边沟通筹划出版《王名扬全集》开始,一直到高家伟老师在身体不太好的情况下,倾其全力严谨而中肯地在各个编辑环节提出建议和方案,亲自参与调研,并收集了大量的资料,付出了太多的艰辛,以及很多为全集的论文词条汇编、译作教材汇编工作的编辑工作人员,还有博士论文法文译者刘东刚博士及所有参与工作的编委会成员,历时三年,终于完成了这项可以称为工程的出版工作。在此我代表家人及亲属,对参与《王名扬全集》编辑及出版工作的领导及工作人员表示由衷的感谢!

2008年11月10日上午,在北京八宝山公墓竹厅举行的父亲的遗体告别仪式上,一幅挽联真实地概括了他的一生:

  求学法国问道中业九二载,纸笔人生君不见跋山涉水,甘苦自怡未酬壮志身先逝;

  身居陋室名扬天下三四部,辉煌巨著有道是黄卷青灯,桃李如云常使后学泪满襟。

2016年将迎来父亲诞辰100周年纪念,我代表家人及亲属表示对父亲深深思念!

感谢北京大学出版社在我父亲即将诞辰100周年之际出版全集,感谢蒋浩先生及责任编辑苏燕英、王建君、陈康女士付出的极大耐心和辛苦!

何海波先生曾在文章里这样写道:"王名扬堪称一座桥梁,使得国内法学界建立了与民国时期行政法学及外国行政法学之间的联系。"愿这座桥梁和曾经的"王名扬时代"能带动更适合发展的行政法学新未来和新时代!

2015年11月30日

《王名扬全集:论文、词条汇编》
出版说明

  制作学术全集并非现有学术成果的简单机械的拼凑,而是从学者治学生涯的高度对其现有学术成果进行整体系统化提升的一种学术创新活动。其创新之处在于从学者现有的学术成果中去探寻学者的学术道路,追寻其内在一以贯之的精神、理念和风格,勾画体态丰满的学术形象,揭示学术发展的内在规律。这既是学术传承的一种有效方式,更是学术创新的一种不可或缺的有效途径。为王名扬先生制作法学全集是我国公法学界在这方面进行的一次尝试,希望有助于推动我国公法学的发展,成为我国公法学百花园地中一道亮丽的风景。

  在应松年教授的大胆倡议和有效组织下,编委会经过讨论决定将王名扬先生的博士论文、硕士论文、期刊论文和所撰写的《中国大百科全书》词条收入本版全集之中,作为一个卷本进行编排。在名称、体例、结构等问题上,北京大学出版社的蒋浩先生提出了宝贵的意见,编委会也进行了反复斟酌。王娅娣女士提供了许多相关的资料,使编校工作得以顺利进行。毕业于中国政法大学的刘东刚博士负责翻译王老的博士论文,在读的博士生姜漪同学负责其他文献的资料收集和文字录入,高家伟教授则负责本卷的编译人力组织、篇章结构编排和文字校对。各方面的共同努力使全集的编辑工作得以顺利进行,这里要表示衷心的感谢。

《王名扬全集》编委会
2015年10月

简 目

上编 论 文 ········· 001

硕士论文篇(1943年) ········· 005
博士论文篇(1953年) ········· 061
期刊论文篇(1984—2005年) ········· 197

下编 词 条 ········· 293

《中国大百科全书》法学卷词条(1984年) ········· 295

《王名扬全集:论文、词条汇编》编后记 ········· 高家伟 345

上编

论 文

详 目

硕士论文篇
事务官中立问题的研究

摘要	013
第一章 事务官中立的性质	015
第二章 事务官中立的理由	020
第三章 事务官中立的先决条件	024
第四章 事务官的公民权利及政治活动	038
第五章 事务官中立维持的方法	054

博士论文篇
中国法上公务员对行政相对人的民事责任

前言	065
本文中使用的缩略语	067
导论	069
第一部分　古代法	**075**
第一章 中国古代法中公务员责任的种类及其特殊性	075
第二章 公罪和私罪的区分及其在公务员责任方面的适用	086
第三章 中国古代法中公务员的民事责任	101
第四章 例外情况	118
第五章 层级命令对公务员民事责任的影响	124
第六章 公务员的特权	127

第二部分 现代法 ……………………………………… 133
第一篇 大理院的工作成果 ……………………………… 133
第一章 概论 ……………………………………………… 133
第二章 个人过错理论 …………………………………… 140
第三章 可赔偿的损害 …………………………………… 152
第四章 民事责任的减免情况 …………………………… 155
第五章 对公务员的起诉 ………………………………… 160
第二篇 1929年《民法典》 ……………………………… 163
第一章 概论 ……………………………………………… 163
第二章 公务员的民事责任 ……………………………… 167
第三章 国家责任 ………………………………………… 175
第四章 公务员民事责任的实施 ………………………… 183
结论 ………………………………………………………… 188
参考书目 …………………………………………………… 191

期刊论文篇

谈谈狄骥的实证主义社会法学 ………………………… 199
比较行政法的几个问题 ………………………………… 209
比较行政法的几个问题（提纲） ……………………… 218
法国的行政赔偿责任 …………………………………… 231
法国公务员的行政赔偿责任 …………………………… 239
法国的行政赔偿责任（续）：公务员的行政赔偿责任 … 247
行政公开情报自由法 …………………………………… 252
海牙国际私法会议 ……………………………………… 260
我国行政诉讼立法的几个问题 ………………………… 268
评《行政诉讼法（草案）》 …………………………… 273
论比例原则 ……………………………………………… 282

硕士论文篇（1943年）

事务官中立问题的研究

毕业学校：重庆国立中央大学

毕业院系：研究生院行政研究所

导师：张汇文 教授

专业：行政学和行政法学

时间：1943年

王名扬先生在硕士毕业论文手稿版第一页上的签名

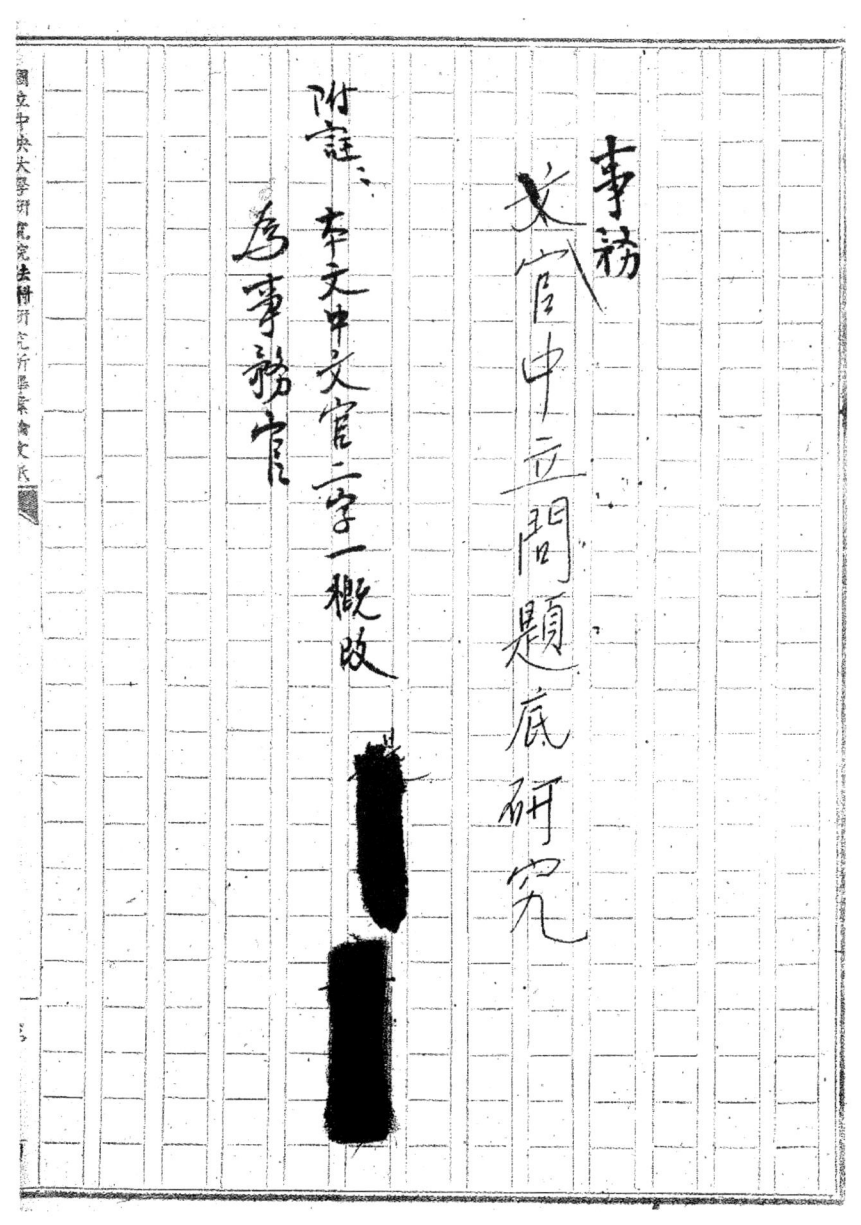

事務

文官中立問題底研究

附註：本文中文官二字一概改為事務官

王名揚先生碩士毕业论文手稿版的扉页

目錄

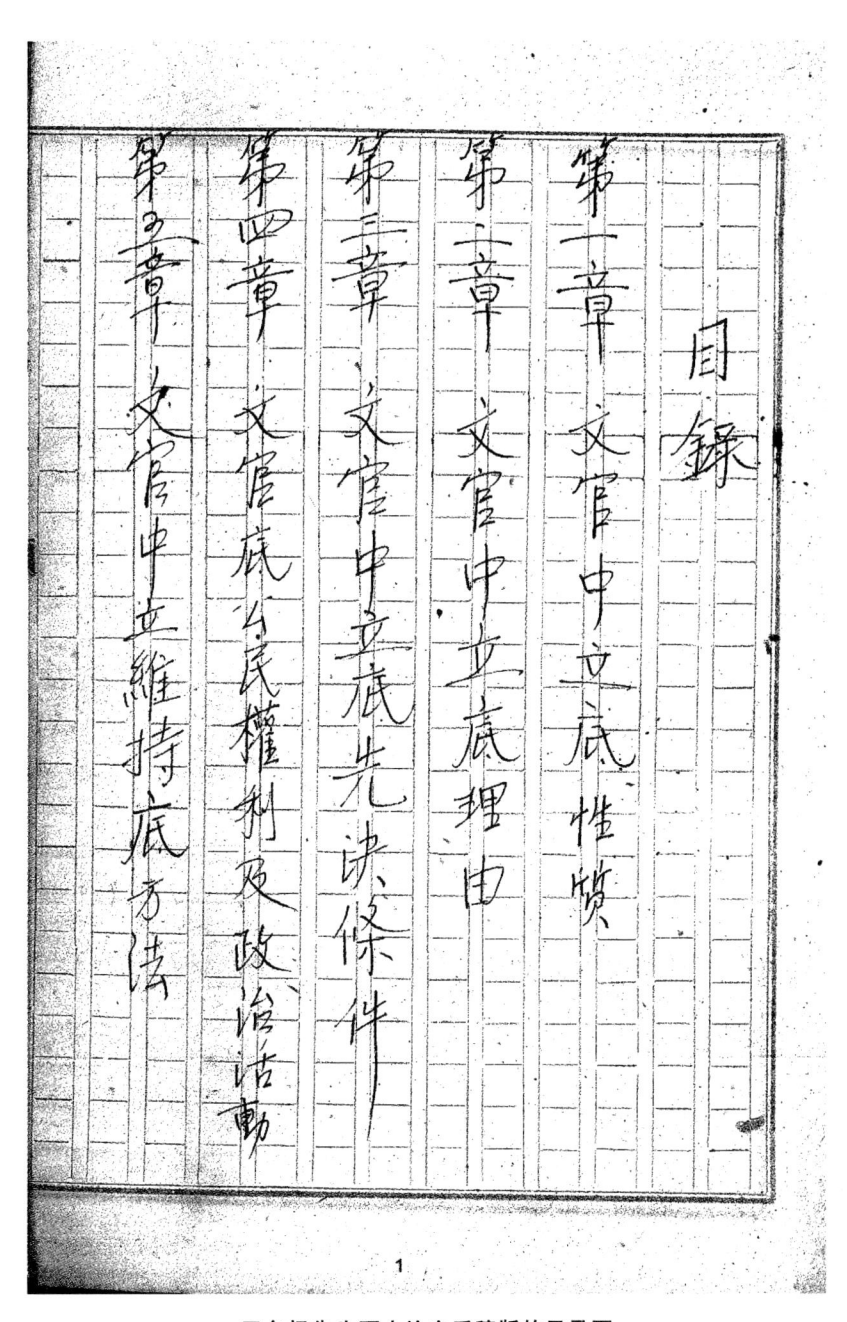

第一章 文官中立底性質

第二章 文官中立底理由

第三章 文官中立底先決條件

第四章 文官底公民權利及政治活動

第五章 文官中立維持底方法

摘要

本文系就法律方面及制度方面研究事务官中立问题。

第一章分析事务官中立的性质。认为事务官中立是事务官纪律的一部分。这种纪律:(1) 只在民主国家才有,独裁国家不容允事务官中立;(2) 只在资本主义社会才有,真正的共产主义社会不会发生事务官中立问题;(3) 只在社会尚能保持相当统一性的时候才有,如果社会发生重大的分裂,多数人们及各政党间对于根本问题意见不能调和时,亦不能有事务官中立。

第二章叙述事务官中立的理由。认为近代民主政治与事务官中立不可分离,没有事务官中立,近代民主政治就无法继续实行。第一,因为事务官中立是事务官制度的核心,而事务官制度是建筑近代民主政治的基础。第二,事务官中立供给民主的政府在政党波动中一种安定的势力。第三,事务官中立是政府权力增加后维持人民对政府信任的条件。第四,事务官中立是维持事务官团结一致,增加政府工作效能的条件。

第三章考察实行事务官中立的前提。认为政府官吏应当分为政务官及事务官两种。支配事务官的原则为功绩制度(merit system)。只有政府实行功绩制度以后事务官才能中立。但是在政党政治之下,政府很难完全贯彻功绩制度。而各国因为政治情况、公法制度、社会背景不同,实行功绩制度的程度也有差异。因此简略地考察功绩制度在英、美、法、德等国发展的历史和背景。

第四章讨论在事务官中立的纪律下,事务官的公民权利及政治活动应当受如何的限制。前半部分讨论事务官个人的活动及公民权利。例如是否应当有选举权、被选举权、创制权、复决权及言论自由的范围等。后半部分讨论事务官团体的活动。例如事务官能否结社，事务官团体能否与工会联合，能否同盟罢工等。这些问题牵涉到国家主权、政府性质及事务官与国家间法律关系等问题。美国学者研究行政着眼于管理技术，对于此类根本问题的讨论不免忽略。法国行政学者关于这方面的讨论很发达，惜本文未能利用法文材料，不免遗憾。

第五章研究事务官中立维持的方法。事务官中立是事务官纪律的一部分，需要用纪律制裁来维持。但是纪律制裁也可以被利用达成政治上的目的，破坏纪律存在原来的目的，因此对于纪律处分必须有保障的方法。本文比较美、法、德三国制度以后，推重法国的制度。其次维持事务官中立的纪律最好的方法是增进事务官与政府间的合作及了解，所以特别介绍英国的 Whitley Council 及 Industrial Court 制度。

最后，事务官中立的纪律能否维持，须视人民是否需要民主政治。人民是否需要民主政治须视社会是否还能够保持相当的统一性。所以，事务官中立的纪律不能脱离社会的及历史的环境。

第一章
事务官中立的性质

事务官中立(The neutrality of the Civil Service)是指政府中的常任事务官(Permanent Civil Servants)对于政党的斗争采取公允的态度,他不积极地参加党争,也不消极地偏袒何党,对于任何取得政权的政党,同样忠诚对侍,同样接受命令。所谓常任事务官,是指普通行政机关中的终身任期的专门人员而言,不包括司法人员、军事人员及国营企业中的工商人员在内。①

一切事务官均须遵守某些纪律,事务官中立是事务官纪律的一部分。在行政法上,事务官有服从长官的义务,有忠于职守的义务等。这些义务的目的在于保证事务官的服从奉公,便利公务的执行。有的国家把这些义务规定在法律明文之中。例如德国1873年的《事务官法》(The national Civil Service Act of 1873)。② 有的国家在法律或命令中没有明文规定,然而事务官应当毫无疑问遵守这些义务。③

事务官既然须服从长官及忠于职守,在实行政党政治的国家,事务官对于所有的长官,不论他属于哪个政党,都应当同样服从;对于所有职位上的事务,不论是哪一党的政策,都应当同样执行。如果事务官只服从甲党的长官,忠诚地执行甲党的政策,而不同样服从乙党的长官,同样忠诚地执行乙党的政策,对乙党而言,事务官就是违背了他的义务。事务官要不违背他的义务,他对政党的态度一定要无所偏袒。事务官要对政党无

---

① "文官"二字各国所指的范围不同,此处所定之范围,乃本文讨论的对象。
② See § §3,10,11,12,16 of the Act.
③ See F. J. Goodnow, Comparative Administrative Law, pp. 82-86; H. Finer, The Civil Service and The Modern State, in Public Administration 1927, p. 328.

所偏袒,则事务官必须遵守某些行为规则,使他自己立于党争之外,这样才能对各党的斗争采取中立的态度,对于一切当政的党同样服从。所以事务官中立是政党政治下事务官所必须遵守的行为规则,是民主国家中官吏最重要的纪律。德国《魏玛宪法》甚至明文宣示事务官中立这一原则:"事务官为全社会的公仆,不是一党的公仆。"(The Civil Servants are servants of the whole community, not of a party)①《魏玛宪法》所宣示的原则,是所有民主国家公法上所不可少的原则。

首先,事务官中立只是民主国家公法上的原则,换句话说,只是政党政治下的公法问题。在独裁国家,即在一党专政的国家,不产生中立问题。因为所谓事务官中立是说事务官对于政府的反对党预备同样的忠诚,如果反对党取得政权时。而独裁国家的理想是统一,是没有反对党存在的。根本没有各党轮流执政的机会,所以中立问题不会发生。独裁国家不仅不发生中立问题,而且也不容许事务官中立。事务官中立只要求事务官对于当政的党服从,并不要求事务官把当政的党当做宗教一样热忱地拥护。而独裁的党所要求于事务官的不是消极地服从,而是积极地拥护。如果不拥护独裁的党即不得担任政府中的职务。因此在独裁国家,政治上的拥护代替了政治上的中立。例如希特勒统治下的德国,全国人民须在"领袖"之下统一。事务官乃领袖与人民间的联络者,如果事务官不拥护领袖,何能担负起联络的责任?② 我们只要看希特勒政府如何摧毁不积极地拥护国社党的事务官,就可知道独裁国家如何不容许事务官中立的情形。

希特勒政府在1933年4月通过《事务官调整法案》(The Civil Service Restoration Act)。这个法律的目的,据政府宣传是想肃清《魏玛宪法》时政党政治下借政治势力而取得职位的事务官。依照这个法律,下列各种人应排除于事务官之外:(1) 1918年后借政治势力加入政府而不具备事务官所应有之资格或专门训练者。(2) 非雅利安血统的事务官。但在上次大战前加入事务官或对上次大战有贡献者例外。(3) 各部部长有权建议辞退对希特勒政权不绝对拥护的人。(4) 为着调整行政机关或为着公务利益,所有事务官均可暂时停职。有了这4项规定以后,凡是国社党不

---

① Act 130.
② 在《魏玛宪法》下,文官就职时宣誓忠诚于宪法。在希特勒统治下,文官之誓词为忠诚于领袖。

喜欢的人都可排除，尤其是根据第 4 项规定所能排除的范围更广。例如据 1934 年 4 月 29 日汉堡政府的公布，在被辞退的 1 642 人中，以第 4 项理由被辞退者占 1 375 人。其余以不拥护国社主义而辞退者 165 人。因非雅利安血统而辞退者 83 人。此外，诸人以依政治势力取得地位之故而被辞退。① 究竟希特勒政府依据这个法律辞退多少事务官虽无确实统计，但 1934 年时联邦邮政机关在此法律通过一年之中，已辞退高级官吏 230 人，中级官吏 2 000 人，低级官吏 37 000 人，女公务员 1 900 人，可见其对原有事务官摧残的严厉。1933 年 4 月法律的主要目的在于整理过去的事务官。同年 6 月又通过一部法律，使以后的事务官都须为国社党的信徒。此法律第 1 项规定："凡为联邦事务官者，须具备其所从事之事业所需要之训练，或具备适合于其职位之特别才能，并保证其绝对拥护革命政府。"（As national civil servant only he may be appointed who possess either the training required for his career or the customary training or other special fitness for the office confined upon him and gives the guaranty that he will at all time fully identify himself with the State of the National Revolution.）②可见国社主义下的事务官，只有政治上的拥护存在，不容许有政治上的中立存在。

其次，在真正的社会主义社会，亦不会有事务官中立问题产生。因为在彻底的社会主义社会中，各尽所能，各取所需，一切事业都变成公共事业，全体人民都是公务员。只有公务员与公务员间的分工，没有公务员与非公务员的分别存在。在现在，只许一般人民为政治活动，公务员应立于政治活动之外。在将来，则政府的性质根本改变，全体人民同样可以自由地批评政府。

事务官中立只是在资本主义的民主政治下的现象。在这种政治下，各党可以互相竞争，轮流执政，因而需要事务官中立。过去民主主义国家中的事务官，在这方面所表现的纪律大都还好。但是假设在资本主义社会中，突然有某一政党不以正常的方式而以革命的方式取得政权，事务官对于革命的政府是否亦应中立？中立是不是有限度呢？事务官在革命的政府下是否会产生中立问题，可从两方面看：一是革命政府允不允许中立；二是事务官能不能够中立。革命政府允不允许中立须视革命的性质

---

① See L. D. White, Civil Service Abroad, pp. 263-265.
② Ibid., p. 265.

而定。如果革命后的政府是民主的政府,则仍然有中立问题存在。不仅仍有中立问题存在,而且假设原来的政府是专制的,革命后的政府变成民主的,则中立问题反因革命而开始发生。德国在第一次世界大战失败以后,发生革命,由君主政体变成共和政体。德皇威廉二世在退位诏书中劝告事务官效忠于新政府。当时新政府下各社会主义党亦尽量拉拢事务官。并且在《魏玛宪法》中,把向来事务官中立的习惯正式变为宪法条文。反之,如果革命后的政府是独裁政府,例如1933年希特勒的革命,及1922年意大利的革命,则革命后的政府根本不容许中立存在。①

假如革命后的政府要求事务官中立,事务官是否应当对新政府效忠呢?在法律上说这个问题比较简单。新政府下的事务官应当服从新政府。但是这个问题不仅是个法律问题,主要的是个事实问题,即事务官在事实上能不能够中立。事务官能不能够中立,亦须视革命的性质而定。如果革命没有推翻了社会的根本信念,则事务官尚可维持中立。如果革命推翻了社会原有的根本信念,则事务官势难维持中立。至于什么是社会的根本信念,须视各社会及各时代而定。在每一社会中,都有一些基本的假定,为社会上大多数人所深信不疑而绝对拥护者。例如英国人对议会政治,美国人对共和政体,都视为最好的与必要的制度。如果有一政党,在英国取消了议会政治,在美国推翻了共和政体,事务官对于这个新政府能不能够中立,能不能够效忠很成疑问。又如在现在情况之下,如果有个政党推翻私产制度,建立彻底的共产制度,旧时代的事务官对于新政权能不能够中立亦系疑问。在过去英国曾有两度工党执政。德国1919年的革命也是把政权由君手中转入社会民主党手中。在这几种情形之下,事务官都能维持中立。不过不能由此推定事务官在任何情形下都能维持中立。因为英国的工党政府与德国在上次大战后的社会民主党政府,都是采取温和的改良政策,没有破坏社会的根本组织,动摇社会的根本信念,所以不能由这种情况下的中立,断定事务官在社会的根本组织破坏、根本信念动摇时也能维持中立。

我们怀疑事务官在社会的根本组织破坏、根本信念动摇时能不能够

---

① 1922年《意大利敕令》第1条规定了任官条件:To obtain appointment to the Civil Service of the State it is necessary to possess the following qualification:…(3) at all times to have observed good civil, moral and political conduct, to be determined by the department alone. 此中 good political conduct 即用于排除不拥护法西斯党的文官。

中立与事务官愿不愿意中立无关,而是怀疑事务官在心理上能不能够中立。人总是个社会的动物,同时也是个自觉的动物。每人根据其过去的经验及社会环境,在思想上不自知地有些根本的假定或信念存在。这些信念无形中支配他的整个活动。在不影响他的根本信念时,他对别人的意见可以屈从;若牵涉到他的根本信念,他必不能容忍。他会认为违反他的根本信念的事,是毁灭整个社会摧残全部人类文化的事。在他的下意识中,不自觉地会扩大此事的恶果而忽视其好处。假如部长的根本信念与事务官的根本信念不同,事务官会认为部长的一举一动都是祸国殃民,很难热忱地去执行部长的命令。过去事务官中立能够存在,完全因为过去所有政党之间,及政党与事务官之间,在根本信念上都无大的差异。所以事务官对于各政党能够同样地看待,维持中立的态度。若有政党违反社会的根本信念,事务官能否中立,须待将来的事实证明。在未被证明以前,我们不敢相信这是可能的。①

总括地说:事务官中立的发生及可能,只在:(1)资本主义社会之下;(2)实行政党政治之时;(3)各政党对于社会的根本信念无大差异。

---

① Of. H. J. Laski, Parliamentary Government in England.

第二章
事务官中立的理由

民主国家的公法为什么要有事务官中立这个原则呢？这个原则难道不是和民主政治的基本精神冲突吗？在民主政治之下，一切人民都应当积极地参加政治活动。只有人民对于政治有兴趣，民主政治才能实行，为何事务官不能积极地参加政治活动呢？在英国、美国、法国都有一些事务官对限制其政治活动的规则表示不满意，他们要求完全的公民权利。①他们这种要求是不是有正当的理由呢？如果我们主张事务官应当中立，我们有什么更重要的理由限制事务官的公民权利呢？

首先，事务官之所以应当中立的根本理由是事务官中立是实行民主政治的必要方法。没有事务官中立现代民主政治就不能继续实行。如果我们赞成民主政治，我们就得主张事务官中立。在事务官中立的原则之下，事务官的公民权利诚然受到相当的限制，但是限制这少数人的自由是为了成全多数人的理想。所以这个原则是值得拥护的。

两千多年以前的时候，柏拉图(Plato)曾经批评当时雅典的民主政治有两大缺点：第一是国内有党争存在，破坏国家的统一；第二是政治家无知识、无能力。在柏拉图的"理想国"中，统治阶级没有私产，即无贫富之分，党争因此可以避免。其次是训练政治专家。正像一个成功的商人要懂得买卖的知识一样，一个政治家也要懂得治国的知识，才能担任公职。②但是柏拉图的理想国始终没有实现。今日私有财产既未取消，党争当然仍不能免。不仅不能避免，而且政党政治是今日防止专制实行民

---

① See H. J. Laski, Parliamentary Government in England; L. Mayer, The Federal Service; W. R. Sharp, The French Civil Service.

② Plato, Republic, trans. by Jowett.

治的唯一方法。今日人民不能直接参加政治,只有借政党与选举的方式才能控制政府,民主政治与责任政府也就无法实行。不过政府全由人民选举没有专家帮助,在雅典当时已经不便。那时政府的工作简单,科学尚未发明,政府已经感觉需要专家。今日政府的工作繁重,各项工作都需要高度的设计与技术,政府中没有专家,几(乎)为不能想象之事。民主政治如果要能继续存在,它必须要能够适应现代社会的需要,有能力履行它的社会职务,否则其他政治方式势必代之而起。因此今日民主政治的问题,是如何使政府在人民的控制之下而仍有专家的帮助,这是工业革命后人民对政府的期望加多,政府的工作专门化后的必然结果。①

今日民主国家解决这个困难的方法就是事务官制度(The Civil Service)的建立。所谓事务官制度是指在民选的官吏的领导之下,辅以终身职位的专门人员,其地位不因民选官吏的进退而受影响。这一制度的主要精神是事务官具有专门知识,享有终身职位,及对政治中立。但是专门知识乃是受过特殊训练及对于所从事的工作有长期经验的结果。只有职位是终身的以后,事务官始能对于其所从事的政府工作获得专门经验,也只有职位有保障以后事务官才愿意接受专门训练。如果事务官的地位没有保障,事务官的知识愈专门,失业的机会愈会增加。在这种情形之下,谁愿加入政府工作? 所以事务官的终身职位是养成事务官专门知识的方法,也是树立事务官制度的必要条件。所有民主国家必须遵守这个条件。有的国家甚至在宪法上及法律上明文规定。例如德国在希特勒以前民主的时候,《联邦事务官法》第二节规定:"事务官除在任命时有明白的表示外为终身职。"(Unless the appointment of a civil servant is made with the express understanding that he may be recalled or dismissed, he is supposed to be appointed for life) 同时《魏玛宪法》第 129 条第 1 项也规定:"事务官除法律另有规定外为终身职。"(civil servants are appointed for life in so far is not otherwise provided by law)② 可见民主国家如何地重视事务官的终身职位。不过事务官的终身职位又决定于事务官能否对政党中立。只有事务官能超然立于政治以外不参与政治斗争时,事务官才能终身任职。否则每次新政府成立时,势必更换一切反对它的事务官,以求贯彻政府的政

---

① See A. L. Lowell, The Government of England vol. I, p. 173; M. E. Dimock, Modern Politic and Administration, Ch:15.

② L. D. White, The Civil Service in the Modern State, pp. 396-398.

策。所以事务官中立是保证事务官终身任职的必要条件。而事务官的终身任职是养成事务官专门知识所必要的方法。事务官具有专门知识是实行近代民主政治所不可少的工具,因此事务官中立是树立事务官制度与实行民主政治的基础。

其次,事务官中立不但是供给政府专门知识的必要方法,而且是民主政治下政治波动中的安定势力。在政党政治下,每个政党执政期间的长短,全视议会或选民的意见为转移。因此政府随时可以变动。然而良好的政治秩序需要在变动当中有相当固定的因素存在,以保持政府的一贯性。"政府的工作如果要能良好地完成,须要对复杂的问题能够采取远大的见解。对于各项事情所采取的行动方针须能互相一致及符合舆论,并且在情形可能的时候,须能为后来的政府所继续遵守。如情形不可能而需要变动时,亦须使变动不致发生困难。差不多政府的任何决定,其效果都可以继续或发生于后来的政府。事务官,尤其是高级事务官的特殊职务,在不受当时环境的拘束而考虑其久远的效果,使当前的政府不致妨害未来的政府。"(The business of government if it is to be well done, calls for the steady application of long and wide views to complex problems: for the pursuit, as regards each and every subject-matter, of definite lines of action, mutually consist consistent, conformed to public opinion and capable of being followed continually while condition so permit and of being readily adjusted when they do not. Almost any administrative decision may be expected to have consequence which will endure or emerge long after the period of office of the Government by which or under whose authority it is taken. It is the peculiar function of the Civil Service, and the special duty of the Administrative Class of that service, in their day to day work to set these wider and more enduring considerations against the exigencies of the moment, in order that the parliamentary government of today may not become the parliamentary embarrassment of tomorrow. This is the primary justification of a permanent administrative service.)① 所以事务官中立后,事务官会变成党派斗争中的公平评判员。政治波动中社会全体利益的最后保障者,在民主政治下不能不有这样的安定势力存在。

---

① Extract from the "Report of the Royal Commission on Civil Service 1929-30", quoted by L. D. White in Civil Service Abroad, pp. 19-20.

再次,事务官中立是使事务官取得人民信任的唯一方法。今日政府因为工作增加,行政机关的权力扩大。许多事情过去归议会或法院处理者,现在为求行动敏捷适合社会的需要起见,归行政机关处理。实际上,就是归事务官处理。事务官既不是民选的官吏代表人民的意见,也不像法官一样严格地遵守公开的及法定的程序。而竟享有如此庞大的权力,因此引起许多人的批评,有谓此为"新专制主义"者。① 对于这类批评,本文不加讨论。然而行政机关权力扩大以后,事务官应当取得人民的信任毫无疑问。事务官取得人民信任的方法是事务官大公无私,不做一党的工具而以服务于全社会的利益为自己的职务。若是人民能够相信事务官是全社会的公仆,对于各党无所偏袒,人民对事务官的信仰自然会增加。

最后,事务官中立是保持事务官团体精神(esprit de corps)的方法。事务官制度要能发挥效果,全体事务官必须感觉自成一个团体。在工作方面互相砥砺,爱护本团体的名誉。假设事务官积极地从事政治活动,则可以因为政治上的仇视,破坏团体内的纪律和协作。因而事务官制度不能发挥其最大的效能。

总之,事务官中立是事务官制度的核心。而事务官制度又是民主政治的核心。为要维护民主政治,不得不限制事务官的政治活动。担任事务官职务,不像征兵一样是国民的强迫义务,而是公民自由选择的结果。公民选择事务官为终身事业,可以享受社会上许多荣誉,及握有实际政治上的权力。所以同时也应当具有替全社会服务的精神。若是限制事务官的政治自由可以成全多数人的理想,那么事务官在选择职业的当初就应当具有这样献身的热忱。

---

① See Lord Hewart, New Despotism.

第三章
事务官中立的先决条件

事务官中立虽是实行民主政治的必要条件,而真正做到事务官中立却不是一件容易的事。要达到事务官中立的目的,政府方面必须与事务官方面共同合作。要事务官不积极地参加政治活动比较容易,困难的地方在于政府本身不以政党政治而影响事务官。事务官受政党影响的方法很多。例如政府命令事务官帮助政府党竞争选举、从事宣传或贡献选举费用、报告选举消息等。最普遍的方式是把事务官职位给予有功于政党的人,或在升职及加薪的时候施惠于对政党有关系的人,对于政府所不喜欢的事务官停止对其升级加薪,甚至借口纪律而处罚或辞退他们。这些都是政府直接或间接鼓励事务官参加政治活动的方法。在政府鼓励或希望事务官参加政治活动时,事务官要想中立也不可能。因为政府握有事务官的任免权及纪律权。事务官不能不仰承政府的颜色。所以要想做到事务官中立,第一先要做到政府中立。只有政府对事务官没有偏私以后,事务官才能中立。政党政治一方面需要事务官中立,同时也足以破坏事务官中立。因为在政党政治下,政党取得政权后,握有政府全部官吏的任免权,很容易利用事务官职位以加强党的力量,维持党的组织,酬劳有功的党员及选举区内有势力的选民。要克服这个矛盾,责任首在政府。

政府要怎样才能做到中立呢?现在民主国家的办法是把政府的职位严格地分为两种:一是政治的职位(political officer)。这种职位与政党发生关系,由政党的首领主持,直接或间接对人民或人民的代表负责。对政府全部或某一部门的事务负有最后的决定权及指挥权。二是非政治的职位(non-political office)。这种职位不与政党发生关系,由有专门知识及经验的事务官主持,终身任职,不随政党而进退。担任前一种职位的人称政务官(political officer),担任后一种职位的人称事务官(professional officer)。在职务上事务官辅助政务官,在政务官的指挥领导之下,执行人民所希望的政策。但事务官的任免、升迁及纪律受法律及习惯的保障,不以政务官的爱恶为转移,全凭自己所表现的成绩为根据,就是说完全依照功绩制度(merit system)。必须政府遵守功绩制度,然后政府对事务官才无偏私。政府实行功绩制度是事务官中立的先决条件。①

功绩制度现在在重要的民主国家中均已采行。然而各国政府采用功绩制度都不是件轻而易举一蹴而就的事情,而是逐年奋斗的结果。同时各国的社会背景、政党情形及政治制度不同,所以功绩制度在各国实行的程度和范围也不同。因而各国政党影响事务官程度的大小随之而异。

政务官与事务官的分别起源于英国。英国1700年的《王位继承法》(Act of Settlement)规定,担任政府官职的人不得为下议院的议员。当时立法的目的在于排除国王势力于议会以外。因为国王可以给予官位于下议院中有势力的议员,以为控制议会的手段,所以议会通过这个条款。不过政府人员完全排除于议会以外,政府固不能操纵议会,议会亦不便控制政府。所以这个条款以后被修正了,只排除1705年10月以后新成立各部及原有各部中所特别指明的部的人员。其他旧部中的人员仍可出席议会。这时议会中仍有许多大小官吏同时出席,大官与小官没有明显的分别。不过自此以后,有两种趋势继续发展,使这种分别逐渐清楚。第一,凡以后新部设立之时议会特别规定新部的长官可以出席议会。第二,议会时常通过法律禁止旧部中低级官吏出席议会。同时政府各部亦时常颁布命令禁止部内职员为议会议员,部中职员须辞职后始准参加竞选运动。这样一来很明显地把政府的职位分为了两种:一是重要的职位,占有此职位的官吏可以出席议会;二是辅佐的职位,占有此职位的官吏不能出席议会。英国政务官与事务官的分别,随着议会势力的扩张而自然成立。②

政务官与事务官的分别虽然在18世纪时就已存在,然而英国政府对事务官采用功绩制度却是19世纪后半期的事情。在此以前,事务官的任用全无标准可言。政府官位不给有才能的人,而以政党关系、家庭关系及私人关系为晋身之阶。当时事务官腐败的情形可由1853年一个政府长官给事务官调查委员会的信中见之:

> 政府所任命的人员,大部分人身体及精神状态均不健全。而且

---

① F. J. Goodnow, Politic and Administration, Chs. Ⅰ,Ⅱ,Ⅲ,Ⅳ.
② See A. L. Lowell, The Government of England, vol. I, pp. 145-147.

教育程度与天资亦远在同辈之下……财政部供给某部80人,其中只有12个好人。政府机关满是达官贵人的子弟,他们既不能读又不能写。例如有两兄弟:一个是白痴,另一个智力也很低。他们抄写工作都不能做,却已经在政府服务多年了。又有一个青年,10以上的数目都数不清,也在政府做事。长官如果把这种情形向上报告那是自讨没趣。此外,尚有纨绔子弟及其他各种人等,他们可做事而不做事。政府职位变成懒惰青年的托身所。他们找不着旁的事就往政府里钻……外面各种游艺随时可以吸引他们。公事可以不办,反正政府不会辞退他们。有能力的人一进政府机关就变坏了。①

不过英国政府以政治的理由或私人关系而任命事务官,只在事务官职位有空额的时候,即经任命以后便不任意免职。不像美国一样每隔4年政府改组时事务官全部更换一次。英国人有一传统的观念,视官位为官吏的既得利益。如果政府变更方法而使官吏丧失地位或受损害时,政府须补偿官吏。因此英国没有美国所谓"官职轮流"的学说。同时英国政府的组织也与美国不同。美国政府有一定的任期。事务官可以按期更换而不致影响政府的存在。英国政府没有定期,随时可以变换。如果每次政府更换,事务官也跟着更换,则事务官的任期太不确定。这样的更换方法足以直接威胁政府的存在。所以在英国没有美国所流行的分赃制度(spoils system)。②

英国虽未实行分赃制度,然而政党支配事务官的力量仍然不少。例如在事务官自己辞职死亡或因过失免职或新设职位的时候,政党都可以操纵任命。英国事务官改革运动到1853年才开始。1853年时东印度公司请求新章程,议会任命麦克莱(Macaulay)委员会研究以后选择印度事务官的办法。委员会报告主张采用公开竞争考试,此案为议会通过。同年政府亦任命Sir Stafford Northcote及Sir Charles Trevelyan两氏组织委员会调查国内事务官。委员会主张采用印度事务官的办法,以公开竞争考试选拔人才。议会最初反对,舆论亦不赞成。政府乃决定不用立法方式而用命令方式进行改革。1855年5月颁布《枢密院令》(Order in Council),成立事务官委员会(Civil Service Commission)主持事务官考试事宜。

---

① Mr Chadwick's Letter to Commission on Civil Service 1853, Quoted by R. Moses in the "Civil Service of Great Britain", pp. 27-28.
② A. L. Lowell, Ibid., p.154; Moses, Ibid., pp. 25-26.

当初采用渐进政策,考试只限于低级人员,而且须各部同意。考试的方法不是公开竞争,而是先已决定候选人通过考试后即正式任命(pon examination)。所以政治的因素仍然支配大部分事务官的任命。但是自此以后,新的任命方法在事务官中、在议会中、在舆论界渐渐取得了信仰。议会在1859年通过《养老金法》时,规定除国王所直接任命的,或需要特别技能或资格的官吏以外,一切事务官必须具有事务官委员会所颁给的证明文件才能领养老金。1870年《枢密院令》规定,除国王所直接任命的官吏,或需要特别技能或资格的官吏,或由升迁而取得位置的官吏以外,一切事务官须经过事务官委员会的考试才能任命。并且附列一表,表中各项位置必须用公开竞争的方法考试。此表以后随时扩张,及到今日,可说除不需要特殊技术,不需要特别信任,不是纯粹劳动性质的工作以外,几乎政府中一切位置均包括在内。英国的事务官改革运动到1870年才算正式有成就。1870年的《枢密院令》及1859年的《养老金法》是奠定事务官功绩制的基础。今日英国事务官的任命很少有政治因素渗入其间。所以在上次世界大战后两度工党执政期间,政府都没有以政治的因素影响事务官,不过此时事务官自动地加入工党者为数不少。①

政治的因素不仅在事务官任命时被排除,而且也不影响事务官的晋升(promotion)。远在1847年时,政府就宣布事务官企图用势力获得晋升为犯罪。1867年财政部又郑重地宣布:事务官利用议员或其他有势力的人请求升级时,即为不应升级的证明。今日英国政党影响事务官升级的事很少听到。②

事务官改革运动在英国发动较早,成功亦较大。为何英国的事务官比其他国家的事务官能够比较容易地免除政治因素的影响呢?这与英国的议会制度有关。英国政府能够支配议会,不用施惠于议员。议员不是拥护政府就是反对政府,政府不必用官职收买议员或选民,所以政府有力量改良事务官。③

美国的情形就不同了。美国政党影响事务官的力量远较英国大,而且过去还有一套理论妨害功绩制的实行。美国的法律制度、社会背景及政府结构,都足以造成政党干涉事务官的机会。

---

① See Moses, Ibid., Chs. I, II, III, IV, V; H. J. Laski, Parliamentary Government in England.
② See A. L. Lowell, Ibid., p.176.
③ Ibid., pp.171-172.

美国官吏任命的方式依照《宪法》第 2 条第 2 项的规定以总统提名经参议院同意为原则。一切高级官吏、外交人员及中央设在各地机关的负责人,以及其他一切官吏法律没有特别规定任命的方式者,均须经参议院的同意然后才能任命。只有低级官吏议会可以以法律特别规定:或由总统单独任命,或由部长单独任命,或由法院单独任命,不必经过参议院的同意。所以美国官吏的职位分为两种:一是要经参议院同意才能任命的,称总统级职位(presidential position);二是不须经参议院同意即可以任命的,称非总统级职位(non-presidential position)。①

总统级职位中有许多官吏例如部长,相当于英国的政务官,应在政党支配之下毫无疑问。但是也有许多官吏属于专门的或辅佐的性质,例如各部的次长或司长等,也要经参议院的同意。不能避免政党的影响,这是当初制宪的人所想不到的。尤其是总统在任命各地方机关的负责人时,总是任命各地方所属的邦的上议员所愿意的人。这是宪法给予政党干涉事务官的机会。②

美国过去的习惯,不仅总统级职位的事务官在政党的支配之下,就是非总统级职位的事务官也在政党支配之下。所谓分赃制度,主要是指这些位置而言。

分赃制度的发展与政党政治的发展相关联。在美国开国之初的几十年中,政府对于事务官的任命大都能注意被任命人的才能。华盛顿总统任命事务官时,不仅注意被任命人的能力,而且还注意被任命人在社会上的地位与名誉,以提高政府的威信。从他给一个妇人的信中,可看出他的慎重态度。他说:

> 你本月八日的信收到了。我很同情你的家庭因这次战争而遭遇到的不幸。以私人的资格,我的情感督促我做一切事情补偿你的不幸。但是以总统的资格,我只能顾公益,我的职务不容许我有私心。在任命为官时,我只能就我之所知,及参照当时环境,任命我所认为最好的人。③

不过华盛顿总统在第二任的末期,因为政党已经形成,他倾向于任命

---

① L. Mayer, The Federal Service, pp. 29-40.
② See P. O. Ray, An introduction to political parties, pp. 321-322.
③ Quoted by L. D. White, in Introduction to the Study of Public Administration, p. 220.

拥护宪法的联邦派(Federalist)。①

　　华盛顿的继任总统 John Adams 在任命事务官时也以能力为根据。到了第三任总统 Jefferson 时情形略有不同，Jefferson 为反对联邦派的总统。他1801年当选时，政府一切位置均已为联邦派所占据。他的部下怂恿他任命本党党员。他自己也认为，本党党员应当有参加政府的权利。于是他开始撤换敌对党的官吏，以求两党势力平衡。到了1803年时，两党在政府中的位置已经达到平衡，他立即停止撤换工作。美国因为政党的理由而撤换事务官自 Jefferson 始。不过 Jefferson 不能说是分赃制度的创始人。他在撤换事务官时态度非常慎重，极力减少全无理由的及过分的撤换。同时在任命事务官时，也非常注重被任命人的才能。Jefferson 以后的几位总统对于事务官的任命都能注重才能。分赃制度早已在各邦流行。及到1829年 Jackson 总统时，才正式引入联邦事务官。

　　在 Jackson 当选以前，议会在1820年通过《官吏任期法》(Tenure of Office Act)。许多官吏的任期定为4年。这个法律在1836年又扩大其适用范围。当时通过此法律的目的系出于民主的情绪，以为官吏的任期宜短，以便全国人民服官的机会加多，即所谓官职轮流说(rotation in office)。美国人士在独立之初，深惧官吏长期任职自成一个阶级，与一般人民脱离关系，这种情绪甚至表现在有些邦的宪法中。例如1780年马萨诸塞州(Massachusetts)《宪法》第8条规定："为要防止官吏压迫人民，人民有权利依照其政府组织法中所定之时期及方式辞退官吏，而依确定的及正常的选举方式或任命方式以补充其缺位。"(In order to prevent those who are vested with authority from becoming oppressors, the people have a right at such periods and in such manner as they shall establish by their frame of government, to cause their public officers to return to private life; and to fill up vacant places by certain and regular elections and appointments.)②这条规定可说是官职轮流说的宣言。官职轮流说是《官吏任期法》的理论

---

① See C. R. Fish, The Civil Service and The Patronage.
② A. L. Lowell, of. Cit., p.154 note 1.

基础。这些理论和法律，到了 Jackson 手中就正式变为分赃制了。①

Jackson 是一位意志坚强情感丰富的总统，他相信前任总统所留下来的事务官的政治信仰都是错误的，而且以为这些事务官都是他的仇敌。他是民主政治的热烈拥护者，唯恐官僚政治形成。在他第一次给国会的公函中，他说明的理由如下：

> 没有几个人长期任官不染上一种坏习气，足以妨害他的职务。官吏的保障虽然可以使官吏不受不正当的影响，但是可以使官吏养成一种习惯，不顾大众利益，及产生傲慢行为，视官位为一种财产，政府为提高私人利益而不是服务人民福利的工具……官吏的义务本来很简单，或至少我们可以使它简单。凡有普通智力的人都能胜任。所以我深深地相信官吏长期任职虽可获得经验，但是所失者多，所得者少。因此我请议员们注意，政府的效率及官吏的道德都可因扩大官吏任期为四年的法律而获得增进。

> 官位是为人民的利益而创设的。没有人比其他人对于官位本来赋有更大的权利。官位既不是为少数人而设的，所以辞退官吏，对于被辞退的人而言，并无不对的地方。任命为官与继续为官都不是一种权利……被辞退的人还可与其他人民一样地过活……官职轮流是民主政治的重要原则。②

Jackson 总统的国务卿 Martin Van Buren 是一个纽约的政治家。在纽约分赃制度久已实行。他深知操纵官吏任命可以产生的力量，再加上 Jackson 的民主哲学，分赃制度便正式在联邦政府实施了。

自 Jackson 总统以后，每次新总统登位，照例撤换全部旧有官吏以缺位酬劳本党党员。其实分赃制度纵然没有 Jackson 总统也可能在联邦政府发展。因为在美国政治制度之下，中央政府行政部与立法部间以及中央与各邦间在组织上互不联络。必须在法律以外有个联络的机构，这个机构就是政党。所以美国特别需要强大的政党存在。政党取得政权能够

---

① Jefferson 在官吏任期法通过时，就已经预料到这个法律必定会发生坏效果，他说：The late mischievous law vacating every four years nearly all the executive offices of the Government, saps the Constitutional and salutary functions of the President, and introduces a principle of intrigue and corruption which will soon leaven the mass, not only of Senators but of citizens… Quoted by W. F. Willoughby: in Principle of Public Administration, p. 223.

② Quoted by LD. White: in Introduction to the Study of Public Administration 1926, p. 224.

任命事务官以后，自然容易利用官位加强本党组织削弱敌党力量。① 当时确有一部分人利用这种理论辩护分赃制度，说：

> 政党既已存在，要想使它有效，必须各党有一个广泛的及固定的组织，因此各党必须有正常的职员或专门的政客办理党务。但是要维持这些职员必须有报酬。政府位置是最好的报酬，是最有效的维持政党组织的方法。没有分赃制度，政党立即瓦解，人民因而丧失政党政府的利益。②

分赃制度实行以后，事务官的质素大为降低。各种腐败情形层出不穷。例如在哥伦比亚（Columbia）有一个收税官利用公家金钹*经营投机事业，政府视察员向内政部的报告说：

> 这个人似乎最适宜于这个位置。我和他的朋友一样，都相信他是个老实人。其所以做坏事，全是因为他以先的官吏带坏了模样，以及此地一般官吏道德普遍低落的缘故。另外换一个人来，结果仍然会是一样的坏。所以我建议把他留着，不必另换新人。因为他的私囊已满，不必再经营更多的投机事业……并且他已经保证，如果他能够留着，他愿意严格遵守法律……在这种情形之下，对他宽大可使他改过自新，比对他严厉为好。③

最大的黑暗是事务官与政治打成一片。事务官的任命既然是因为政党的关系，所以任命以后随时要替政党效劳。这时政府要求事务官进行政治活动几为普遍的现象。每届选举时，事务官照例要纳选举费用。有许多事务官还经常在办公时间处理党务。替政党服务是义不容辞的，否则不但得不到位置，得到之后也有丧失之虞。④

这种情形继续了50多年，它的坏结果早为一般人所认识。当初的民主狂热在行政腐败情形之下渐渐消失。并且英国的事务官改良运动给予了美国重大影响。这时在美国提倡事务官改良运动最热心的有 George William Curtis、Carl Schurz、Dorman B. Eaton 等。其中 Eaton 曾奉派至英国

---

① See F. J. Goodnow：of. Cit.
② P. O. Ray：of. Cit.，p.322.
* "金钹"意指"官位"。——编校者注
③ Quoted by L. D. White：of. Cit.，pp. 224-225.
④ See L. Mayer：of. Cit.，pp. 153-160. C. R. Fish：of Cit.，pp. 179-181.

考察事务官制度,归国后著《英国事务官制度》一书,极力鼓吹事务官改良运动。最早的事务官立法是 1853 年时议会受英国事务官改良的刺激,通过一个法律,规定华盛顿各部的书记分为四级,任命之前均须经过一个委员会的考试。委员会由部长任命 3 人组成。这个法律实施数年毫无成效,旋即作罢。当时所用的考试方法不是竞争的考试,而是任命的考试(pon examination)。参加考试的人由部长指定,所以仍然脱离不了政党的影响。考试委员会的委员也没有保障,不能抵抗政党的压力。1871 年议会又通过了一个法律,规定总统为提高行政效率,可以颁布规则规定任官时所应具备的能力、健康、品格……等。并且可以特别任命人执行与事务官选拔有关的一切事情。这个法律到 1873 年便没有继续执行了。因为议会不赞成这样广泛的改良运动,不肯通过办理这部分事情的预算,但是这个法律至今仍有效,仍为美国关于事务官选拔适用范围最广泛的法律。它包括总统职位及非总统级职位在内。① 真正有效的改良运动到 1883 年才开始。在 1881 年时美国 Carfield 总统被一个求官未得的人刺死。这件事引起社会上普遍的注意。舆论要求彻底制止分赃制度,因此产生了 1883 年的《事务官法》(The Civil Service Act of 1883),即所谓 Pendleton Act。

1883 年的法律成立一个事务官委员会。委员 3 人由总统提名经参议院同意后任命。不得属于一党。委员任期 6 年,每两年换 1 人,使总统无法操纵。委员之下有一主任考试官(chief examiner)、秘书及助理人员。委员会帮助总统颁布规则执行《事务官法》,及执行其所颁布的各项规则。并将非总统级中许多职位分类,称分类的职位(classified office),其余未分类者称未分类职位(unclassified office)。凡分类的职位除有法律或命令的明文规定,或事务官委员会的允许以外,一律用公开竞争考试为选拔人才的标准。自此以后,美国事务官才正式建立在功绩制上。不过在功绩制初建立时,公开竞争考试所适用的范围很小。例如在 1883 年时,在大约 110 000 个事务官职位中,分类的职位只有 14 000 个,其余大部分职位仍在政党影响下。以后功绩制一天天地扩张,到 1923 年 6 月时,在 548 000 个事务官职位中,已有 411 000 个属于分类的职位,用公开竞争考试的方法为选拔人才的标准。② 今日功绩制度,已扩张适用到总统

---

① L. Mayer, Ibid., p. 46.
② See P. O. Ray; of. Cit., p. 341.

级的职位。例如美国外交使领人员,亦以考试为选拔人才的标准。①

1883年的法律,同时禁止议员或长官以政党的关系而影响事务官任命、升迁或处罚。第十节规定考试官或有任命权的人对议员所为的一切介绍,除证明被介绍人的品格或住址外,一概不能考虑。第十一节规定,议员或政府官吏不得直接或间接地请求、接受或以其他方式要求事务官缴纳政党费用。第十三节规定,不得因事务官缴纳或拒绝缴纳政党费用而影响事务官的升迁、辞退或薪俸等。第十五节规定,违反以上各项规定为犯罪,得处5 000元以下之罚金或3年以下之监禁或二者并科。② 此外,事务官委员会尚可颁布规则禁止一切以政党势力影响事务官的事项。事务官委员会根据此项规定,先后颁布了多种规则,排除了政党对事务官的影响。例如Rule Ⅰ第2项规定,事务官考试时不得探询被试人的政治及宗教信仰,及不得因事务官政治及宗教信仰的不同而分别待遇。Rule Ⅻ规定,事务官犯同样的错误应受同样的处罚,不得因为政治的理由而有差异。③ 同时,事务官委员会有权考察一切以政党影响事务官的案件。④ 事务官委员会成立后,对于此类案件予以了密切注意,数年之中,政党干涉事务官的案件确已大为减少,实为美国事务官史上空前的进步。今日美国政党对于分类的职位很少产生影响。不过在未分类的职位中,政党的影响仍然存在。⑤ 功绩制度今日在美国实行的情形,虽然未能全尽如人意,然而其进步的迅速不容否认。

按照严格的美国意义来说,法国没有分赃制度。法国是一个多党的国家,普遍选举在法国很少完全推翻政府。内阁的变换只是部分的。但是正因为没有一个党能够支配议会的缘故,法国的事务官不能摆脱议会的影响。政府为要取得议会的拥护,常常利用官位笼络议员。每个议员都可以替他的朋友、亲戚、党徒及选民在政府中谋得相当的位置。所谓议员干涉主义(Deputanism)是法国多党制下产生的现象,同时法国政党斗争的历史,也足以加深政党干涉事务官的程度。

法国政党干涉事务官可说是从19世纪初期起,在旧制(Ancien Regime)之下,一切官位都为贵族占据,父子相传,视为世袭财产。大革命

---

① See L. Mayer:of. Cit.,pp.471-479.
② See L. D. White, The Civil Service in the Modern State,pp.186-187.
③ Ibid.,pp.199-209.
④ See of the Civil Service Act of 1883.
⑤ P. O. Ray,Ibid.,pp.346-347,L. Mayer,Ibid.,pp.156-157.

时,制宪会议(Constituent Assemble)在 1791 年及 1792 年间通过了许多法律,企图打破这种习惯。然而在整个革命期间及拿破仑政府期间,大部分事务官位置仍为反动分子所占据。19 世纪初期,共和党或过激党欲插足政府,唯一的办法就是利用议员的力量向政府要得位置。自路易·拿破仑失败以后,共和党支配政府。大多数事务官位置落入共和党手中,于是议会或保守派人士欲插足事务官界,又不得不利用共和党及过激党在 19 世纪初期所用的办法来对付共和党或过激党。

19 世纪末期,发生了 Dreyfus 案件。教会与军队中的保守分子联合反对共和政府,自此以后党争更加剧烈。一部分拥护共和政府的人组织了秘密的侦查系统,报告政府每个事务官的政治信仰及宗教信仰,以供政府在任命及升迁事务官时的参考。有许多信仰天主教的教授要想晋升,不得不公开地宣布放弃其宗教活动,甚至反过来破坏教会。中央在各省的工程师,如果其政治见解与省长不同,就永远得不到晋升的机会。共和党及过激党政府甚至宣布每个事务官在政治上对政府有效忠的义务,应当在行为上表现。在 Combin 内阁时,政府表示政府的政策是:"对一般的人公正,对朋友偏袒"(justice for all,favour to its friends)。① 事务官的任命及晋升,全视其政治信仰而定。

法国行政部的组织也增加了政党影响事务官的机会。部长之下有私人秘书厅(Cabinet du ministre),为部长的亲信人,帮助部长处理属于部长的一切事务。每次部长下台时,照例把他的私人秘书安插在好的事务官位置。② 所以法国事务官中充满了部长及议员的私人秘书。

政党对事务官的影响不仅限于中央政府,就是散在各省(Départment)的事务官,也因为中央集权的缘故,省长(prefect)严格地在中央控制之下,免不了受中央政府政治的影响。每次选举时省长唯一的任务就是使政府的候选人当选。在第三共和初年,差不多每次选举时,政府照例通告各省省长注意使政府的候选人当选。曾经有一个省长,因为省内政府候选人失败而被免职。他已经忠实地服务政府多年,因此请求政府怜恤。政府回答说:

在每六年中只有一天我重视你的工作,这就是选举的那一天
(There is only a day every six years when I can appreciate the quality of

---

① W. R. Sharp,The French Civil Service, p. 77.
② Ibid. ,p. 279; E. M. Sait, The Government and Politics of France,pp. 107-109.

your service; That is election day)。①

近年以来,政府在选举时表面上要求省长中立,实际上仍然希望省长帮助政府。例如1920年内政部长在选举时给省长的通知说:

> 在不违背传统的拥护共和原则及以你省长的地位所应有的礼貌情形之下,你要注意不要有任何表示或行为,足以解释为可以妨害你为政府代表的地位。尤其对于各候选人,无论公开或私人的,你不要表示好恶……把这个训令告诉你的属下……(Without departing from the traditions of defence of republican principle and courtesy which your position obliges you maintain in your department, you will take care to abstain from any manifestations or advances which might be interpreted so as to compromise your status as representatives of the government; above all, refrain from expressing a preference, either publicly or privately, for any of the candidates…you will communicate to your subordinates the present instruction…)。②

后一位美国学者分析法国1924—1928年间选举的结果,深信政府的压力仍然存在。尤其是在某选举区内部长本人是候选人时,省长和他的属下更不能中立。③

在纪律方面,政府对于反对党的事务官,尤其是过激的社会主义党的事务官,常有迫害的举动。例如1922年时,有20个议员因为相信第三国际而受申诉,唯一的证据就是他们订阅了一种社会主义的报纸《工人生活》(La vie ouvrier)。里昂有一个收税官毫无理由地被减低薪俸,原因是他是一个共产党党员。诸如此类的例子不胜枚举。④

正因为法国政党干涉事务官太厉害的结果,引起事务官的愤怒,所以工团主义(syndicalisme)在事务官中发展特别迅速。他们要求根本取消部长,各部完全在事务官自己的支配之下,他们自选长官领导他们的工作,有利益他们共同分享,有错误他们共同负责,政府只监督他们不违反法律就算了,其余一切均由事务官自理。⑤

---

① W. R. Sharp: of. Cit., p.297.
② Ibid., p.298.
③ Ibid.
④ Ibid., pp.304-312.
⑤ E. M. Sait: of. Cit., pp.106-107.

工团主义积极发展的结果,已使法国事务官自上次世界大战后有显著的改良,功绩制度逐渐实行。虽然法国现在还没有一个总括的事务官法,然而各部都能自己颁布规则,在任命时举行竞争考试,在升级时有所谓升级表(tableau d'advancement)制度。每年可以升级的人由各部高级官吏与事务官代表共同拟定交部长参考。部长不依表中次序必须有特别的理由存在。在纪律方面,有纪律委员会(conseil de discipline)的组织。委员会通常由各司司长及部长所指定的人及事务官所选举的代表三种人组成。比较重大的纪律处分必须咨询委员会后才能执行。此外,国家参事院(Conseil d'Etat)亦是保障事务官免除政治干涉的方法。政府所颁布的许多关于事务官事项的规定都是采取公共行政命令(règlement d'administration publique)的形式。一切公共行政命令的颁布和变更,都要咨询中央参政院,借此可以防止政府绝对专断的行为。政府颁布各种命令以后,必须遵守其所颁布的命令,如果因为政治的理由而违背命令任命、升迁或处罚事务官时,国家参事院可以行政法院的资格,宣布政府的行为为越权(excès de pouvoir)或滥用权力(détournement de pouvoir),因而不生效力。①

法国近十几年来的事务官制度确已大有进步,但是因为法国始终没有一个统一的事务官法律存在,关于事务官的事情大多用命令规定。命令容易被政府变更,所以法国政党干涉事务官的机会要比其他国家多。例如许多部长在下台时为要安插他的私人秘书,常停止命令或变更命令。现在法国工团主义的事务官正在努力促成一部统一的事务官法典。②

功绩制度在德国实行的历史最长久。当英国、美国的事务官还在非常黑暗的时代,德国的官僚政治(bureaucracy)已经根深蒂固了。官僚政治不问其本身的好坏如何,是否合于民主精神,然而建设官僚政治的主要原则确是功绩制度。德国完美的事务官制度是继承普鲁士的遗产。普鲁士之建立官僚政治是出于事实上的需要。普鲁士在30年战争以后,社会秩序完全被破坏,人民流离失所。要想保全国家不致灭亡,及收拾战后的混乱状态,非有英明的君主及强大的事务官不可。当时普鲁士的危机不仅外有强敌,而且内部四分五裂,封建的诸侯各据一方,自治的城市抗不受命,宗教的纠纷蔓延全国。要想得到内部的和平,非有强大的君主和能

---

① W. R. Sharp, Ibid., pp. 82-84, 250-253, 284-292.
② Ibid., pp. 27-32.

干的事务官不可。很幸运,普鲁士在17世纪中一连出了几个英明的君主。富有治国天才,在他们的指挥之下,强大的官僚政治建立了。

事务官的组织仿照军队,层次分明,纪律严密。任何人要想加入这个系统,必须经过严格的考试,选拔国内最优秀的人才。因为要打破封建势力,事务官必须能够代表全国,不是一个阶级或少数有特殊关系人的专利品。所以普鲁士的事务官选拔,一向公诸全社会,实行竞争考试。一入事务官界后,终身任职,一切升迁全视成绩而定。近代的功绩制度在17世纪的普鲁士就实行了。

普鲁士官僚制度的形成,全是由于几个英明君主的力量。所以事务官只对君主负责不受外界影响。等到德国政党出现时,事务官早已基础巩固,深为一般人所信仰了。所以德国的政党也不能影响到事务官。德国的事务官没有经过美国的分赃制度,法国的 Deputamism 及英国在改良运动以前的腐败情形,不能不归功于德国的长期开明专制政治。而德国的地理环境,及德国人民重视专门知识的习惯,又是形成德国的特殊政治的因素。事务官制度是德国祖先宝贵的遗产。上次世界大战以后专制政治推翻实行政党政治时,各党共同重视这份遗产,并且把功绩制度的主要原则,规定在《魏玛宪法》之中。[①]

在政党政治下,事务官必须中立,而事务官能够中立,又以政府能够中立为先决条件。政府的中立决定于政府能否彻底实行功绩制度。综观各重要国家中的事务官情形,因为各国的政治环境、政党状况及社会背景不同,所以功绩制度在各国实行的范围和程度也不一致。因此,各国事务官对中立的态度亦不同。有些国家的事务官自己愿意放弃政治活动,有些国家的事务官力争自己的公民权利。

---

① Acts,128,129,130.

第四章
事务官的公民权利及政治活动

事务官中立对于事务官所加的义务是不积极地参加政党斗争,对于取得政权的各党一律忠诚地服侍而无所偏袒。然则,事务官要想超然立于政治斗争之外,必须遵守某些行为规则,限制自己的政治活动(political activities)方可,否则事务官卷入政治漩涡如何能够维持中立?事务官的政治活动既然要受限制,事务官的公民权利(civil rights)也不能不有限制。因为有些公民权利的实行,一定要把事务官卷入政治漩涡中去。但是事务官一方面固然是政府的官吏,以官吏的资格发生中立义务;另一方面也是国家的公民,以公民的资格可以享有公民权利。在公民的权利与中立的义务冲突时,究竟前者受限制到何种程度呢?是不是事务官一切公民的权利和政治活动都取消?或者只是某些权利及某些活动取消而其他的权利与活动还继续存在?这种决定一方面影响到事务官个人的正当的权利和自由,另一方面也会影响到社会全体的利益,确是一个最不容易解决的问题。

首先,事务官是不是应当有选举权呢?这是公民最基本的权利,也是人们长期奋斗的结果,难道事务官不能享有吗?现时各主要民主国家的法律对于一般事务官的选举权没有限制,所以事务官享有选举权是确定的及普遍的事实。不过给予事务官选举权可能发生两种结果:一是政府压迫事务官选举政府党的候选人;二是事务官利用选举权压迫议员争取自己的利益。政府干涉事务官选举的事实,本文前面已经说过。例如在法国第三共和初年这是普遍的现象,到现在仍然不能完全避免。美国在实行分赃制时,事务官的利害与政府的利害一致,政府改变事务官跟着去职。所以事务官在选举时也是政府党的主力军。在英国,政府也曾干涉事务官的选举。例如1782年选举时,政府通知事务官选举政府党所提出的人,否则将对事务官不利。当时反对党领袖也通知事务官选举该党所提出的人,否则,反对党胜利将不利于事务官。在此进退维谷的情况之下,事务官被逼得请求政府取消自己的选举权。① 从1782年起,英国有许多事务官。例如邮务人员、海关人员、统税及内地税征收员的选举权都被取消了。及到1868年选举权正在扩张的时候,事务官才再度享有选举权。自此以后,没有法律限制事务官的选举权。② 笔者认为,选举权的行使,不致使事务官积极地卷入政治漩涡。这种权利不能因为政府干涉或利用的缘故便被取消。政府干涉选举,是政府违反中立的义务,责任不在事务官,不能因此剥夺事务官的选举权。现时各主要民主国家的政府,英国自事务官改良运动以后已无类此事件。美国自1883年以来,分类的职位一天天地扩张,大部分事务官已经脱离政党的影响。1928年修正的《事务官规则》第1条规定:"任何行政部的官吏,不得利用其官吏的权力或势力干涉选举或影响选举的结果。"(no person in the executive Civil Service shall use his official authority or influence for the purpose of interfering with an election or affecting the result thereof)③法国事务官工团主义日渐强大,结果亦足减少政府干涉事务官选举的事情。所以事务官在今日应有选举权,不能因为政府干涉而受影响,毫无疑问。

　　其次,事务官利用选举权压迫议员增进自己的利益是不是妨害事务官应当享有的选举权呢? 英国在1868年恢复被剥夺选举权的事务官的选举权时,当时大政治家 Diclacli 就恐怕事务官利用选举权要求增加薪俸。Gladsfene 也恐怕选举权扩张的结果足以造成阶级的势力。④ 这种恐惧后来都被事实证明不是没有根据的。自从税务人员和邮务人员取得选举权后,他们就利用选举的机会压迫议员及政府增加自己的利益。例如邮电人员坚决要求议会组织委员会调查他们的薪俸状况。1892年选举时,邮电人员组合会对各候选人散发通知,问其是否赞成组织议会调查委员会。他们只选举赞成的候选人。1895年时,政府任命一个调查委员会,委员大部分是从各部事务官中选出来的,调查邮电人员的薪俸状况。委员会于1897年报告,主张增加他们的薪俸。但是他们还不满意,因为

---

① See A. L. Lowell, Government of England, p.149.
② 现时美国只有监督选举的官(return officer)没有选举权。
③ L. D. White, The Civil Service in the Modern State, p.199.
④ See A. L. Lowell, Ibid., p.152.

这个委员会是由政府组织的，不是议会组织的。政府拒绝组织议会委员会的理由，是恐怕事务官集中力量压迫几个当委员的议员。1898 年议会有场激烈的辩论，辩论是否需要再剥夺邮电人员的选举权。财政部长在辩论中说：

> 我们已经铲除私人的及个别的贿赂行为，但是还有一种更坏的贿赂形式存在，那就是有人要求候选人用公币来买他的选举票（We have done away with personal and individual bribery, but there is a still worse form of bribery, and that is when a man asks a candidate to buy his vote out of the public purse.）。①

辩论的结果，邮电人员仍然继续享有选举权。在法国的下议院里，也可以找到少数议员坚决拥护事务官的利益。② 因此引起有些人主张取消事务官的选举权。尤其是保守的人，因为中下级事务官多半同情社会主义的候选人，更主张取消事务官的选举权。这种情形是不是足以构成剥夺事务官选举权的理由呢？在民主国家以内，一切人们均有依照合法手续主张自己利益的权利，这是大家所公认的事实。事务官主张增进自己的利益与其他社会团体主张增进自己的利益一样，没有什么特殊的地方。而且这种主张是在议会选举的合法程序之下进行的，所采取的手续也很正当。没有违背民主政治的基本精神，为何要反对？至于事务官同情社会主义的候选人，不过是消极地表示事务官自己的信仰，与事务官中立的义务不冲突，也不能以此作为剥夺事务官选举权的理由。所以事务官的选举权，纵然在中立义务之下，仍然与普通人们一样，不受妨害。

事务官是不是应当有被选举权呢？对这个问题，各民主国家的态度不一致。最宽大的要算德国《魏玛宪法》的规定。在《魏玛宪法》下，德国事务官不仅享有被选举权，而且在选举的时候，政府要给他们必要的假期，以便他们准备选举。③ 法国事务官也有被选举权。1918 年法国最高行政法院在两个判决中，主张事务官如不愿意放弃并且能够继续他的职务时，在他为候选人的期间，不能剥夺他的薪俸，除非他曾经请假。④ 但是法国政府对候选人的待遇颇不一致。例如在 1924 年选举时，政府对于

---

① See A. L. Lowell, Ibid., p. 152.
② See W. R. Sharp, The French Civil Service, pp. 500-503.
③ Act. 139.
④ W. R. Sharp: of. Cit., p. 302, note 41.

等到正式竞选期间到了才宣布为候选人参加竞选运动的事务官,准他们在竞选期间请假,不过假期中不给薪俸。如果选举失败仍可回任原来的职务。对于在正式规定的竞选期间以前以演讲或文字从事选举运动者,不论候选人是否宣布愿继续为事务官,一律永远停职,缺位派人补替,复职须待有空位时。这种措施,对于从事选举运动时间不同的事务官待遇不同,引起了严重的抗议。继任的 Hevriat 政府,恢复所有被停职人的职位,并且发给了他们停职期间的薪俸。次年,内政部长在给各省长的通告中说明政府的主张如下:(1)事务官在预备宣布为候选人时,可以自由地采取任何政治的活动,只要不是强暴的或过分的表示。(2)事务官为候选人时,如果不妨害他的职务仍然支领全部薪俸。(3)如果竞选运动妨害事务官的职务时,他应当给假,但不得支薪。选举失败时,仍可恢复原来的职位。这种主张大体为后来政府所遵守。在 1928 年选举时,有 21 个事务官当选为议员。①

英、美两国对于事务官为候选人的态度与大陆不同。英国在 1868 年恢复事务官的选举权时就有一种默契存在:事务官不能积极地做政治活动。以后事务官均不参加议会的竞选运动,这种习惯表现在 1901 年《枢密院令》第 16 条中。该条规定:"任何官吏欲为议员时,当其向选民讲演或以其他方式公开地宣布为候选人时须立即辞职。"(Any officer seeking a seat in the House of Commons shall resign his office as soon as he issues his address to the electors, or in any other manner publicly announces himself as a candidate.)② 1925 年政府所任命的特别委员会,重新确认事务官不得为议员的候选人。事务官是否能为地方议会的候选人,在英国没有法律规定。由各部自己决定,有的部与地方关系比较密切者,例如财政部及劳工部,不许事务官为地方议会的候选人。其他各部大致许可事务官为地方议会的候选人。

美国限制事务官的选举活动比英国还严格。在总统制下,任何行政机关的官吏不得兼为议员,所以事务官不发生能否为联邦国会议员的候选人的问题。事务官是否可以为联邦行政部及各邦行政部政务官位置及地方议会议员的候选人?依 1883 年《事务官法》的规定,总统可以制定事

---

① W. R. Sharp: of. Cit., p.303, note 41.
② L. D. White, The Civil Service in the Modern State, p.14.

务官规则保障事务官不受政治的影响。① 总统根据这条规定,颁布了许多限制事务官政治活动的规则。现时有效的规则是1928年所修正的《事务官规则》。第1条规定:"……凡依照事务官规则属于分类的职位以竞争考试而任命的事务官……不得积极地参加……竞选运动。"(…person who by provisions of these rules are in the competitive classified service…shall take no active part in…political campaign)②因此,凡为一切候选人的资格均在禁止之列,只有少数情形例外。例如某城市中大部分居民为事务官,如果事务官不许参加竞选运动,自治政府根本为不可能,此时,事务官委员会可以允许事务官为当地选举的候选人。又如海军船坞或军站附近地带的选举。如果事务官不能积极地参加,选举的结果可以重大地影响当地事务官的利益,此时,海军部长可请求事务官委员会调查,事务官委员会调查后,可允许事务官为当地选举的候选人。③ 除此特殊情形以外,事务官一概没有被选举权。

究竟英美的规定和大陆的规定哪个对呢?事务官是不是应当有被选举权呢?事务官除官吏的身份以外同时也是国家公民之一,被选举权是公民的重要权利。不过事务官公民的权利要受中立义务的限制。事务官是否应当有被选举权,要看被选举权是否与中立的义务相冲突。事务官的中立义务要求事务官不积极地参加党派的斗争,以便保持公允的态度。如果事务官参加竞选运动,事务官不能避免参加党派的斗争。他必须在言论上及行动上拥护某一政党,攻击另一政党,结果足以影响事务官的永久任职,丧失民众对事务官的信任,破坏事务官的纪律及合作精神。事务官既然参加党派斗争,带上了严重的政党色彩,如果事务官的反对党胜利,势必更换反对色彩浓厚的事务官。同时因为事务官积极地参加党争,人民会怀疑事务官不公平,不能维护社会全体的利益,结果减低人民对于事务官的信任。如果事务官与其长官同时竞争一个位置,彼此互相攻击,甚至引起仇视,足以破坏事务官的纪律。就整个事务官团体而言,参加党争足以造成内部的敌对状态,破坏事务官界的团体精神。所以给予事务官被选举权,不但不足以实行民主政治,适足以破坏民主政治。《魏玛宪法》是在社会主义革命热潮之下制定的,其给予事务官被选举权是想宣示

---

① Act. 2.
② L. D. White:of. Cit., p.199.
③ See L. Mayer,The Federal Service, p.161, note 1.

革命的成果。并且在魏玛共和之下,事务官的政治活动加多,事务官界也像议会一样的党派复杂,因此引起了1922年的《维护共和法》限制事务官政治活动的范围。① 至于法国事务官的被选举权,亦系工团主义运动的结果。德、法两国的例子均不足取。良好的民主政治与事务官的选举运动不相容。事务官身居政府要津,辅助长官的决定政策,他的意见已经能够表现到政府里去,不必再去运动选举。如果一定希望由选举得到更高的位置,只有放弃事务官职位。

事务官除不能为竞选运动以外是否可为其他的政治活动？这里需要区别政治活动的性质。有些政治活动与竞选运动一样,参加者必须卷入政治斗争的漩涡中去。对于这类性质的活动,事务官不能从事。有些政治活动虽与政党有关,但不致使参加者变为斗争中的一分子,事务官从事这些活动,与其中立的义务不冲突,此时事务官仍应与其他公民一样,可以有这类性质的活动。简单地说,事务官并不禁止一切政治活动,只是不能积极主动地参加政治活动而已。例如《魏玛宪法》第130条第2项规定:"事务官有发表政治意见的自由。"(Freedom of political opinion … are assured to all civil servants)② 可见,事务官的政治活动并未完全被剥夺。普鲁士最高行政法院1923年在解释这条时,亦区别积极性的政治活动及消极的活动。例如事务官固然不能有革命的推翻政府的行为,但是仅仅宣布属于革命的党,并不妨害事务官中立的义务。这个案件的事实是:有几个事务官自己宣布他们属于共产党,政府想借纪律处分辞退他们,理由为共产党的目的是企图以武力推翻现存的政府。法院在判决中说:"一个事务官宣布他属于某一政党,不构成破坏或违反他的官吏的义务,也不是在职务上或职务外有损官吏威严的行为。这种情形合于1919年《魏玛宪法》第130条第2项保障一切官吏政治意见的自由的规定。所谓政治意见的自由,不是指在心里没有表示的意见的自由。因为心里的意见本是自由的。第130条的意思是保障每个事务官可以公开地宣布他信仰某一政党所代表的政治信条的自由。因此一个事务官仅仅宣布他属于某一政党,无论如何不应受纪律处分。免职的处分只在他进一步有公开的行为,促成用暴力革命的政党的目的时方可。"(The circumstance that a civil servant proposes himself for a political party does not constitute by itself a vio-

---

① L. D. White, Civil Service Aboard, pp. 255-256.
② L. D. White, Civil Service in the Modern State, p. 396.

lation or breach of duties imposed upon him by his office, not an example of undignified conduct inside or outside his office. This legal situation is clearly indicated by article 130, clause 2 of the constitution of August 11, 1919, which guarantee to all civil servants the Freedom of political opinion. For when this provision speak of freedom of political opinion, it can not mean that opinion is guaranteed which exist in his mind and does not become apparent to the outside world, since this opinion is free anyway and therefore the provision can only be understood to mean that freedom is guaranteed to each civil servant to profess himself publicly for a political party creed as if may be represented by a particular political party. Accordingly, the disciplinary punishment of a civil servant because of the mere profession for a political party is excluded in all cases. A civil servant would commit disciplinary offence which might lead to dismissal from service only if he undertook to further by overt act the achievement of the purpose of the party which is aiming at the forcible overthrow of the existing political order.)①

  美国的《事务官规则》对于事务官政治活动的限制说得更明显。1928 年修正的《事务官规则》第 1 条规定："……一切属于分类的职位依竞争考试而任命的官吏，虽然保留选举权及私人对政治问题表示意见的权利，不能积极地为政治活动或政治斗争。"(…person who…are in the competitive classified service, while retaining the right to vote as they please and to express privately their opinion on all political subject, shall take no active part in political management or in political campaigns.) 所以事务官的政治活动所受的限制只是不能为政治活动或政治斗争中的积极分子(take no active parts in)，并不是不能为一切的政治活动。怎样的行为才算是政治活动中的积极分子呢？据事务官委员会的解释，这条所禁止的行为主要有：

  (1) 不得为任何政治性质的代表会的出席代表或代理人或职员。

  (2) 不得服务于政党或其他类似的组织的干事会。

  (3) 不得准备、组织或主持一个政治性质的集会，或在类似性质的集会中演讲或任调解人或其他积极性质的活动等。

  (4) 不得在办公的时候或公共的场所参加政治的讨论或会议。

---

① L. D. White, Civil Service in the Modern State, p.437.

（5）不得在选举区内为任何政党、派别、候选人或法律案游说。

（6）不得在预选会或正式选举时积极地活动、运动选举票等。

（7）不得为选举官，除非拒绝为选举官时，依照该邦法律须受处罚时可例外。

（8）不得与任何政党的报纸在编辑上、经营上或经济上有任何关系，不得发表文章攻击或拥护任何政党的候选人或法律案等。

（9）不得为中央、各邦及各地方的选举的候选人。

（10）不得接受政党的领导人的职务。

但是一切政治的活动事务官不是积极的分子时仍可参加，因此下列行为不在这条禁止范围以内：

（1）以旁观者的资格参加任何政党的代表会。

（2）在预选会小组会或政党委员会或其他类似的组织中投票，但不能参加讨论演讲或其他显著的活动。

（3）为政党俱乐部的会员，但不得为干事或代表。

（4）捐款于美国以外的政党。

（5）取得所属部的同意时，事务官可请求升迁或调任至未分类的职位。①

事务官委员会虽然对积极地活动的政治行为有解释，但是该解释不是一成不变。哪些行为应当禁止，哪些行为可以放任，须视各时代各地方的情况而定，很难立下抽象的原则。

事务官的言论自由的范围如何，也是一个不易决定的问题。无疑，事务官不能享有一般公民所有的言论自由的范围。事务官有保守秘密的义务，违反这种义务可以产生严重的政治效果。例如过早地泄露某事的消息，可以使某事失败，或增加困难。事后泄露某事的消息，可以使政府增加纠纷，或丧失信用。所以事务官对于自己职务上的事情，或由官吏地位所得知的消息，不能随便发表。但是假如事情的性质本来不是秘密的，例如一般公开讨论的政治问题或社会问题，事务官是否可以发表意见？事务官是政府中的一分子，政府对于当前的政治问题及社会问题，自然应当求得一个统一的代表政府的意见。事务官不能于政府的意见以外，另外公开地发表不同意见，以破坏政府的统一性。尤其是事务官对于政府已经决定的政策，或已经通过的法律，不能任意批评。因为事务官对一切政

---

① L. Mayer：of. Cit.，pp.126-164.

策在未决定前,本来有贡献意见的机会。即决定后,无论事务官的意见是否被采纳,都应当服从。一方面,因为事务官对政府的决定不负政治的责任。事务官本来只是处于辅助地位,不能僭越部长的权限。另一方面,因为事务官是政府中的人。政府中的官吏批评政府的政策,最足丧失政府的信用,给反对党以很好利用的机会。再一方面,事务官公开批评政府,足以破坏官吏的纪律和统属关系。所以对于政府一切既定的政策,事务官除可以有私人的意见以外,不能在报纸上或公共场所表示反对意见。

事务官可以属于任何党派,但是不能宣传任何党派的主义。一切宣传政党主义的行为都是违反事务官中立义务的。对于当时社会所流行的思想,而不是代表某一政党的主义,事务官是否可以宣传或公开地赞成?例如和平主义、节制生育主义、国际合作主义等。这类思想如果与政党无关,殊无限制事务官公开讨论的必要。不过这类思想如果已经变成政府的政策或政府所要对付的问题时,事务官仍不宜公开发表意见。法国政府对于事务官言论自由的限制似乎过于严格。例如 1924 年时,一个女教员因为宣传节制生育受免职处分,1923 年时,有许多教员因为宣传和平主义而受处分。① 这类问题只要不影响政府的政策,应当让事务官有自由讨论的机会。

事务官应当享有学术研究发表的自由。事务官长期从事某项工作,对于这项工作自然会积累许多经验及知识,把这些经验及知识贡献出来,足以促进文化的进展。政府不仅不应限制这种自由,而且应当鼓励这种发表。不过在事务官发表其著作时,如果需要利用政府的材料,或对现在状况有所批评提出改良的办法时,仍以事先取得政府的允许为宜。

在实行直接民权的国家,公民除选举权及被选举权外,还有创制权及复决权。事务官是否也应当享有创制权及复决权? 此问题须分别情形考察。就创制权言,事务官不能主动发起要求制定某项法律,因为这样可以使事务官立于反对政府的地位。发起一个创制法律的运动,必须积极地作政治活动,这与事务官中立的义务相冲突。但是事务官对于他人所发起的创制提案,仍然应当保留赞成与否的权利。如果事务官签名于他人的创制立法的提案上,不能说是违反中立义务,复决权也是一样。事务官不能主动积极地反对某项法律案,要求提出复决。不过事务官对于他人所提出的复决案,可以保留赞成与否的权利。

---

① See W. R. Sharp:of. Cit., pp. 305-310.

20世纪以来,人类的活动已由个人的努力变为集体的活动了,社会已经进化到 A. V. Dicey 所谓的集团主义时代(Age of Collectivism)。① 在集团主义时代,结社权(Right of association)是公民最重要的权利。事务官的结社权是否受限制?这个问题可从两方面观察:第一,就事务官参加事务官以外的社团而言,只要社团的目的合法,事务官与其他公民一样不受特殊的限制。不过假如参加政治性质的社团时,事务官不得为社团中积极活动的分子。第二,事务官本身是否可以组织社团?这个问题比较复杂。事务官是国家的官吏,构成国家机构的一部分,有特别地服从国家的义务。如果允许国家的官吏另外组织团体,岂不是在国家本身以内又允许一个国家存在?如果事务官团体与国家冲突时,事务官究竟服从哪方面呢?于是发生事务官团体与国家同时竞争事务官的忠心的现象。②假如事务官服从事务官团体的命令反抗国家时,岂不是国家本身破裂自己否定自己吗?因此,事务官团体的存在足以破坏国家的主权,威胁全民族的生存。其次事务官如果可以组织团体,事务官在政治上的力量加大,会过分地要求本集团的利益,不顾全社会的福利。例如英国议会中的 dockyard members,不问国家财政情形如何,只顾提倡造船员工的利益,就是这种情形的表现。③ 并且事务官团体的力量强大以后,可以反过来压迫议员,要求制定增进事务官集体福利的立法。第三,一般事务官大多同情社会主义,事务官团体如果存在,必与社会主义各党派保持密切的联系,无形中增加社会主义各党派的势力。尤其在法国,因为行政的工团主义(administrative syndicalism)的发展,事务官的结社权特别受反对。④ 第四,事务官团体存在以后,可以引起同盟罢工的事情,破坏整个社会的秩序。因为这些缘故,所以有许多人认为,事务官的地位与一般人不同,不能组织事务官的团体。

这些考虑是否足以构成反对事务官组织社团的理由?事务官固然要对国家尽忠,但是国家不能专断要求事务官的忠心。国家要能取得事务官的忠心,只在国家的要求合理、事务官愿意服从的时候。事务官团体能够取得事务官的忠心,亦只在事务官团体的行为事务官愿意服从的时候。

---

① A. V. Dicey, Law and Public Opinion in England.
② H. J. Laski, Authority in the Modern State.
③ See A. L. Lowell: of. Cit., p. 149.
④ W. R. Sharp: of. Cit., pp. 462-476.

因此事务官团体的存在并不妨害国家对于事务官合理的要求。我们如果不承认国家享有专横的不讲道理的权力,(就)不应当反对事务官组织团体的权利。并且事务官纵然违反国家的要求,也不一定因此威胁整个民族的生存。

(1) 国家在理论上虽是整个民族利益的代表,事实上利用国家这个概念所做的活动都是政府的活动。国家所代表的利益,就是政府所认定的利益。政府始终在社会上一部分有力量的人的手中。事务官违抗国家或政府的命令,不是反对全社会或民族,不足威胁全民族的生存。

(2) 在民主政治之下,政府本来随时处在各利害不同的社会集团的压力之下。其他社会集团可以利用和平的方式及合法的程序增进自己的利益,没有理由可以否认事务官组织团体争取事务官集团的利益。

(3) 允许事务官组织团体不是说事务官团体活动的范围没有限制。事务官团体的活动与事务官的活动一样,不能违反中立的原则,不能偏袒任何政党。我们只要限制事务官团体活动的范围,不必根本反对事务官团体的存在。

(4) 事务官团体的存在固然可以发生同盟罢工的危险,解决的办法仍然在是否允许同盟罢工,不在是否允许事务官组织团体。

事务官中立要求事务官放弃许多权利,但是事务官不能只放弃权利而不顾自己的利益。事务官自己的利益须待事务官自己争取,议员及政客们的好意所能给予事务官的利益究竟有限。事务官要争取自己的利益必须要有组织,而且事务官组织的作用不仅在图谋事务官集团的利益,同时也是促进行政上及政治上许多改良的势力。

(1) 事务官团体是督促政府实行功绩制度的势力。这种情形在法国最明显。法国自从行政的工团主义发展以后,政党影响事务官的事实减少,事务官已逐渐建筑在功绩原则之上。在美国许多城市中,事务官团体也是防止分赃制度复活的势力。①

(2) 事务官团体可以统一事务官的要求,以便议会立法时参考。

(3) 事务官团体是沟通政府与事务官的机构。不仅事务官的诉愿可以经过事务官团体上达于政府,政府的意见也可借事务官团体转告于事务官,促进政府及事务官间的合作。

(4) 事务官团体可以造成事务官界的团体精神(spirit de corps),提

---

① See L. D. White, Introduction to the Study of Public Adm. , p.379.

高事务官的服务道德。一群散漫无组织的事务官,不能养成热心工作的风气。有了组织以后,由于联络及互助的作用,他们感觉有共同的使命,自成一个团体。爱护本团体的名誉,希望表现本团体的工作成绩。这种心理是任何优良的行政所必需有的精神要素,只有借事务官团体才能培养。

事务官团体可能产生的好作用还有很多,可以说是良好行政中所必需有的机构。至于如何避免它可能的坏影响,全仗政府的善于利用,不是压抑或禁止所可解决的问题。事务官团体的产生有其根本的原因存在:

(1) 它是现代精神的表现,现在是集体活动的时代。

(2) 事务官的报酬不够现在文明的生活费用,而且上级官吏和下级官吏间薪俸的差别太不合理。

(3) 保障事务官不受政客不正当的干涉。

(4) 各国可能有其特殊的原因存在。

无论政府喜欢与否,事务官团体的存在已是普遍的事实。各国法律不论最初如何讨厌这种事实,现在也不能不承认这种事实。德国《魏玛宪法》第 130 条明确地保证一切事务官有结社的权利。法国 1901 年的法律开始允许事务官结社。英国自 1919 年组织 Whitley Council 后,要求各级事务官团体选派代表参加 Whitley Council,间接地承认事务官组织团体。美国 1912 年法律才正式承认事务官团体存在。今日各文明国家的法律已无禁止事务官结社的规定,虽然各国法律给予事务官团体所享受的法人的待遇有宽狭的不同。所以,今日事务官集团的问题不在于能否结社,而在于事务官团体活动的范围及方式。

事务官团体活动的范围不能积极地界定。但事务官团体不能含有政治的目的毫无疑问,否则事务官团体将会变成一个政党,根本破坏事务官制度。法国事务官的工团主义抱有改造社会秩序的目的,及英国邮政工人联合会(Union of Post Office Workers)1921 年时干涉英俄战争,显然已经超出了事务官结社所应当有的目的范围。事务官团体不仅自己不能成为一个政党,有固定的政治理想,而且亦不得与政党有联络。事务官团体如果与某一政党有联络,不论是否积极地帮助这个政党,均可引起外界怀疑事务官团体的中立地位。

除政治性质的社团以外,事务官团体无疑可以与外界学术机关、慈善机构或其他无政治企图的社团合作,共同致力于学术研究或社会福利事业。最有争论的问题是事务官团体可否与工人界的组织例如工会联络?

法国工团主义的事务官把行政比作实业,在行政界内有各种阶层存在,这些阶层与社会上各阶级相符合。高级官吏薪俸优厚,属于特权阶级。低级官吏在长官的层层控制之下,他们的愿望得不到议会及政府的注意,正如实业界中劳动者在资本家的控制之下,报酬和劳力不平等的情形一样。行政界雇用许多智力及体力的劳动者,正如私人企业中雇用许多体力及智力的劳动者一样。事务官是行政界的无产阶级,事务官问题是劳动问题的一部分。行政界的无产阶级与实业界的无产阶级地位相同需要一致,他们应当联合起来争取自己的解放,所以事务官团体可以与普通工人团体联合。① 事实上,法国有许多低级事务官团体确与工会有联络,但是法国的法律始终不许事务官团体与工会联合。英国在 1927 年以前没有法律禁止事务官团体与工会联合。1926 年时,事务官积极地援助罢工运动,保守党政府在 1927 年通过了《劳资争议及工会法》(Trade Disputes and Trade Unions Act),此法律第 5 条禁止事务官团体与工会联合。② 美国 1912 年的法律允许事务官团体与工会联合,但需在不接受工会所提出的罢工的义务条件之下。③

从理论上说,事务官团体不与工会联络为好。④

(1) 工会带有浓厚的阶级色彩,事务官团体与工会联合,可以助长事务官的阶级意识,妨害事务官中立的心理。事务官以私人资格固然可以有革命的情绪,但是处在事务官的地位时,应当大公无私,对各党派无所偏袒。

(2) 工会组织常常为了实业的纠纷与政府立于反对地位,事务官团体与工会联合后,常常可以使事务官对政府处于很尴尬的地位。

(3) 工会组织往往代表一种经济的及政治的信仰,事务官团体如果与工会联合,不论联合的关系是否密切,都可引起社会大众怀疑事务官的中立地位。

不过要事务官团体不与工会及政党联合,主要的责任在于政府。必须政府能够满足事务官合理的要求,随时取得事务官的信任方可。只有事务官感觉没有借用外界援助的必要时,事务官才不会与外界势力合作。

---

① H. J. Laski, Ibid., p. 338.
② L. D. White, The Civil Service in the Modern State, pp. 686-89.
③ Ibid., p. 191.
④ 本文所谓事务官,不包括国营工商事业中的人员在内,见本文第一章。

事务官团体的活动可以采取什么方式呢？个别的事项或某个事务官受到不公正的待遇时，事务官团体可以与负责的行政长官直接磋商，要求改正。普遍的事项或一般的不公平的情形，例如薪俸标准、工作状况、退休及升迁条件等，事务官团体可以与部长商量，或向议会请愿，要求通过救济的立法。请愿的方式可以是拟定立法草案附以简短的说明，可以是在立法院委员会前口头辩论，可以运动其他组织赞成事务官团体所提出的草案，可以运动议员赞成，可以在议会选举时只选同情于事务官要求的候选人，或采取其他和平的压迫方式。成问题的是：事务官团体可否用同盟罢工的方式达到要求？

事务官可否同盟罢工这个问题，在法国讨论特别热烈。法国工团主义的事务官把行政界比作实业界。事务官是行政界的劳动者。实业界的劳动者根据1884年的法律，可以用同盟罢工的方式作为与雇主讲条件的手段，为何行政界的劳动者不能采用同一手段呢？一个劳动者不能因为选择雇主的不同就剥夺他本来有的权利。罢工权是任何工人团体为保障工人阶级集体利益所不可少的手段，因此，问题的争点集中在事务官的法律地位是否与普通劳动者一样。普通劳动者与雇主的关系建筑在协约的基础之上。事务官与国家属于何种关系呢？工团主义的事务官认为事务官与国家间的关系也是契约关系，因为事务官的任命不是强迫性质，而以受任命人的承诺为条件，然后国家与受任命人间才发生事务官关系。可见这种关系是建筑在同意基础之上的，构成国家与事务官间的契约。

法国的公法学者及行政法院一致反对事务官与国家间的关系是契约关系。他们认为行政界不能与实业界比拟。事务官的法律地位与普通工人不同，一入事务官界后普通私法即不能适用。政府可以单方面地变更事务官的职位、薪俸、工作，甚至辞退他们。这些情形都不是私法上契约关系所可解释的。事务官与国家间究竟是种什么关系呢？假如不是契约关系，为何任命事务官须取得受任命人的同意呢？行政法院以为事务官与国家间的关系是一种公法上的行政契约。公法上的契约与私法上的契约不同，国家享有优越的地位。L. Duguit 以为全部行政界都受客观法律的支配。任命行为是把一种客观的法律地位给予某特定的人，接受行为是完成任命程序的动作，而任命程序本身仍是客观法律规定的结果。Barthelémy 把官吏分为两种：一是纯粹事物性质的官吏（fonctionnaires de gestion），他们与国家间立于契约关系。二是分享主权行使的官吏（fonctionnaires d'autorité），他们与国家间的关系是公共权力所给予的法律地位。Hauriou 以为官职是公产(public domaine)的一种形式,事务官与国家间的关系,好像封建时代属臣与封主的关系一样。总之,他们的说法虽不一样,但是都否认事务官与国家间是私法上的契约关系。因此事务官不能享有 1884 年法律所给予普通工人的罢工权。①

法国的政治学者自然也是反对事务官有罢工权的。他们以为,民族(nation)享有主权,民族的人格高于民族内各分子的人格。民族表现在政治方面就是国家,事务官罢工直接打击国家,间接威胁民族。再者近代国家的职务不停扩张,人民生活上的需要大部分依赖于国家的供给。国家公务的主要特点是继续性,所以不能容许有罢工的事情存在。②

《法国刑法》第 123 条至第 126 条禁止官吏联合反对法律,当然禁止同盟罢工。③ 同时行政法院在许多判决中说,事务官因罢工而受纪律处分时,丧失一切保障纪律的程序。④

德国法院也不承认事务官有同盟罢工权。普鲁士高等行政法院 1924 年在一个判决中说:

……被告承认曾经罢工,因此严重违反了他的官吏义务。罢工与官位不相容。官位是公法下一种服务的地位,所以事务官不得被认为有罢工权……结社的权利不包含允许破坏由任命而产生的法律责任……罢工的事务官通常应受辞退的纪律处分……⑤

德国联邦司法法院 1922 年在一个刑事案件中也有同样的见解:"在官吏关系继续期间,《联邦事务官法》第十节禁止单方面地停止或拒绝工作。由于公法下的权力有特殊性质,所以事务官有一种特别服从、特别忠实、特别服役的义务。这种义务与依照私法所订契约而雇用人的义务不同……事务官为全社会的公仆(《魏玛宪法》第 130 条)。凡是在他能够服务的时候,他应当把全副精力贡献予国家,以促进及完成公共事业。他必须依照宪法及法律,尽心于职务,不得拒绝长官合法的命令。"⑥

英国 1927 年的《劳资争议及工会法》禁止事务官团体与工会联合,同

---

① See H. J. Laski, Ibid., pp. 359-362.
② Ibid., pp. 366-368.
③ See W. R. Sharp: of. Cit., pp. 313.
④ Ibid., p. 315.
⑤ L. D. White, Ibid., pp. 435-439.
⑥ Ibid., p. 441.

时规定事务官不得同盟罢工。美国1912年的法律允许事务官团体在不接受罢工的条件下可以与工会联合,事务官团体不许有同盟罢工的行为。在今日各主要民主国家的法律上,事务官均无同盟罢工的权利。

　　法国公法学者在理论上反对事务官有同盟罢工的权利并无充分的根据。事务官与国家间的关系,尽管不能视为通常的契约关系。在法律上国家可以单方面变更事务官的职位、薪俸、工作甚至辞退他们。但是国家对事务官所定的法律,如果事务官拒绝服从,岂不等于具文?法律的效力不在国家的制定,而在受法律支配者的愿意服从。所以近来各国关于事务官的立法,事先都与事务官详细地商量。法律不过是登记商量的结果而已。愈能尊重事务官的意见,愈能取得事务官的服从。国家口头上可以说没有订契约,事实上,国家发现不是事务官所同意的法律绝难行得通,政治学者的理论亦难接受。事务官同盟罢工的对象只是反对政府,并未打击整个民族。本文前面已经指出,政府不一定代表整个民族。改换一个政府不致威胁全民族的生存。提出主权的概念,亦不足以保证国家及政府不受罢工的威胁。国家可以要求行使主权,但是国家权力的行使,如果不能取得被行使人的同意,主权只是一个空洞的东西。历史上革命的事情常常发生,证明权力不能专横地行使。我们没有理由希望事务官忍受专横的权力。至于说国家公务应当有继续性,亦不能因此推论事务官不应当罢工。继续国家公务的责任主要在政府,不在事务官。国家必须把公务组织合理化,使事务官能够安心工作,不致发生罢工的需要。有罢工的危险存在,即表示政府的事务官制度不健全。政府应当积极地改良,不能消极地压制。所以今日政府的责任不在使罢工不合法,而在使罢工不需要。事务官同盟罢工好像革命一样,直接威胁政府,很难变成合法的权利。不过聪明的政府,不会把这件事看成是个法律问题,而把它当成是个严重的现实,努力使不幸的事情不发生。

第五章
事务官中立维持的方法

事务官中立用什么方法维持呢？假如事务官积极地进行政治活动，应当发生什么结果呢？事务官中立是实行民主政治的必要手段，假如人们珍视民主政治的理想，就必须重视事务官中立这一原则，甚至用强制方法保证它的遵守。因此事务官中立在民主国家的公法上，是事务官最重要的义务，违反这种义务应受纪律制裁。不过纪律处分可以保障事务官中立，也可破坏事务官中立。有偏见的政府正可利用它达成政治上的目的，排除反对党的事务官。例如本文前面曾经指出的法国政府利用纪律处分排除共产党的情形。要使纪律处分能够发挥它的正当作用，不仅应着眼于限制事务官的政治活动，而且应注意防止政府滥用纪律达成纪律以外的目的。所以关于应受处分的事项、处罚的种类、程序及机关都要有规定，不公平的处分也要有正当的补救方法。换句话说，纪律处分背后所根据的原则不是政府在行使主权，而是为了达成一个高尚的目的。纪律处分不得违反纪律存在的目的，同时还应当兼顾受处罚的事务官的个人利益。务使政府的利益和事务官的利益都能兼顾到，才不致滥用纪律。在实施处罚的时候，最好能有事务官的代表参加，以保证处罚的公平，及事务官对于纪律处分的服从。

对于纪律处分保障最周密的要算德国。《魏玛宪法》第 129 条规定，保障事务官对于纪律处分有上诉权及要求再考虑的机会。[①] 详细的规定见 1873 年的《事务官法》。依 1873 年《事务官法》的规定，处罚分为两种：一为小罚（minor penalties）；二为去职（removal from office）。小罚包

---

① A process of appeal against any disciplinary sentence must be established and an opportunity gives for reconsideration.

括警告、斥责及罚金,可由长官直接决定。但必须说明理由,并使受处罚的事务官有答辩的机会,不服时可上诉于上级长官。重大的过错可受去职的处分,去职处分有两种:一为降职;二为免官。免官的程序非常复杂,须经过初步的调查程序(prelimirnary investigation)及口头辩论(oral argument)。在初步调查时,由各部的最高行政长官(或次级长官取得高级长官的允许),指定一个或几个事务官担任调查工作,再指定一个或几个事务官代表检察官的职务。受处分的事务官及代表检察官的事务官均须陈述事实。调查委员会询问证人并作成详细的调查笔录。调查结束后将证据的内容通知受处分的事务官,笔录送呈最高长官核阅。最高长官依照情形,可以处以普通的处分,本案即因此终结。但最高行政长官认为须受免官的处分时,即命令将本案移送至纪律法院,进行口头辩论程序。

纪律法院分为两级。一为初级纪律法院(disciplinary chamber),由7人组成,主席及其他至少2人必须为法官,其余诸人须为事务官。最高行政长官决定将案件移交纪律法院后,代表检察官的事务官即作成一正式的控诉。法院定期举行口头辩论。辩论以公开为原则,被告可请律师辩护。辩论终结后,由法院宣告处罚。处罚可以是普通的处分,也可以是免官的处分,由法院斟酌情形决定。被告不服时可上诉于最高纪律法院(disciplinary court)。最高纪律法院由30人组成,主席及其他至少14人须为最高法院的法官。10人必须为联邦议会议员,其余诸人必须为事务官。最高纪律法院的判决为最后的判决,不得再上诉。① 在这样繁重的程序之下,行政长官没有免官的权力。他只是暂时停职受处分的事务官,向纪律法院提出控诉,最后的处分由纪律法院决定。

美国1912年的法律与此相反。1912年的法律所给予事务官的保障只是:(1)在免官时须说明理由;(2)须将理由及应受处分的事项通知事务官;(3)事务官有答辩的机会。至于是否审问证人或当事人全由行政长官自由决定。② 事务官委员会也没有决定免官的权力。事务官委员会

---

① §79-91 of The National Civil Service Act of 1873.
② 1912年法律的规定如下:That no person in the classified civil service of the United States shall be removed therefrom except for such cause as will promote the efficiency of said service and for reasons given in writing, and the person whose removal is sought shall have notice of the same, and of any charges preferred against him, and be furnished with a copy thereof, and also be allowed a reasonable time for personally answering the same in writing; and affidavits in support thereof; but no examination of witnesses nor any trial or hearing shall be required except in the discretion of the officer making the removal…

只能审查免官的处分是否含有政治动机。究竟免官权应当属于行政长官好呢,或是属于一个带有司法性质的独立机关好呢? 美国学者以为,束缚行政长官免官的权力足以减弱行政长官纪律的力量,分散行政长官的责任,因此,应把免官权交给一个独立的机关行使。此机关成立的目的原在保障事务官,势必有意或无意地袒护事务官,使免官的事不易发生。免官是事务官最大的处罚,如果这个处罚不能运用,势必鼓励事务官对纪律毫无顾忌。①

美国学者的顾虑不能说是没有理由。如果完全剥夺行政长官的免官权,必使行政长官难以控制部下。不过行政长官在行使免官权的时候也不能不受限制。法国的制度是个很可采取的办法。在法国许多中央行政部中有纪律委员会(conseil de discipline)的组织。委员大致包括三种人员:一是各部的高级官吏,例如次长、司长等;二是部长所指定的人;三是事务官的代表。一切比较重大的纪律处分在未决定以前,须经过纪律委员会的讨论。不过委员会的决议只是建议性质,最后决定权仍在部长。部长如果不依委员会的建议,一定要有正当的理由,否则会引起反对。而且受处分的事务官不服部长的决定,可以向行政法院起诉。法院可以审查部长的决定是否越权,是否有其他不正当的动机存在,并且可以撤销不正当的纪律处分。所以在这种制度之下,事务官的意见及部长的责任均无妨害,同时保证纪律处分在严格的司法监视之下。

纪律处分维持事务官中立的作用只是事后的处罚。事后的处罚固然必要,但是作用究竟有限。尤其近来事务官团体发达以后,对于团体行动纪律处分非常困难,所以单恃纪律处分不能保障事务官中立的实行。任何纪律的维持,依靠受纪律支配的人的自愿的服从。事务官中立最有效的保障是事务官愿意中立。事务官怎样才会愿意中立呢? 第一,政府应当培养一种风气,使事务官相信:替政府工作就是替社会服务,为了大众的利益,愿意遵守工作中的一切纪律。第二,政府应当在事务官的待遇上和工作条件上尽量改良,使事务官的生活不劣于从事其他一般职业的人的生活,以减少事务官进行政治活动及与外界政党和劳工联合的需要。第三,事务官组织的基本精神应当建立在民主原则之上。事务官制度原是实行民主政治的办法,所以民主精神应当贯彻在政府各部分。政府与事务官间的关系,不应以权力原则为指导,而应建立在合作的基础之上。

---

① See L. Mayer, The Federal Service, pp. 503-504.

政府应当设法尽量取得事务官的合作,尤其是与事务官有关的事项,应当尽量容纳事务官的意见。事务官的愿望要有表现到政府去的机会,事务官的不平要有公平处理的方法。在这方面,英国的 Whitley Council 制度及 Industrial Court 值得介绍。

Whitley Council 制度是英国近年来对事务官制度最大的贡献,这个制度原来用在实业界以减少劳动者及资本家间的冲突,1919 年时应用到行政界以调协事务官及政府间的意见。Whitley Council 共分三级:一为全国会议(The National Council);二为各部会议(Departmental Council);三为各地方会议(District and office Committee)。全国会议的目的据其组织法的规定是:"就关于事务官制度的事项,取得国家以雇主地位时与一般事务官团体间最大的合作,以期增加行政效率,改进事务官福利,供给事务官鸣伸不平的机会,并融会各级事务官代表的经验及见解。" The objects of the National Council shall be to secure the greatest measure of cooperation between the State in its capacity as employer and the general body of Civil Servant in matters affecting the Civil Service, with a view to increased efficiency in the public service combined with the well-being of those employed; to provide machinery for dealing with grievances and generally to bring together the experience and different point of view of representatives, of the administration, clerical and manipulative Civil Service.① 其主要的作用如下:

(1) 供给利用事务官意见及经验的最好方法。

(2) 对于工作条件的决定及遵守,使事务官能够参加意见并担负责任。

(3) 决定工作条件的普通原则,例如关于考试、工作时间、升迁、纪律、薪俸及退休等事的原则。

(4) 鼓励事务官继续求知及上进。

(5) 改进办公机构的组织,并使事务官关于此事有贡献意见的机会。

(6) 建议与事务官有关的立法案。②

全国会议的组织包含政府及事务官双方的代表。政府方面的代表中

---

① § 21 of The Constitution of The National Council.

② § 23 of the above Constitution.

必须有1人代表财政部,1人代表劳工部。事务官方面的代表由事务官团体选举,双方代表人数相等。财政部的代表为主席,事务官方面的代表为副主席,双方各推2人为秘书,一切决定均须双方同意。每方代表在投票时成为一个单位。决议成立后由主席及副主席签名送往内阁执行。如双方代表不能同意时,事情仍保持原状,或由政府斟酌情形加以适当的改变。Whitley会议虽然只是一个讨论及协调的机关,自己不能执行,但是政府从未拒绝执行会议中所已经成立的议案。有了这个会议以后,政府与事务官的意见可以沟通,双方有磋商及平衡的机会。事务官可以不必采取纪律以外的行动,政府可以免除保持纪律的麻烦。

如果政府与事务官间关于重大的事项不能同意时,最后还有一个和平解决的办法,即仲裁制度。仲裁制度早已实行于处理劳资纠纷。政府与事务官间采取此办法,只是模仿解决劳资纠纷的先例。实行仲裁的机关是实业法院(Industrial Court)。实业法院本是1919年设立用以仲裁劳资纷争的案件,1925年时正式引用于行政界。在未采用实业法院前,英国在上次大战中原已设有事务官仲裁委员会(The Civil Service Arbitration Board),仲裁政府与事务官间关于薪俸及工作条件的纠纷。自1919年设立Whitley Council后,政府认为仲裁委员会已无存在的必要,乃于1922年废除。事务官群起反对,政府遂于1925年引用实业法院于行政界,以解决政府及事务官间不能同意的事项,及补救Whitley会议的不足。实业法院为一行政法院。但自成立以来,地位独立,未受政府干涉。在仲裁事务官案件时,有主席1人,助理2人。1人代表官方,1人代表事务官。法院所能管辖的事项,只限于薪俸、每周工作时间及给假条件等。只要有一方提议交付仲裁,他方必须接受。仲裁的结果虽然没有强制执行的效力,但是政府承认在道义上有遵守的义务。除非议会反对,政府从不拒绝履行法院的决定。① 实业法院自成立以来,对一般的薪俸标准时有调整,不过对财政部所定的标准究无重大的改变。法院曾经宣布在它决定事务官薪俸时,必须注意国内一般的经济状况。尽管法院对薪俸标准没有重大的改变,事务官界仍一致承认法院在处理他们与政府间的纠纷时,占有极重要的地位。

英国事务官中立的纪律,一般认为良好。其原因不仅由于英国政府能够贯彻功绩制度,最重要的还是因为在英国事务官与政府间有商量调

---

① L,D. White, The Civil Service in the Modern State, Document No. 8.

和的机会。事务官不必为了保障本身的利益而积极地从事政治活动,这样维持纪律的方法是任何民主国家都应当学习的。

最后,维持事务官中立的责任要担负在全体国民身上。实行事务官中立所必须具备的条件很多,政府与事务官都要受约束。如何能使政府牺牲党派私利实行功绩制度,如何能使事务官发挥服务精神限制自己的政治活动,怎样才能建立各种制度调和政府和事务官的利益?这些责任都落在国民身上。国民是政府及事务官的最后督促者。举例来说,政府与事务官是鱼,国民是水,鱼儿要在水中培养。国民必须形成一种风气,保障事务官中立,政府与事务官才不致破坏事务官中立。国民怎样才能形成一种风气保障事务官中立呢?只有国民重视民主政治,拥护民主政治方可。但是民主政治能够实行,只在社会内各分子对于各种基本问题的意见上没有重大的冲突之时。换句话说,只在社会还能够保持相当统一性的时候。所以事务官中立原则,脱不了历史的及社会的背景。

博士论文篇（1953年）

中国法上公务员对行政相对人的民事责任

法国巴黎大学法学院

大学博士学位论文

1953年5月22日14点答辩并通过

作者：王名扬

武汉国立大学外聘兼职教师

答辩组成员：Eisenmann Ch. 教授，答辩组主席

Escarra J. 教授，答辩组成员

De Laubadère 教授，答辩组成员

本学院对论文中发表的观点不表示任何赞成和反对意见，这些观点应该视为作者本人的意见。

Université de Paris

FACULTE de DROIT

La responsabilité civile des fonctionnaires
envers les particuliers en droit chinois.

Thèse de Doctorat d'Université
Présentée et soutenue le 22 Mai 1953, à 14 heures.

Par WANG MING YANG
Ancien Chargé de Cours à l'Université Nationale
de Wu-Hang.

Membres du Jury
Professeur : Eisenmann Ch.   Président
Professeur : Escarra J.   Assesseur
Professeur : De Laubadère   Assesseur.

王名扬先生博士论文封面

前言

新中国成立之前,中国民法发展大致可以分为三个时期:古代法时期;大理院判例时期;《民法典》时期。1929年国民政府制定、颁布了《中华民国民法典》(以下简称《民法典》)后,对中国法上公务员民事责任的研究变得相对容易一些,因为《民法典》第186条对该问题进行了明确的规定。该领域的研究最吸引人的地方是:在旧法律和大理院的判例中,得出了调整该领域的基本原则,并指出了该原则的不同来源和发展过程。本文的写作受到这些基本理念的指引。

对于古代法中公务员的民事责任,笔者确立了"一个原则,两个例外"。笔者认为,这个原则是从今天仍然保存的所有古代法和清朝刑部判例中得出来的,是来源于中国自身的一种法律制度;这个原则的两个例外,是来源于国外的法律制度,在元朝时期引入中国。

就刑部判例而言,笔者提出了公务员民事责任的个人过错理论。虽然刑部的官员可能不会都意识到该理论的存在。但是,根据这些判例的含义,我们可以自然地得出这一理论。

尽管中国《民法典》中确定公务员民事责任的条文明显受到德国法的影响,但是笔者始终认为,从该条文中,我们同时可以看到我国司法传统的延续性。因此,在指出《民法典》规定的公务员民事责任和行政机关责任之间的现有关系的同时,本文有专章研究行政机关责任的复杂问题。

对于本文,笔者想说的是,这是研究中国法上公务员民事责任这一重要问题的第一篇论文专著。本文不可避免地存在一些错误,对于善意指出这些错误的所有人,本人不胜感激。如果本文在笔者初步研究的问题方面,能够促进今后的研究并使之完善,笔者将认为自己在该领域的研究时间和努力没有白费。

  法国巴黎大学法学院行政法教授 Ch. Eisenmann 先生,巴黎大学法学院商法教授及巴黎大学中国高级研究所兼职教授 J. Escarra 先生指导了本文的准备工作,并向笔者提出了许多有用的建议,在此对他们表示感谢。F. Tailliez 神父、F. Champetier 先生和 J. Briccos 女士在本文写作过程中给予了无私的帮助,我非常衷心地感谢他们。

本文中使用的缩略语

Code Tsing	《大清律例增修统纂集成》
Jurisprudence Tsing	《刑案汇览》
Escarra Recueil	《判例汇编》[法国法学家 Escarra(J.)主编]
Rec. Pék.	《大理院判决例全书》
Rec. int. Pék.	《大理院解释例全文》
Rec. Nan.	《最高法院判决要旨》
Rec. int. Nan.	《最高法院法令解释总集》
Rec. int. Jud.	《司法院解释例汇编》
Rec. leg.	《中华民国法规汇编》
C. pro. civ.	《民事诉讼法》
C. civ.	《民法典》

导论

公务员的民事责任可能涉及两种情况:对国家的责任和对行政相对人的责任。这两种情况具有不同的理论,其重要性也不同。本文仅以中国法上公务员对行政相对人的民事责任为研究对象。

在外国法特别是法国法中,有关公务员的民事责任引起了大量的研究。但是,在中国,人们的研究还没有涉及该问题。强调这种研究的重要性是无疑的。该研究具有双重意义:实践意义和科学意义。

在实践方面,责任问题在现代公法中占有重要的地位。随着科学发展和工业进步,人们之间的关系变得越来越复杂多样,社会相互依赖性越来越紧密,基于这些理由,英国学者戴雪(A. V. Dicey)在1905年将我们的时代称为"集体主义时代"。① 在所有的人类活动领域,个人和家庭再也不能确保我们的日常所需。许多极其重要的日常所需,比如通信、照明、教育、社会救助等,只有通过政府干预的形式才能得到满足。一百年来,我们的先辈们判断良好政府的标准是:仅仅需要确保战争、警察、司法服务,其他事情一概不管。但是,现在我们认为,能够组织并使一系列工业和社会服务得以运行的政府是比较好的政府。

在这些条件下,国家的观念发生了深刻变化。国家不再被视为维持秩序的警察机构,而是以集体利益为目的组织和运行公务的集团。随着

---

① A. V. Dicey, law and public opinion in England in the nineteenth century, London,1905, pp. 64-65 et 210 FF.(A. V. 戴雪:《十九世纪英国的法律和公众意见》,伦敦1905年版,第64—65页和210 FF)

文明的进步,公务员的数量和重要性不断增加,如果公务的运行只停留在单一的形式上,社会生活将陷于危险的境地。法国著名法学家狄骥(L. Duguit)从这一事实中看到了公法基础的转变。他说:"当公法不再是调整国家权力及其对象之间关系的规范总称时,公法就应当是以公务的组织和管理为目的而建立起来的规范总称。"①

正如一位中国的哲学家所说:"祸福相依"。② 世界上好的事情总是伴随着坏的事情。越来越多的公务在运行良好的同时,也会给行政相对人造成较大的损害。重要的是,行政相对人的自由和个人权利需要充分的保障。

为此目的,现代法确立了保护行政相对人免受行政机关损害的双重责任。一方面,公务的运行可能会产生公务人员的责任。虽然英、美国家的国家责任的发展程度不如欧洲大陆国家,但是,西方文明国家并不存在完全不负责任的国家。另一方面,在某些条件下,公务的运行可能会产生与公务运行相关的行政机关的责任。现在,公务的范围不断扩大,在公法领域,几乎没有什么其他方面比公共行政机关的责任和公务员的责任更重要的了。

在中国,根据实证法的现状,我们主要研究公务员的民事责任。在中国虽然存在公共行政机关的责任,但是基本上没有什么发展。③ 对于受到损害的个人而言,通常的保护方法就是把公务员当做责任人。在公务员的各种不同的责任中④,只有公务员的民事责任对受损害的个人利益保护直接起作用。其他责任形式虽然有助于阻止公务员的专横任性,但不能满足行政相对人的需要。这就是在中国研究公务员的民事责任具有实践意义和特别重要性的原因所在。

从科学的观点来看,公务员的民事责任研究将有助于中国法律科学的发展。虽然该问题的研究具有非常重要的作用,但是该领域的研究没有开展。系统地研究该问题的中文和外文方面的著作及论文都找不到。民法学家在有关中国民法的著作中,仅仅提出这方面的研究轮廓,没有意识到该问题的重要性。行政法学家在研究该问题时,同样没有引起他们

---

① L. Duguit, Les transformations du droit public, Paris, 1913, p.279.(L. 狄骥:《公法的变迁》,巴黎1913年版,第279页)
② 《老子》(第58篇)。
③ 参见第二部分第二篇第三章。
④ 参见第一部分第一章。

足够的重视。他们只是引用了《民法典》第186条的规定,还认为这可能是民法学家应当研究的问题。人们完全忽视了研究这一问题的重要性和紧迫性。为了弥补我国法律科学在这方面的空白,笔者尝试进行了这方面的研究工作。

另外,该问题的研究还引起了比较法学的关注。尽管现代中国法借鉴了欧洲法,但是,中国古代文化本身具有丰富的独特概念。欧洲比较法学家对了解中国古代法的一些重要方面具有极大的兴趣。这方面的研究可能有助于阐明某些实际的法律制度,特别是能够给法律发展带来一线生机和希望。

这方面的研究既紧迫,又引人注目,同时也是比较困难的。首先,有关文献浩如烟海。中国是文明古国,它的法律发展历史悠久,文献数量众多,其中有些已经很难获得,有些已经完全消失。同时,为了收集、阅读、理解、分析和消化吸收这些文献,需要花费几年的时间。其次,法律研究的发展不能仅仅通过书籍文献进行,与实践脱节,在利用文献的同时,还应当认识到了解这些法条文本的实际运用情况。然而,中国法的适用,特别是中国古代法的适用,往往很难得到证实和确认。最后,为了更好地理解一国法律,并让外国人了解该国法律,还应当将该国法律与其他国家的法律进行比较,因为比较是理解的一种重要手段。但是,比较研究不是一件容易的事情。

在本文的研究中,笔者尽力收集了完备的文献资料,查阅了对本文主题有一定价值的所有以下材料:立法文件、判例、对立法动机进行解释的文件等。但遗憾的是,由于时间有限,笔者未能查阅中国所有朝代的编年史,这部分的资料数量过于庞大,也许我们只能从中找到一些有意义的因素。我们的结论与其说是从合法有效的立法文件中得出的,不如说是从判例分析中得出的,因为判例才是国家的真正法律。同时,笔者还努力将我国的法律和欧洲国家的法律,以及古代法与现代法进行比较,这就是笔者的研究方法。

根据有关公务员民事责任的中国法律的发展历史,本文研究分为两个部分。

第一部分研究古代法,即中华帝国时期的法律(1912年前的中国)。笔者努力从丰富的文献中得出一些简单的原则,并对这些原则进行必要的解释。中国法律历史悠久。就古代法而言,本文不涉及太远古的法律。实际上,自远古时代以来,中国就存在法律规定,不管这些法律是否已经法典化。但是对于远古时代,历史的重构很难进行。目前,中国古代法律观念和制度的研究几乎不可能得出一致的结论。

自春秋时代(公元前 770 年—公元前 474 年)以来,我们就拥有了一些更加明确的历史事实。中国的各诸侯国起草和制定了一些法典。今天,人们知道的仅仅是这些法律的某些章节而已,并不能准确地知道这些法典所包含的内容。①

在中国,第一次科学的法典化出现在战国时期(公元前 464 年—公元前 221 年)。这一法典称为《法经》,是魏国宰相李悝为魏文侯起草的。这一次法典化是非常重要的。《法经》为以后所有朝代的大型法典化运动奠定了基础,直至 20 世纪初。② 不幸的是,《法经》在很久以前就消失了。现在,我们对这一伟大法典的认识仅限于它的 6 篇篇名和一些零星的条文。③

在战国以后的很长一段时期内,一些新的法律不断产生,现有法律的某些方面发生了变化,法典化进一步完善。④ 但是这些法典都没有保存下来,所有法典都在战乱中消失了。今天,我们只能在这些朝代的编年史中获得对这些法典的不完整认识,不能直接查阅到这些法典本身。目前,中国古代法中尚存的最古老的法典是《唐律疏议》(公元 618 年—907 年),自那以后,中国每一个朝代的法典都保存下来了。我们将唐朝以来的中国法典作为研究中国古代法的基础。不过,在本文中使用最多的是《大清律例》(公元 1644 年—1911 年)。只有为了解释某些非常重要的制度,比如古代法上公罪和私罪的区分,我们有时候才会追溯到唐朝的法典——《唐律疏议》。这样做的原因有两个:一是自《唐律疏议》以来,中国古代法的重大原则没有发生多大的变化。以后法典的创新几乎只限于编排的体例格式或者是某些细节方面。清朝作为中华帝国的最后一个朝代,它的法典《大清律例》包含了中国古代法的所有基本原则,它是中国古代法中最完备的法典。二是清朝的判例仍然保存下来。我们可以确认和证实法律是如何适用的。但是,我们没有完全忽视其他朝代的法典。

---

① Voir Escarra, le droit chinois, pp. 90-91. (参见 Escarra:《中国法》,第 90—91 页)
② 同上注,第 91 页。
③ Ibid., p. 91. note 17 et Pelliot. Notes de bibliographie chinois II. Le droit chinois p. 282 note 2.(同上注,第 91 页,注释 17 以及 Pelliot,中文参考书目注释第二部分,《中国法》,第 282 页,注释 2)
④ 参见程树德:《中国法制史》,第 36—83 页。

当这些法典将新的因素带入古代法时,我们不会忽略它们,会将它们指出来。比如,我们指出了元朝法典的创新之处。

本文的第二部分研究现代法。分为两篇。

第一篇研究大理院的判例(1912年—1928年)。1912年中国变成了共和国,即中华民国。由于社会和政治条件的变化,古代法的大部分不能再适用。一些新的法律(在清朝末年就开始预备制定)只是停留在没有执行力的法律草案状态。大理院在没有立法文本的情况下,通过其判决和司法解释,为处于转型期的社会制定法律规则。笔者试图从该法院的判例出发,确立一种有关公务员民事责任的一致性理论,尽管这些判例有时候也自相矛盾。

在第二篇中,笔者分析了1929年国民政府制定的《民法典》中关于公务员民事责任的规定。通过这些法律的变化,笔者指出了中国法的连续性。

在本文的最后,笔者对完善中国的公务员民事责任法律制度提出了一些建议措施。本文研究的截止时间为1950年,因为在中国大陆,1929年《民法典》被废止,新的法典又尚未制定。

但是,我们研究中所指出的实践意义离新法并不遥远,对公务员民事责任问题研究的科学意义也是同样的。在本文之前,中国法上对该问题的研究没有开展,本文对中国法上公务员民事责任发展历史的研究关注度要比对民法典规定该责任的条文的研究关注度高,不仅对公务员民事责任问题研究的科学意义没有改变,而且研究该问题的实践意义也是同样的。因为,虽然缺乏有关该问题的新法律,但是中国大陆的法院在实践中继续适用已经废止的《民法典》有关公务员民事责任的规定,不是作为法律规则来适用,而是作为法律的基本原则来适用。正如我们将要看到的那样,《民法典》有关公务员民事责任的规定是我们先辈充满法律智慧的表现和标志,符合现代法的发展趋势。这些规定对正在走向社会主义的中国也是适宜的。没有任何理由认为,中国的新立法者不会重新适用已经废止的《民法典》的这些规定。另外,在本文(最后部分)我想指出的是,在某种意义上和一定限度内,1929年《民法典》有关公务员民事责任的规定,今天仍然应该有效。人们可以在一天之内决定改变政府,但是人们不能在一天之内改变社会中根深蒂固的法律规则。

第一部分　古代法

第一章
中国古代法中公务员责任的种类及其特殊性

现代法确立了部长和公务员的四种责任。对于普通公务员而言,主要是刑事责任、纪律责任和民事责任。在履行职责过程中,如果公务员作出了刑法上应受处罚的行为,他将受到刑事制裁。公务员对公务利益和声誉造成损害的所有行为都将受到从训诫到撤职的纪律处罚。在某些情况下,公务员在履行职责过程中造成相对人损害的,不可避免地应当承担相应的赔偿损失的义务。就部长而言,他们在理论上也应当承担三种责任:刑事责任、民事责任和政治责任。但是,由于他们的职责涉及政治体制方面,所以,在实践中,他们不受调整普通公务员责任的一般规则的支配。实际上,他们只在政治上负责任①,这就是现代公务员和部长应当承担的四种责任。

中国古代法上公务员的责任有哪些?中国古代法典都可以称为刑法典。人们就会问,在刑事责任之外,是否还存在其他责任形式。中国古代法上的民事责任是否可能存在?

---

① Voir M. Waline, Traité élémentaire de droit administratif, 6éme éd., Pâtis, 1950, pp. 360-361. [参见 M. Waline:《行政法基础理论》(第6版),巴黎1950年版,第360—361页]

一、不存在政治责任

中国古代法中的部长和公务员的责任确实与现代法中的这些责任完全不同。正如我们今天所想象的那样,政治责任在中国古代法上没有得到承认。没有任何官员因为其政治管理活动没有得到人民或人民代表的批准而必须辞去职务。人们对作为现代政府组织的主要指导原则的民主观念还很陌生,而且中国古代法拒绝这种民主观念,就中国古代法而言,政府建立的基础是绝对的君主专制原则。所有的政府官员的权力来源于皇帝,并只对皇帝负责,皇帝可以根据自己的喜好暂停他们的职务或者给予他们处罚。如果那些占据政府重要职位的高级官员引起了人民的不满,解除该官员职务的唯一途径就是将这种情况提交给皇帝,然后请求皇帝作出决定。人民没有权利运用高级官员的责任规定,让他们对政治管理活动负责。公务员对皇帝的责任不是一种政治责任,因为皇帝是公务员的最高层领导,这是行政机关内部的一种纪律责任。皇帝自己虽然在道义上应当有益于人民,但是对他们不承担任何责任。他被称为"天子",他的权力来源于上天。要将责任强加于皇帝身上,只有通过反叛来实现。所以,在中国古代法上不存在政治责任。

二、刑事责任和纪律责任

刑事责任和纪律责任相混合。现在,我们已经对这两种责任进行了明确的区分。它们在责任对象、处罚方式和程序方面是不同的。刑法适用于国家的每一位成员,甚至是本国领土范围内的所有人员;纪律制裁的法律在原则上只适用于行政机关的工作人员,行政机关之外的人员或者已经脱离行政机关的人员不会承担纪律责任。刑法是为了制止犯罪对整个社会带来的危害,实施的制裁比较严重,它可以剥夺一个人的自由,甚至生命;纪律制裁仅仅给公务员个人的职业生涯带来不利影响,包括:训诫、调职、降低或者停发工资、降职或者撤职。除了某些军事制裁以外,纪律制裁从来没有自由罚和名誉罚。由于刑事处罚比较严重,刑事制裁应当具备更多的保障措施。刑事处罚应当通过司法程序进行。为防止纪律制裁的任意性而给予公务员的保障措施要比为防止刑事制裁的任意性而给予责任人的保障措施较弱些。虽然,纪律制裁的司法化经历了一个世纪的历史演变,制裁程序不断向刑事制裁靠近,并且加强了对公务员的保障措施,但可以确定的是,这一历史演变还远远没有达到刑事程序和纪律制裁程序的完全同化的程度,甚至完全不可能达到完全同化。①

区分刑事制裁和纪律制裁的这些不同点,相继产生了下列重大效果:由于纪律制裁法律不是刑事法律,根据"一事不再理"的规则,一个人不能因为同一事实受到两次追诉和制裁,该规则不能在纪律制裁和刑事制裁的关系中起作用。在刑事控诉中,法院宣布不予起诉的,并不能阻止行政机关就同一事实采取纪律制裁措施。另外,公务员受到纪律制裁的事实并不妨碍对他展开一项没有进行的刑事预审。纪律责任不能代替刑事责任。

中国古代法的情况是不一样的。在中国古代法上,两种责任是混合在一起的。《大清律例》的两个条文表明了这一点:

> 文武官犯公罪(凡一应不系私己而因公事得罪者,曰公罪)。
>
> 凡内外大小文武官犯公罪②,该笞者,一十,罚俸一个月;二十、三十,各递加一月[二十,罚二月;三十,罚三月];四十、五十,各递加三月[四十,罚六月;五十,罚九月]。该杖者,六十,罚俸一年;七十,降一级;八十,降二级;九十,降三级,俱留任③;一百,降四级调用……④
>
> 文武官犯私罪(凡不因公事,己所自犯,皆为私罪)。
>
> 凡内外大小文官犯私罪,该笞者,一十,罚俸两个月;二十,罚俸

---

① Voir M. Waline, Traité élémentaire de droit administratif, 6éme éd., Pâtis, 1950, pp. 152, 347, 351. [参见 M. Waline:《行政法基础理论》(第6版),巴黎1950年版,第152、347、351页]

② 关于"公罪"和"私罪"的定义,参见第二章第一部分内容。

③ 为了理解"降一级或降二级俱留任或调用"的表述,应当进行某些解释。

所有的文武官都分为九品,每一品又有正、从之分。因此,就有正一品和从九品等。每一品通过一定数量的级别与其他品区别开来。每一品对应一种职责。政府为了调动公务员的积极性,建立了一种完备的奖惩制度。任何为国家作出重大贡献的人,可以得到"加级"(晋升一个或者两个级别)的奖励。获得一定数量的级别后,官员就可以晋升到另一个更高的品级和更高的职位。当官员为国家作出的贡献价值很小时,奖励就包含在"记录"中。加级和记录的来源是不同的。它们的获得要么通过正常途径,要么通过军事征服。对军事征服的记录和加级是其他途径获得奖励的两倍。四次正常的记录和两次军事征服的记录可以加一级。

就惩罚而言,坏记录是不存在的。它们可以罚俸几个月来替代。当违法行为很严重时,可以降级并调用或不调用;对于降低的级别数量,应当通知违法行为人。[voir G. Boulais, manuel du code Chinois pp.40-41. (参见 G. Boulais:《中国法典教材》,第40—41页)]

④ 参见《大清律例增修统纂集成》(第4卷),第17页,有关"文武官犯公罪"的条文。

三个月;三十、四十、五十各递加三月[三十,罚六月;四十,罚九月;五十,罚一年]。该杖者,六十,降一级;七十,降二级;八十,降三级;九十,降四级,俱调用;一百,革职离任……①

这两个条文的唯一区别就是公罪的替换率要优于私罪的替换率。② 在任何情况下,给予公务员笞刑的刑事制裁,可以与罚俸和降级两种纪律制裁进行替换。

笞刑是用来制止轻微违法后果的最轻的刑罚。其他刑罚还有徒刑、流刑和死刑。对于后面这些刑罚,公务员应当亲自接受处罚;相反,法律允许他们用罚俸和降级来代替笞刑。

法律只允许公务员在犯了不严重的轻微犯罪时才可以减轻刑罚,但是实践却允许对他们进行赦免宽恕。有时候,即使是他们犯有严重的罪行,也只是受到纪律制裁。请看1873年发生的一个具体案例。江南提督李世忠对提督陈国瑞怀有敌意。有一天,李世忠带着一队人马闯入陈家,抓住陈国瑞并将他捆绑在一艘小船中,然后将其带到附近的一个地方。在那里,他把陈国瑞关在船里,目的是恐吓他并向他勒索钱财,以发泄他以前的怨恨。幸运的是,陈国瑞被他的侄子解救了。当案件提交到两江总督曾国藩时,曾国藩说:"对陈的控制行为虽然没有造成伤害,但是李世忠已经是绑架他人并强制他人赎身的行为主体,根据法律规定,这种犯罪行为是非常严重的,应该受到严厉制裁。"他补充说道:"不过,为了充分体现政府的宽宏大量,我已经在本案中尽量从轻判决。"他建议皇帝免去李世忠的职务,免除对他的其他处罚。李世忠被勒令回到老家,在当地官员的监督下生活。如果他离开自己的居住地而引发其他案件,事情报到法院后,对他将进行严厉处罚。虽然,陈国瑞不是本案的主要犯罪分子,但对于他前些年引起仇恨的行为采取放任态度,不给予相应的处罚也是比较困难的。他应当受到降级的处罚。这些建议都得到了皇帝的批准。③

---

① 参见《大清律例增修统纂集成》(第4卷),第19页,有关"文武官犯私罪"的条文。
② 关于公罪和私罪的意义,参见第二章。
③ 补充注释,《大清律例增修统纂集成》(第4卷),第16—17页,引自 Boulais,前引书,第43—46页。
我们把古代法典的注释分为三种:(1) 立法注释,是立法者自己作出的以完善法条本意为目的的注释;(2) 官方注释,是指由政府建立并经皇帝批准的特别委员会作出的注释;(3) 补充注释,是指著名法学家以自己名义对法典所作的注释。

为什么古代法将刑事责任和纪律责任混合在一起？原因可能是古代制度中不存在行政权和司法权的区分。我们对刑事责任和纪律责任进行区分，是因为我们想给予刑事责任更多的保障。以前，行政人员和法官是同一批工作人员。① 由于缺乏独立的法官，刑事制裁并不比纪律制裁更具有保障优势。两种法律制裁由同一个人作出决定和进行自由裁量，这个人一方面行使法官的职责，另一方面又行使行政人员的职责。刑事程序和纪律程序没有任何区别，在此条件下，人们把两种法律责任混合在一起就很自然了。

三、中国古代法中是否存在民事责任

由于所有的法典都称为"刑法典"，中国古代法中是否还存在民事责任？如果不存在，谈论公务员的民事责任是不可能的。

答案是肯定的，在中国古代法上存在民事责任。不过，从一开始我们就应该防止一种常犯的错误，即认为民事责任就是以下两种制度：赎刑和罚金。这两种制度在中国古代法上占有重要地位，在形式上与民事责任相似，其实它们之间存在根本的区别。

1. 赎刑

赎刑制度在古代法中占有非常重要的地位，它非常古老。根据著名的且有点理想化的儒家理论，该罪刑的来源主要是军事的和外部的，它首先主要针对野蛮人，即排除在中华文明之外的人民（化外人）。中国人自己受礼仪的统治，不是通过刑罚来统治。如果一个人的行为不符合礼仪的要求，应当受到刑罚处罚，但刑罚并不能有效地制止他的犯罪。在远古时代，人们谈到象征性处罚和赎刑。这些处罚通过犯罪分子服装的颜色和样式的简单变化来体现，这些服装的变化包含了一种耻辱观念。② 另外，犯罪分子想到用黄金赎买他们的罪行。人们认为，公元前2250年，舜帝开始统治时，就已经存在赎刑制度。我们在《书经·虞书·舜典》中看到"金作赎刑"。《书经·周书·吕刑》指出了周穆王时期的赎金标准。该制度在公元前统治了中国1000年左右。

---

① 关于古代制度的更多细节，参见 P. Hoang, Mélange sur l'administration, pp. 9-56. （P. Hoang:《混合行政》，第9—56页）

② Voir J. Escarra, Le droit chinois, pp. 71-73. （参见 J. Escarra:《中国法》，第71—73页）

但是，司法实践似乎并不认可这种说法。象征性处罚可能完全是理想化的，也许根本就不存在。在赎刑制度方面，西汉（公元前206年至公元25年）①之前，人们找不到具体的案例。汉惠帝（公元前195年至公元前188年在位）可能是引入赎刑制度的第一人。② 汉武帝（公元前140年至公元前87年在位）确认了这一制度。③ 不过，这种赎刑制度也遭到了同时代人的激烈批评。④ 在东汉汉明帝（公元58年至75年在位）之前，赎刑制度还没有建立起来。汉明帝使得赎刑制度合法化，并公布赎金标准。⑤ 自那以后，赎刑制度在中国立法中得到了普遍承认。

《大清律例》中包含很多有关赎刑的条文。我们可以把它们分为三类：

（1）凡年七十以上，十五以下，及废疾，犯流罪以下，收赎。

八十以上，十岁以下，及笃疾，犯杀人，应死者，议拟奏闻，取自上裁；盗及伤人者，亦收赎……⑥

……（妇人）若犯徒流者，决杖一百，余罪收赎。⑦

（2）凡钦天监天文生，习业已成，能专其事者，犯军、流及徒，各决杖一百，余罪收赎。⑧

凡军民诸色人役，审有力者，与举人、监生、生员、冠带官，不分

---

① Voir P. Ratchnovsky, un code des Yuan, p. 19.（参见 P. Ratchnovsky：《元朝的法典》，第19页）

② 汉惠帝元年（公元前194年）2月发布的一个文件规定："民有罪，得买爵三十级（六万钱）以免死罪。"参见《汉书》（第2卷），惠帝纪，第3页（Po Na Pen版本）。

③ 太始二年（公元前95年）9月发布的诏书："募死罪（人）赎钱五十万减死一等。"参见《汉书》（第6卷），武帝纪，第28页。

④ 汉宣帝（公元前73年至公元前49年）想允许普通罪犯通过向政府支付一定数量的稻谷赎其死罪，以供应军队必备的粮食。包括肖望之在内的一些高级官员反对这样做。他们说："今欲令民粟以赎刑，如此则富者得生，贫者独死，是贫富异刑而法不一也。"汉宣帝接受了这一反对意见，没有适用这种赎刑制度（同上注，第78卷，肖望之传，第4页）。这一意见后来被Tzchei-hsing对《书经·吕刑》的注疏所引用，以支持他对周朝时期存在赎刑制度的质疑。参见《书经》，Kai-tze-yuang 编，Tzchei-hsing 对吕刑的注疏。

M. P. Ratchnovsky 就同时代人对该制度的批评作了如下注释："请参见肖望传，前引书，第78卷，第3r（尚未查到原始文献核对——译者注）；司马迁对该制度的不公平进行了批评指责"（前引书，第19页，注释五）。这一注释有如下错误：不是"肖望传"，而是"肖望之传"。这些批评指责不是司马迁作出的，而是肖望之作出的。

⑤ 参见《后汉书》（第2卷），汉明帝纪。

⑥ 参见《大清律例增修统纂集成》（第5卷），第1页，有关"老小废疾收赎"的条文。

⑦ 参见《大清律例增修统纂集成》（第4卷），第57页，有关"工乐户及妇人犯罪"的条文。

⑧ 同上注，第56页，有关"天文生有犯"的条文。

笞、杖、徒、流、杂犯死罪,应准纳赎者,俱照有力、稍有力图内数目,折银纳赎。若举监生员人等,例该除名革役,罪不应赎者,与军民人等罪应赎而审无力者,笞、杖、徒、流、杂犯死罪,俱照律的决发落。①

（3）若过失杀伤人者,各准斗杀伤罪,依律收赎,给付其家。②

请注意,当赎刑被法律许可时,它有利于三种人：

第一,由于智力较低和身体较弱不能承受刑罚处罚的人,比如老人、妇女、儿童和残疾人。

第二,政府给予过荣誉或者政府使用过他们的技术能力的人,比如政府官员、医生和天文工作者。

第三,实施了犯罪违法行为但是存在免责情况的人,比如意外杀人或者意外伤害。

为什么法律允许这三种人在赎刑方面具有优势地位呢？因为他们是可以原谅的犯罪分子,应该允许减轻他们的处罚。而且,赎刑就是减轻处罚,不是赔偿损失,赎金全部上缴国库。虽然在意外杀人或者意外伤害的情况下,赎金应当支付给受害人的家庭,这仍然对犯罪分子有利。

2. 罚金

古代的罚金与现代的罚金具有不同的特征。与笞刑、流刑和死刑这些主刑相比,罚金是一种附加刑。中国古代立法者不知道如何通过单独适用罚金刑对罪犯进行处罚。但是,对于某些严重的犯罪,罪犯除了应当受到主刑处罚外,还应当判处很重的罚金。引用如下两个条文就足以说明这一点：

> 凡杀一家,非死罪三人,及肢解人者,凌迟处死;财产断付死者之家……③

> 瞎人两目,折人两肢,损人二事以上,及因旧患令至笃疾,若断人舌,及毁败人阴阳者,并杖一百、流三千里。仍将犯人财产一半,断付被伤笃疾之人养赡。④

在这里,尽管罪犯应当将其财产的全部或者一半支付给受害人,但这

---

① 参见《大清律例增修统纂集成》(第4卷),第3页,有关"五刑"的例文。
② 参见《大清律例增修统纂集成》(第26卷),第40页,有关"戏杀误杀过失杀伤人"的条文。
③ 同上注,第22页,有关"杀一家三人"的条文。
④ 参见《大清律例增修统纂集成》(第27卷),第2页,有关"斗殴"的条文。

些财产的支付并不是一种损害赔偿。这是刑事处罚的加重,是没收财产的一种形式。不过,所没收的财产不是有利于国家,而是有利于受害人。①"断付"的表述本身就足以说明这种没收财产的刑事特征。

就民事责任而言,将罪犯的财产断付给受害人,不是为了减轻对罪犯的处罚,也不是为了加重对他的处罚,而是为了弥补对受害人造成的损害。它的基本特征就是一种损害赔偿,有时罪犯给予受害人的损害赔偿数额可能会超过受害人所遭受的损失。于是,我们就产生了一种混合了民事责任的剥夺性刑罚观念。② 但是,如果给付金钱的主要功能是赔偿损失,那它仍然是一种民事责任。

在《大清律例》中,有许多有关损害赔偿的案件。要全部引用这些相关条文将过于冗长,指出一些条文的主标题就足以说明民事责任的存在。法典中规定了赃物的损害赔偿,破坏他人财产的损害赔偿,普通伤害的医疗费用赔偿,典当行财产丢失或被盗的损害赔偿,火灾事故损害赔偿,诽谤中伤损害赔偿,等等。

在某些案件中,损害赔偿受剥夺性刑罚观念的指导。特别是在盗窃和抢劫两种情况下,罪犯应当双倍赔偿受害人。③ 这一传统规则在所有朝代的法典中都有明确的规定。例如,在《唐律疏议》(公元618年至公元907年)中写道:"诸彼此俱罪之赃,及犯禁之物,则没官。"立法者对这条规定作了立法注释:"若盗人所盗之物,倍赃也没官。"④也就是说,所有的盗窃犯都应当按照所盗财产价值的两倍支付赔偿金。直接盗窃财产所有人的财产,是第一手盗窃犯,应当向财产所有人支付所盗财产价值两倍的赔偿金。从第一手盗窃犯那里盗窃财产的,是第二手盗窃犯,只需支付与所盗财产价值相等的赔偿金。他支付的两倍赔偿金应当由政府没收,因为第一手盗窃犯无权接受两倍赔偿。但是,长期以来,该规定在实践中并没有被严格适用。经查阅,《宋刑统》中有关没收财产的规定与《唐律疏议》中的相关规定完全一致。不过,我们查阅到这样一条官方注释:近

---

① Of. Albaster, Notes and commentaires on Chinese Criminal Law, p. 78. (Albaster:《中国刑法注释与评论》,第78页)

② Voir R. Savatier, Traité de la responsabilité civile en droit français, Paris, 1939, pp. 102-103, 200-201.

③ 罗马法也规定对某些损害的制造者处以双倍赔偿。Voir R. Savatier, op. cit., p. 200. (参见 R. Savatier,前引书,第200页)

④ 《唐律疏议》(第4卷),有关"彼此俱罪之赃"的条文。

来盗赃多不征倍,倍备之律,伏请不行。① 这可能意味着剥夺性刑罚仅限于某些情况下适用,实践本身也开始限制它的适用。

原则上,赔偿额应当与损失程度相等。古代法详细规定了各种不同损害的赔偿额。《大清律例》中有一个关于赃物的损害赔偿的条文:

> 其估赃者,皆据犯处当时中等物价估计定罪。② 若计雇工钱者,一人一日为银八分五厘五毫,其牛、马、驼、骡、驴、车、船、碾、磨、店舍之类,照依犯时雇工贱值,贱钱虽多,各不得过其本价。③

这里我们可以看到,法律是如何使损害赔偿均等化的。这是一种非常公平的民事责任。

如果民事责任在古代法存在,而且证明是公平的,它或多或少具有一种特殊性,即它与刑事责任的关系问题。在现代法上,罪犯可能在民事上承担责任,却不需要承担刑事责任。当他要承担刑事责任时,通常也需要承担民事责任。中国古代法恰恰相反,其责任规则的内容如下:每当罪犯应当承担民事责任时,他同时应当承担刑事责任;但是,通常承担刑事责任后,却不需要承担民事责任。④ 人们可能会问,民事责任是否成为刑事责任的一部分或者是它的一种附加刑,中国古代法是否承认民事责任的独立性。如果这是真实的,我们就不可能单独提及民事责任。不过,根据笔者个人的研究,事实并非如此。民事责任与刑事责任联系在一起的事实,并不意味着民事责任就是刑事责任的一部分而丧失它的独立性。证明如下:

(1)在赦免的情况下,刑事责任被免除,但是民事责任继续有效。在古代法典中,我们能找到许多立法文件证明这一点。通过一个具体的案件事实,我们能更好地理解这一点。根据法律规定,应当承担赔偿责任而没有能力承担的罪犯,应当在监狱关押一段时间(时间长短根据情况不同而变化)以强制他支付赔偿金。该段时间过后,如果问题还没有得到解决,法律将对罪犯增加其他义务。1812年有一次大赦,奉天将军向皇帝提交了一个报告,报告说:"幸好我们今年有大赦,罪犯的罪行得到赦免。但是,根据法律规定,刑罚超过一年的罪犯应当对其犯罪行为造成的损害

---

① 参见《宋刑统》(第4卷),第12页。
② 总体上,刑罚的严重性应当根据违法结果来确定。损失的价值越大,刑罚就越严重。
③ 参见《大清律例增修统纂集成》(第5卷),第6页,有关"给没赃物"的条文。
④ 为了证实这一点,整体阅读几部古代法典就足够了。

进行赔偿……皇上的大赦不能太宽泛。有能力进行损害赔偿的罪犯,在刑事处罚的程序结束后,应当进行损害赔偿,以避免监狱的处罚。经过一段很长的时间,如果他们还没有支付赔偿金,可以确定他们没有收入来源。尽管根据法律规定他们应当在监狱关押一段时间,但是他们的大多数在关押期间内也不能支付其应当承担的赔偿金。因此,我建议,应当立即释放没有能力获得收入来赔偿损失的罪犯,并在一年期限届满之前免除他们的义务。陛下批准大赦所表现出来的宽容,将具有更加广泛的效果。"皇帝通过最高法院给予了回复,拒绝采纳奉天将军的建议。理由是:在皇上赦免的情况下,在我们部长向皇上提交的报告中已经指出,法律规定的各种损害赔偿应当予以保留。因为大赦是由皇帝授予的一种例外的赦免,而且损害赔偿的确定,完全是为了弥补受害家庭的损失。罪犯和受害家庭都应当从皇帝授予的赦免中相互受益……总之,在大赦已经免除犯罪的前提下,损害赔偿不能免除,应当依法执行。①

谈到大赦是皇帝授予的一种例外的赦免以及损害赔偿完全以弥补受害家庭为目的,最高法院也明确区分了刑事责任的公共特征和民事责任的私人特征。因此,刑事责任的免除并不导致民事责任的消失。

(2)我们已经知道,70岁或80岁以上的老人和10岁到15岁的儿童在某些情况下具有赎刑的特权。90岁以上老人和7岁以下儿童完全免除刑事责任,但不免除民事责任。条文如下:

> 九十以上,七岁以下,虽有死罪不加刑;其有人教令,坐其教令者;若有赃应偿,受赃者偿之。②

应当注意该条文的最后一句话:"若有赃应偿,受赃者偿之。"如果被窃取财产为别人所接受,接受财产的人应当返还财产。如果财产由老人或儿童自己保留,该老人或儿童应当返还财产,虽然他们的刑罚已经被免除。

---

① 参见《刑案汇览》(第4卷),第17页。
经查阅2004年4月北京古籍出版社出版的《刑案汇览》(第4卷)的全部案例,没有查到本文中引用的案例,有可能是新出版的《刑案汇览》对古代的《刑案汇览》有所删节所致,由于译者未能找到王名扬先生当年引用的《刑案汇览》版本,故只能将案例中的法文翻译成现代汉语。另外,"Choen Tien"的汉语拼音翻译成"奉天",是否正确有待查证。——译者注
② 参见《大清律例增修统纂集成》(第5卷),第1页,有关"老小废疾收赎"的条文。

(3) 自首的罪犯可以免除刑事处罚,但不能免除民事责任:

> 凡犯罪未发而自首者,免其罪,若有赃者,其罪虽免,犹征正赃。①

(4) 在一个罪犯被同时指控多项罪名的条文中,我们仍然可以看到民事责任的独立性:

> 凡二罪以上俱发,以重者论。罪各等者,从一科断。若一罪先发,已经论决,余罪后发,其轻若等,勿论。重者,更论之,通计前罪,以充后数。其应入官、赔偿、刺字、罢职罪止者,各尽本法。②

该条文的含义是非常明确的。当同时存在两种应受刑罚处罚的犯罪行为时,只执行比较严重的犯罪,而忽略相对不严重的犯罪。如果相对不严重的犯罪存在损害赔偿的情形,则不能忽略,人们应当承担这种例外责任。

《大清律例》有关民事责任独立性的最后一个条文是:

> 若故杀他人马、牛者,杖七十、徒一年半……若计赃重于本罪者,准盗论。追价给主,系官者,准常人盗官物断罪,并免刺。……其误杀伤者,不坐罪,但追赔减价……③

过失杀害或者伤害他人拥有的牲畜的情况值得注意,因为它不涉及任何民事责任与刑事责任的联系问题。这种情况是很少的,但是它表明了民事责任的独立性。

因此,虽然中国古代法典几乎总是将民事责任与刑事责任联系在一起,但是民事责任并不是刑事责任的一部分,也不是刑事责任的附加刑,古代法明确承认民事责任的独立性。

---

① 参见《大清律例增修统纂集成》(第5卷),第12页,有关"犯罪自首"的条文。
② 同上注,第18页,有关"二罪俱发以重论"的条文。
③ 参见《大清律例增修统纂集成》(第21卷),第7页,有关"宰杀马牛"的条文。

第二章
公罪和私罪的区分及其在公务员责任方面的适用

在指出中国古代法中公务员责任的不同种类之后，现在有必要特别强调中国古代法创造的一个重要原则，该原则在公务员民事责任方面确实是中国古代法的一种独创，但是这个原则并没有引起当代法学家的注意。该原则涉及公务员的公罪和私罪的区分问题。

公务员有两种身份。当他们处理公务时，他们被视为公共人物，当他们处理自己的私人事务时，他们就是私人。就他们的刑事责任和民事责任而言，作为公共人物，公务员的这些责任是否应当与相对人的责任绝对相同？在公务员责任方面，这是我们必须首先解决的根本前提问题，正因为这是一个比较复杂的问题，所以，中国古代法提出的该问题的解决方法证明了中国古代法学家的智慧。

如果公务员和相对人服从相同的责任规则，在某些情况下，这些责任对公务员来说就可能太重，且不公平。因为公务员的情况与相对人的情况不同。相对人行动时考虑的是自身利益，而公务员履行职责时，以集体利益为目的。公务员的责任应当考虑这种不同。反过来，如果公务员与相对人不遵守同样的责任规则，是否有破坏法律面前人人平等原则的风险？这是比较难以解决的。恰好中国古代法在这里找到了一种巧妙的解决办法，同时考虑了公务员的特殊情况和法律面前人人平等的原则。它是将公务员履行职责过程中所犯的某些过错视为他以公共人物身份所犯的过错，并将这些过错与他以私人身份所犯的其他过错区别对待。这就是公务员的私罪和公罪。它是中国古代法的传统之一。欧洲法上也同样能找到这种区分。但是，仅仅是最近以来，欧洲某些国家的法律，尤其是英美国家的法律不再承认这一点。中国古代法利用这种区分来确定公务员的刑事责任,就像欧洲大陆国家的现代法利用它来解决公务员的民事责任一样。这种区分的适用,证明了它在公务员责任确定方面的重要性,也能够说明它在以后的中国法律历史中的发展演变。

一、公罪和私罪的区分及其在中国古代 刑法定罪量刑中的作用

值得一提的是,谈到中国古代法中公务员责任的不同种类,我们引用了《大清律例》,其中有两个条文表明,对于因公罪承担的刑事处罚,可以根据一种比因私罪承担的刑事处罚更优势的替换比率,将其减轻为纪律制裁。值得注意的是,这一规则和公罪及私罪的观念并不是从《唐律疏议》才开始的,这是一种非常古老的法律传统,人们忽视了它的来源。在我们今天知道的最早法典——《唐律疏议》中,我们找到了以下条文:

> 诸犯私罪,以官当徒者,五品以上,一官当徒二年;九品以上,一官当徒一年。若犯公罪者,各加一年当。①

公罪和私罪的意义是什么?《唐律疏议》的立法注释为我们进行了解释:

> "公罪,谓缘公事致罪而无私、曲者。"

有官方注释补充说:

> ……公事与夺,情无私、曲,虽违法式,是为"公坐"。……譬如制、敕施行,不晓敕意而违者,为失旨;虽违敕意,情不涉私,亦皆为公坐。②

根据同一条注释:

> "私罪",谓不缘公事,私自犯者;虽缘公事,意涉阿曲,亦同私罪。对制诈不以实者,对制虽缘公事,方便不吐实情,心挟隐欺,故同

---

① 参见《唐律疏议》(第2卷),第10页,有关"官当"的条文。值得我们注意的是,中国官员分为九品(九个等级),参见本书第69页脚注③。

② 同上注。

私罪。受请枉法之类者,谓受人嘱请,曲法伸情,纵不得财,亦为枉法……①

这种注释在古代法上一直保留着它的地位。自唐朝以来,中国各个朝代都继承了下来。公罪和私罪的区分没有发生任何变化。在中华帝国最后一个朝代的法典——《大清律例》中,我们准确地找到了与《唐律疏议》一样的观念。《大清律例》的官方注释写道:"官员所犯的错误可能有许多,但它们只属于两类,要么是公罪,要么是私罪。公罪是一种由于疏忽或者错误产生的非个人过错,没有金钱方面的个人想法。私罪是一种个人过错,是在公务之外所犯的过错,或者是在执行公务中追求个人目的。"②

中国古代法中公罪和私罪的观念是明确的。公罪是由公务员在履行职责过程中,由于错误或者疏忽而实施没有不当目的和不良想法的违法行为所构成的。私罪包括:(1)公务员在与公务没有直接关联的私人生活中所犯的过错;(2)在执行公务中具有不当目的和金钱方面的不良想法时所犯的过错。正如我们所看到的,这恰好与现代法国法上公务过错和个人过错的区分是同一种观念。法国法学家所说的个人过错,就是中国古代立法者所称的私罪,法国法学家所说的公务过错就是中国古代法学家所称的公罪。

法国法学家很自然地认为,中国的私罪概念是宽泛的。它不仅包括公务中所犯的过错,还包括公务员在私人生活中所犯的过错。但是,中国古代立法者这样做是有道理的。他们阐明了这种过错的真实特征。将公务员在执行公务中具有不当目的和不良想法时所犯的过错和公务员在与公务没有直接关联的私人生活中所犯的过错放在同一法律框架之内,很明显,中国古代立法者认为,由于带有金钱方面的不当目的和不良想法,具有公务外表的行为丧失了它的官方特征,成为一种私人生活中的个人行为。中国的私罪理论是否就表明它优于法国的个人过错理论?根据法国的理论,个人过错是一种公务之外的行为,通过个人过错本身,公务员

---

① 参见《唐律疏议》(第2卷),第10页,有关"官当"的条文。值得我们注意的是,中国官员分为九品(九个等级),参见本书第69页脚注③。

② 《大清律例增修统纂集成》(第4卷),第19页。
经查阅1999年9月法律出版社出版、由田涛、郑秦点校的《大清律例》第4卷的所有内容,以及1992年10月中国政法大学出版社出版、由马建石、杨育棠主编的《大清律例通考校注》第4卷的所有内容,没有找到本文中引用的官方注释。需要进一步查证核实。——译者注

置身于公务之外,像普通的行政相对人一样受普通法院的管辖。需要重点指出的是,中国古代立法者采取了主观标准,以便使具有公务外表的行为丧失它的官方特征。该标准就是金钱方面的不当目的和不良想法。在中国的理论与法国法学家拉费里埃(Laferrière)和狄骥(Duguit)的理论之间,存在一种幸运的相互对应。① 古代东方的法学家和现代西方的法学家受同一种观念启发的事实,是否能为比较法的研究带来一些希望和光芒?

另外,中国古代法中公罪和私罪区分的适用,还能说明为什么中国法学理论要将公务员私人生活中所犯的过错包括在私罪观念当中。中国古代法中的这种过错区分,是为了确定公务员的刑事责任。正如我们前面所看到的,公务员的刑事责任和纪律责任混合在一起,纪律责任应当考虑公务员在私人生活中的行为。Jèze雄辩地说明了这种现象的原因:"可以肯定的是,公务员在私人生活中实施的所有行为以及对他的名誉造成损害的活动是一种公务过错。"②维护私人生活的尊严是公务员的职责义务。不可争议的是,为了使惩戒权力的行使合法化,一个法官自以为是或者弄虚作假,就是犯了公务过错。尽管如此,"私人生活的尊严"一词的意义也是随公务员自身不同而变化的……但是,对所有公务员来说,规则是一样的;私人生活中的职责义务是存在的。正是由于这一原因,中国古代法中公务员的私罪就包括了他在私人生活中所犯的过错。

在中国古代法上,公罪和私罪的区分产生了两个效果:(1) 对公罪的制裁不如对私罪的制裁严重。在允许公务员将刑事处罚减轻为纪律制裁的条文中,我们可以看到,对公罪的减轻比率更具优势。其他许多条文也证明了这一点。比如,一个官员故意加重或者减轻一个罪犯的刑罚,他本人将受到该加重或者减轻的刑罚的制裁。然而,如果刑罚的加重或者减轻是由于错误或疏忽造成的,对该官员进行刑罚制裁的严重程度将比故意情况下的制裁程度小三个等级。③ 该处理原则是很明显的,我们不需要引用所有的条文来证明这一点。不过,这里适用了所有刑法中的一个共同原则,即对故意犯罪的处罚要比对非故意犯罪的处罚严重得多。

---

① 参见下文第二部分第二章。
② Jèze是在非常宽泛的意义上使用"公务过错"的表述,它是相对于所有对公务有一定影响的过错而言的。因此它包括了我们中国的私罪的观念。
③ 参见《大清律例增修统纂集成》(第37卷),第1页,有关"官司出入人罪"的条文。

(2) 允许通过对很好地履行了职责的官员进行的奖励,来抵消因公罪引起的刑事处罚,但不能抵消因私罪产生的刑事处罚。前面我们已经指出,中国官员分为九品,每个品级又通过一定数量的级别与其他等级区别开来,在此基础上,政府建立了奖惩制度。通过很好地履行职责为国家提供了某种服务的官员,应当根据其服务的价值进行奖励,对其给予"记录"或者"加级"奖励。当公务员的犯罪只涉及公罪而不涉及私罪时,这种奖励可以用于抵消刑事处罚。① 比如,接受"加级"奖励的官员因公罪被判处杖八十;根据法律规定,这种刑事处罚可以减轻为降低两个级别。该公务员受到的刑事处罚被抵消后,变成了降低一个级别。如果该刑事处罚是因为私罪而被判处杖八十,根据法律规定,这种刑罚可以减轻为降低三个级别,而且这些降级处罚是不能抵消的。

公罪和私罪之间在刑罚的抵消方面的区别是明显的。这种区别显示了两种过错之间特征的不同。公罪具有公共特征,它是公务的一部分,因此,它可以通过很好地履行职责产生的实际价值来抵消。私罪是个人的,它与公务的联系仅仅是表面的,因此,它不能用履行职责获得的价值来抵消。

就中国古代法中的公务员民事责任而言,公罪和私罪的区分是不适用的。但这并不意味着中国古代法处理公务员民事责任的规则与处理相对人民事责任的规则是一样的。正如我们在下一章中将要看到的,中国古代法在减轻公务员的民事责任方面,单独遵循的是另一种途径。

中国古代法在减轻公务员民事责任方面,对刑事责任和民事责任是区别对待的,因为这两种责任的功能不同,在古代法中适用的理论也会不同。刑事责任的功能在于维护社会秩序,责任基础是过错。也就是说,公务员的行为危及社会生活。因此,追究刑事责任,应当考虑公务员的主观意图。

民事责任的功能是维持当事人之间的财产平衡。中国古代法在公务员和相对人之间财产平衡方面存在一种非常有限和具体的观念。为了证实公务员和相对人之间财产平衡的丧失,仅仅依据相对人受到来自公务员的损害是不够的,还应当证明公务员从他造成相对人的损害中获得了金钱上的利益。尽管相对人受到了损害,如果公务员没有从相对人的损

---

① Voir Boulais, op. cit., p. 41; Hoang, op. cit., p. 88.(参见 Boulais,前引书,第 41 页;Hoang,前引书,第 88 页)

害中获得金钱上的利益,就不存在公务员和相对人之间财产平衡的丧失问题。因此,公务员只有在因为所犯的过错变得富有时才须支付赔偿金。如果他们没有从他们的过错中获取任何利益,他们就不需要支付任何赔偿金。他们承担民事责任的基础就是过错加上利益。笔者称之为"过错变富",在这种情况下,所有公务员的民事责任都是私罪引起的,因为他们从自己的过错中获得了利益。但是,并不是所有的私罪都必然引起公务员的民事责任。他们可能是为了满足个人感情的需要犯了过错,而没有从中获得任何利益。在这种情况下,就存在一种不承担民事责任的过错。

另一方面,正如我们以后将要看到的,公务员的民事责任有时候比私罪更为宽泛。在有些情况下,为了保证相对人的根本利益,古代法保留了公务员的公罪责任。

但是,中国古代法在公务员的民事责任中不适用公罪和私罪区分的事实,并不意味着这一区分就不能适用到公务员的民事责任中。相反,在现代法中,正是在这种民事责任中找到了区分两种过错的用途所在。值得注意的是,中国古代法中公务员刑事责任方面的这种过错区分,在19世纪末被发现适用于现代法国法中公务员的民事责任方面。我们将看到法国法学家们是如何发现这种过错区分的。

二、欧洲大陆国家现代法中公务员民事责任理论的个人过错和公务过错的区分

刚才分析中提出的许多法律问题是当事方利益妥协的问题。法学家有点像艺术家。比如,艺术家为了创作一幅好画,要使颜色、线条和谐一致,就像法学家为了维持社会秩序,要使市民社会中人们各种不同的利益达成一致一样。在公务员民事责任问题面前,需要考虑三方当事人:公务员、公共行政机关和相对人。法国现代法学家通过公务过错和个人过错的巧妙区分,也就是我们所说的中国古代法中私罪和公罪的区分,实现了三方当事人利益的一致。下面就是法国现代法如何实现并利用这两种过错的区分。

法学家们承认,公务员的民事责任不能服从普通法律,也就是说,公务员没有义务对他所有的过错造成的损害结果全部进行赔偿,就像《法国民法典》第1382条所规定的那样。理由如下:

相对人行动时以个人利益为目的,公务员履行职责时以集体利益为

目的。在某些情况下,公务员履行职责是免费的,从他们的角度来看,这意味着对公共事务的一种献身精神。让公务员承担责任时,应当考虑这一点。

公务员经常因为不懂得极端复杂的法律法规而犯错误。这种对法律的无知常常是可以原谅的。我们不能要求所有人以任何身份参加行政管理,特别是地方的行政管理,也不能要求人们对所有的行政法律规则都完全了解。

最轻微的过错可能产生极端严重的金钱上的后果。比如,一个港务监督长发布一个错误的操作命令,导致一艘大型客轮的搁浅;一名公务员丢失了囚犯的文件,导致该囚犯的关押时间延长。让公务员完全承担因其轻微的过错而导致的严重后果,有些不公平。如果人们认真考虑一下市镇镇长的情况,就会更加被这种观念所征服。通常我们很难找到对市镇镇长的履行职责情况感到非常满意的人们,市镇镇长要令人们满意,往往要通过他对人民的忠诚来实现。他通常缺乏法律文化,对他来说,地方的职责权力夹杂在许多其他日常事务当中。由于对他的法律教育培训的缺失以及履行职责的时间很少,让他用个人财产承担非故意过错而造成的后果,是极不公平的。

最后,让公务员承担很重的责任,会挫伤他们的积极性和主动性。人们会指责所有国家的行政机关缺乏主动性和积极性,过于墨守成规。①

如果人们不能让公务员的民事责任服从普通法律,也就是说,让公务员服从调整普通相对人责任的相同法律规则,并强制公务员承担自己所有过错造成的损害结果的全部赔偿责任;但是,反过来,我们也不能免除公务员的民事责任,并保证对他们的过错——甚至是最不可原谅的过错——不予处罚。公务员通常拥有很大的权力。拥有权力容易导致滥用权力。因此,他们可能利用权力为自己或者他们亲近的人获取非法利益,而不是用于合法的公务。取消公务员的民事责任,与不限制这种责任一样,也是很危险的。这样,行政相对人将失去自由和个人权利的有效保障。另外,担心受到金钱上的处罚判决,对公务员来说就是谨慎行事的开

---

① Voir L. Waline, traité élémentaire du droit administratif, 6ème éd., pp. 354-355;p. Cot, la responsabilité civile des fonctionnaires publics, Grenoble, 1922, thèse, pp. 4-8.[参见 L. Waline:《行政法基础理论》(第 6 版),第 354—355 页;P. Cot:《公务员的民事责任》,格勒诺布尔 1922 年,论文,第 4—8 页]

始。公务员的民事责任是一种有益的威胁和有效的制裁方式,它有利于激发公务员的工作热情和节制他们的欲望,它促使公务员行动并纠正自己不良的、错误的或者愚蠢的行为。它不仅是公正的,而且有利于公务员承担自己过错所造成的结果,或者至少是部分过错所造成的结果。①

因此,问题在于如何找到保护公务员的方法,以免他因为自己的行为而承担过多的责任。让公务员承担所有的过错责任,并不能成为追求公共利益的借口。

为了实现这一点,法国现代法在个人过错和公务过错的区分中找到了解决方案。公务员只对自己的个人过错负责,不对公务过错负责。在存在公务过错的情况下,应当由行政机关承担责任。

如何区分个人过错和公务过错?人们提出了一些理论。在这里,我们对这两个概念不能进行深入研究,只需说明一下个人过错是公务员在公务中或因公务而完成的行为,但是与公务无关,这就足够了。个人过错在以下两种假设情况下可能会存在:

第一种假设情况:在行政行为之外,存在公务员自己完成的完全不同于行政行为的一种个人行为,这种行为本身与行政管理没有任何联系,不管是在行为对象上,还是在行为目标上,这是一种与职务行为完全不同的行为。实践中存在两种行为:职务行为和个人行为。这两种行为之间可能存在密切的联系:个人行为是因职务行为而完成的。但是,它们实质上是分离的,而且初看起来,好像不存在任何职务行为。如果这种行为是错误的,它就具有了个人过错的特征,会导致公务员承担相应的责任。

例如,一个间接税检查员在对一个仓库进行行政检查的过程中,确认存在某些违法行为。检查员对仓库保管人员说了一些辱骂的语言,指责他们侵占、挪用财产,并称他们为盗贼。在检查仓库和确认违法行为时,检查员实施的是一种职务行为,但是,在对保管员进行辱骂时,他犯的是一种个人过错,与其职务行为具有实质上的不同,公务员因此承担的是个人责任。

第二种假设情况:在行政行为之外,不存在与行政行为不同的、公务员因行政活动而完成的个人行为;只是存在一种单独的相同行为,它外表上是一种职务行为,但是因为行为本身包含了个人过错的因素,可能会导

---

① Voir H. Dupeyroux, Faute personnelle et faute de service, Paris, 1922, les deuxième et troisième parties. (参见 H. Dupeyroux:《个人过错和公务过错》,1922 年版,第二部分和第三部分)

致公务员承担相应的责任。在这种情况下,个人过错很难辨别。如何辨别和认识个人过错?我们应当考虑行为的对象和目的。一个公务员的行为,尽管外表上完全具有职务特征,尽管不附带任何个人行为,但是如果他的行为所针对的对象取决于一个行政管理之外的目的时,这种行为就具有个人过错的因素。

每当公务员下命令执行相对人人身或者财产的行为超出了法律明确赋予的职责范围时,该职务行为在对象上就包含了个人过错的因素。比如,一个行政机关的公务员在没有判决的情况下,通过简单的警察措施,将一个公民关押在监狱。

只说明行政行为是由有管辖权的公务员实施完成是不够的,还应当表明公务员在行为时是以立法者赋予他的职责为目的。在公务员实施他不具有任何管辖权的行为时,如果他仍然应当以公务利益为目的而行动,不具有超出行政管理范围的意图,虽然存在权力行使方向的改变,但是对公务员的个人责任没有影响。相反,如果公务员实施行为的目的完全在行政公务之外,他就可能犯了个人过错,可能导致他承担相应的个人责任。在对象上,这种行为是属于其职责范围的行为,但是在目的上,这种行为是一种个人过错。比如,一个镇长因为个人矛盾暂停了一个乡村警察的职务,该镇长对此事具有管辖权,但是他的行为动机与公务没有任何联系,在这里他就犯了一种个人过错。①

个人过错导致公务员承担民事责任,公务员只需对他们的个人过错负责。所有公务中所犯的疏忽、遗漏和错误,尽管应受指责,但仍然是在公务实践中实施的,因此与公务不能分离,是一种公务过错。② 行政机关本身应当对公务过错负责。不过,行政机关的责任范围要比公务过错宽泛得多。我们在讨论这种责任时不想走得太远。我们需要注意的是,法国法上个人过错和公务过错的区分,再次证明了中国古代法中私罪和公罪的区分方面的智慧。

这就提出了一个问题。公务不能自动运行,公务的运行包含了公务员的行为。每一次行为中所犯的过错都是在公务中或因公务而产生的,

---

① Voir L. Duguit, Traité de droit constitutionnel, tome III, Paris, 1923, pp.277-284. [参见 L. 狄骥:《宪法专论》(第3卷),巴黎1923年版,第277—284页]

② Voir M. Hauriou, Précis élémentaire de droit administratif, 12ème éd., Paris, 1933, p.158. [参见 M. Hauriou:《行政法概要》(第12版),巴黎1933年版,第158页]

这是履行公务的公务员所犯的一种过错。为什么公务员只对他的个人过错负责?

答案在权力分立原则中能找到。根据权力分立原则,总体上,法院无权审理行政行为,相对人向来只是因公务员履行公共职责而与公务员发生关系。相对人找公务员办公事,是因为他具有公务员的资格,负责公务的运行;如果公务员以私人资格出现时,相对人就不能找他办公事。否则的话,该问题就不会被提出,显然就应该适用普通法律。

当一个相对人由于公务员在公务中或因公务而产生过错受到伤害,而且该过错不能与公务分离时,就涉及公务的非法运行。这有可能涉及公务员个人,但是实际上涉及公务的运行或非法运行。公务员的个性在某种程度上被公务所吸收;人们把公务员视为行政机关或者以行政机关名义实施行为的行政机关代理人,这都不重要。重要的是,损害的造成应当归咎于公务的组织不良,而不应归咎于公务员个人。公务过错的表述本身就意味着不是作为个人的公务员造成了相对人的损害,而是公务员以公务员资格行动,并且是公务的运行造成了相对人的损害。根据权力分立原则,总体上,禁止普通法院审理行政行为,行政行为原则上属于行政法院管辖。行政法院有权撤销行政行为并宣布行政机关的责任,但是它不能宣布公务员的责任,因为这属于普通法院排他管辖的范围。①

相反,如果在公务中或因公务而犯了个人过错,公务员不再受行政机关的保护。尽管他所实施的行为与公务有关联,但是与其职责无关,是公务之外的一种个人行为。对于个人行为,如果涉及的行为是由普通相对人实施的,普通法院具有判断权。普通法院对这种行为适用与其他个人行为相同的责任规则。造成损害者应当以自己个人的财产赔偿所造成的损失。②

个人过错和公务过错的区分是法国现代公法的基础。这种区分十分合理,但却是近代才有的观念。它可以追溯到法国权限争议法庭1873年作出的Pelletier判决。Pelletier判决在法国公法中能保持它的地位,并不是一件容易的事情。该判决作出时,遭到了当时人们的严厉批判。有几个法律草案提出来,就是为了反对权限争议法庭的这个判决,或者至少是为了限制该判决所确立的理论的适用。幸运的是,所有这些尝试都失败

---

① 参见 Duguit,同上注。
② 同上注,但是作者关于内部过错不能由普通法院判决的观点,并不被其他学者所接受。

了。Pelletier 判决在实践中具有了立法规定的效力。在法国,自 1873 年以来,该判决就没有被推翻过,该判决确立的理论还得到了后来一个判例的进一步确认,并为世界其他许多国家所采纳。① 但是,该理论要被欧洲所有国家的现代法所接受,还差得很远;人们更不能说欧洲古代法就已经采用了这种过错区分。

欧洲古代法,比如罗马法就不承认这种过错区分。在民事责任方面,罗马的公务员服从普通法律。他们不仅要对自己的个人过错负责,还须对他们的非法职务行为负责。《十二铜表法》规定,当法官没有参加确定日期的法庭审理,应当承担法律责任,除非他们具有合法的可以免除责任的情况。他们的法律责任可能会更多,他们不仅要在有欺诈或严重过错的情况下对自己作出的错误判决负责,在简单疏忽的情况下也要负责。因疏忽而作出的错误判决仍然主要是一种职务行为。这种严格性不仅适用于法官,而且适用于所有的公务人员。比如,一个公务员接受了一个相对人的抵押物品并因为过错而使该物品受到了损坏,该公务员应当对此负责,因为他对这些物品具有妥善保管的义务。②

即使在现代法上,至少在 1947 年以前,英国的法院也与法国的法院不同,它们不承认这种过错区分。英国的公务员与古罗马的公务员一样,既要对他们个人的过错负责,还要对他们的非法职务行为负责。戴雪(A. V. Dicey)对英国法的这一点进行了有说服力的描述:

> 在英国,法律平等的观念,或者所有阶级统一服从同一法律的观念已经被推向极端。每一个官员,从首相到警察或者收税员,对自己作出的没有合法理由的行为,应当与任何其他公民一样,承担相同的法律责任。判例汇编中有许多官员被指控到法院的判例,对他们在履行职责过程中超越了法律职责范围的行为,他们以个人名义对处罚负责,或者赔偿相应的损失。殖民地总督、国务秘书或者军事官员及其所有下属人员,虽然他们是在执行上级官员的命令,但仍然应当

---

① Pour la longue discussion sur l'arrêt Pelletier, consulter Y. Dimanach, la responsabilité civile des fonctionnaires en droit français, Rennes, 1935, thèse, pp. 135-184. (关于 Pelletier 判决的长期争论,参见 Y. Dimanach:《法国法上公务员的民事责任》,雷恩,1935 年,论文,第 135—184 页)

② Voir E. H. Perreau, de la responsabilité civile et pénale des fonctionnaires en droit Romain, Bordeaux, 1894, pp. 79-95. (参见 E. H. Perreau:《论罗马法上公务员的民事和刑事责任》,波尔多 1894 年版,第 79—95 页)

对其作出的法律没有授权给任何私人或者非官方人员的所有行为负责。①

随后,通过对英国制度的赞扬,戴雪继续说,法律面前人人平等的原则在英国被推向了极端,这完全是英国式的法治政府观念,这种观念反对大陆法系国家存在的公务员在民事责任方面不服从普通法律而适用其他制度的做法,因为这些制度导致公务员因非法职务行为而应当承担的责任被免除了:

> 英国人自然地认为,法治(在我们使用该术语的意义上)是所有文明社会的共同特征,但是这种想法是错误的。实际上,到18世纪末,大多数欧洲国家已经度过了贵族、僧侣和其他特权阶层可以藐视法律的时代。但是,在欧洲大陆国家,让所有人服从同样的法律,或者让法院在全国具有至高无上的地位;这一点现在还远远不能成为普遍的现实。如果我们把法国当做典型的大陆法系国家,我们可以相当准确地说,在某种有限的程度上,公务员以其公务员身份,是或者曾经是不受国家的普通法律支配,不受普通法院管辖权的保护;在某些方面,他们只服从行政机关管理的行政法律。②

戴雪对英国法的叙述是正确的。英国中央政府的公务员在履行职责过程中应当对自己的所有过错负责,没有个人过错和公务过错的区分。但是,他对英国法的赞扬却遭到了许多学者的严厉批判。③

实际上,与其说英国制度是戴雪所说的法律面前人人平等原则的结果,不如说英国不存在国家法人的观念。在英国,"国家"一词只具有政治含义,不是一个法律实体,即权力义务的拥有者。而且在英国,不存在国家责任问题,因为英国法不承认国家的存在。在英国,国家的法人资格被王权所替代。王权是独立的法人,由国王个人组成。公务员是王权的代理人(国王的仆人),在国王的命令下行动并以国王利益为目的,就像

---

① A. V. Dicey,Law of the Constitution,9th ed. , London,1945,pp.193-194.[参见 A. V. 戴雪:《宪法》(第9版),伦敦1945年版,第193—194页]

② 同上注。

③ Voir spécialement W. I. Jennings,The law and the constitution,2ème éd. , London,1935;W. A. Robson,Justice and administrative law, dans l'appendice de la 9ème 2d. du "law of the constitution".[特别参见 W. I. Jennings:《法律与宪法》(第2版),伦敦1935年版;W. A. Robson:《司法与行政法》(第9版),附录部分,关于"宪法"的内容]

其他法人的代理人一样。国王和王权的代理人以公务员身份进行的所有法律活动都应当归属于王权,因为国王才是所有权力义务的拥有者。

乍一看来,王权的法人资格似乎起到了国家法人资格的作用。但这只是一种表面上的相似性。王权总是对它自己的行为(也就是国王的行为)不负责,对它的代理人的行为也不负责。这种不负责的基础就是普通法的一个基本原则:国王不能违法。这并不是说,所有来自王权及其代理人的行为只能是公正的、合法的和不会造成损害的;这只是表明国王所犯的过错始终不能归咎于王权。因此,这不能导致任何由王权承担的民事责任。但是,过错是继续存在的,而且它可以归咎于王权的代理人。因此,代理人自己应当对所有的过错承担个人责任。①

这种制度带来的不便是很明显的。公务员在履行职责过程中不能与普通相对人一样,承担相同的法律责任。他们不应当对所有的过错负责,原因和理由在我们前面的叙述中已经提到。该制度也不利于受害的相对人,他们获得赔偿的权利在国家不负责任的情况下得不到充分保障,公务员自己往往不具备清偿能力。但是,经过长时间的讨论,在1947年,英国对这方面的法律进行了修改。1947年的《王位继承法》第2条规定:

> 根据本法的规定,王权对所有他应当负责的违法行为承担法律责任,如果行为人是具有责任年龄和责任能力的私人,王权还应当对下列行为负责:
>
> 国王的仆人或者代理人所实施的侵权行为;
> ……
> ……②

根据该条规定,王权应当对其代理人履行职责过程中所犯的过错负责。但是,英国在这里并没有采纳法国的个人过错和公务过错的理论。该条文进一步规定:

> 如果根据本款第(1)项有关国王的仆人或者代理人的侵权行为或疏忽行为的规定,人们对王权不能提起任何诉讼,除非这些侵权行

---

① Voir R. Bonnard, De la responsabilité civile des personnes publiques et des agents en Angleterre, aux Etats-unis et en Allemagne, Paris, 914, pp. 16-24,30-39. (参见 R. Bonnard:《英国、美国和德国公法人和公务员的民事责任》,巴黎 1914 年版,第 16—24 页、第 30—39 页)

② Crown proceedings Act, 1947. 10&11Geo. 6, ch. 44. (《王位继承法》,1947 年,10&11Geo. 6, ch. 44)

为或者疏忽行为是本法规定的例外,在本法之外产生了针对仆人或者代理人或他的财产的侵权行为责任。①

王权对其代理人的过错不负责任,除非这些过错没有产生这些代理人的个人责任。在王权承担责任的情况下,意味着王权的责任取代了其代理人的责任,另一条规定再次证明了这种观点:

> 所有否认或者限制(王权的)政府部门或代理人因违法行为产生的法律责任范围的法律规定,根据本条有关该(王权的)政府部门或代理人所实施的过错行为方面的规定,在针对王权的诉讼程序中应当适用于国王,就像该规定已经适用于该政府部门一样,如果针对王权的诉讼程序就是针对政府部门或代理人的诉讼程序的话。②

当王权承担了其代理人的责任时,所有对其代理人(公务员)的责任进行限制的法律也适用于国王,因为王权的责任代替了其代理人的责任。

王权责任的这个观念,适用于民法有关被代理人承担代理人过错责任的规则。民法要求受害者首先确立代理人的过错,然后由被代理人代替代理人承担责任,但是,被代理人只有在代理人以被代理人的名义行为的情况下才承担责任。

在1947年《王位继承法》中,我们没有找到任何区分公务过错和个人过错的观念。公务过错的观念是一种决定公权力机构责任的公法理论,与民法规则不同。公务过错的责任是一种原始责任。公权力机构可以被宣布直接负责,不需要首先确认部门负责人的责任,然后再将责任转移到公权力机构。因此,公务过错并不必然与确定的公务员过错的观念联系在一起。为了表明存在公务过错,只需证明损害的发生可归咎于公务的整体不良运行就足够了,即证明公务在运行中或者组织中存在过错,并且损害的发生是该过错造成的,不需要原告证明该过错应当归咎于一个确定的公务员。当公务过错与公务员个人分离时,它就具有了匿名和客观的特征。③ 然而,王权的责任恰恰相反,它完全建立在其代理人的过错基

---

① Crown proceedings Act,1947. 10&11Geo. 6,ch. 44.(《王位继承法》,1947年,10&11Geo. 6,ch. 44)
② 同上注。
③ P. Duze,前引书,第18—24页。
这里的注释可能有点问题,因为前文中没有出现引用P. Duze著作的情况,应当将著作全称列出。P. Duze,la responsabilité de la puissance publique,Paris, 1938. ——译者注

础之上。

在英国,人们找不到任何有关个人过错和公务过错的区分,在王权的责任中找不到,在公务员的责任中也找不到。尽管自1947年《王位继承法》以来,王权的法律地位发生了很大的变化,但是公务员的民事责任在理论上仍然没有改变。公务员要对自己在履行职责过程中所犯的所有过错负责,并不存在个人过错和公务过错的区分。公务员的责任在实践中变得不再频繁,且继续维持现状。因为受害人起诉王权比起诉公务员能获得更多的利益。

英国法不采纳公务员个人过错和公务过错区分的事实,一点也不能减少这种区分在公务员责任方面的价值。这种区分的智慧在中国古代法和欧洲大陆国家现代法中都得到了证明。英国法不承认这种区分,这仅仅是由于英国的法律制度与欧洲其他国家的法律制度不同。实践中,英国人也承认减轻公务员在履行职责时的民事责任的必要性。英国法表明,为了实现这一点,还存在其他减轻公务员责任的方式。中国古代法的情况也是一样的,在规定了公务员刑事责任方面的过错区分之后,通过另一种途径促使公务员承担公平的民事责任。

第三章
中国古代法中公务员的民事责任

一、民事责任的构成要件

从事物的性质来看,民事责任的产生应当同时具备四个条件:

(1) 损害的存在。民事责任是赔偿责任,首先应当有赔偿的对象。这个条件是民事责任的基础。通过这一点,民事责任才根本上与道德责任和刑事责任区别开来。从道德上惩罚犯罪不需要考虑有没有犯罪结果。刑法则走得更远,为了认定刑事责任,至少有犯罪意图的表露,存在犯罪行为的开始,但是总体上,犯罪行为的开始并不是必须得到证实。即使行为人没能完成其想做的行为,他也可以在刑事上承担责任。相反,民法只有在实际损害发生时才考虑责任的承担,也就是说,如果不存在损害,就不存在民事责任的问题。

(2) 可归责性。损害是民事责任的基本条件,但这并不是说每次有人受到侵害就会产生民事责任问题。损害有可能是受害人自己的行为造成的,民法不考虑受害者自己造成损害的赔偿问题。要承担民事责任,造成损害者和受害者必须是两个不同的人,即一个人的损害是另一个人的行为造成的。

(3) 行为的过错特征。侵权人并不对所有造成损害的行为负责。造成损害的行为有可能是权力行为和执法行为,比如,警察制止犯罪,收税员扣押商人用来进行欺诈的商品。为了让造成损害者承担责任,原则上他的行为应当是一种过错行为,也就是说,是对法律义务的一种故意或者非故意违反,在例外情况下还可以是一种危险。没有这种过错,所造成的损害在法律上就不能归责于行为人。过错是民事责任的主要基础。

(4) 因果关系。民事责任的承担还应当要求受害者受到的损害和责任人的侵权行为之间存在有效的因果关系。损害是侵权行为的直接和必然结果。没有这种侵权行为,损害就不会产生。

这些条件既决定了公务员的民事责任,也决定了相对人的民事责任。尽管如此,中国古代法对公务员和相对人的民事责任要求同样的构成要件,与相对人的民事责任相比,这并没有丧失公务员民事责任的独特性。公务员民事责任的独特性表现得很明显,不论是在责任基础方面,还是在损害的特殊性方面,正如我们将在后面看到的那样。

接下来我们研究三个问题:中国古代法中公务员民事责任的基础是什么？什么是可赔偿的损害？是什么东西将相对人受到的损害与公务员的侵权行为联系在一起了？

二、过错变富

并不是公务员所有的侵权行为必然会引起他的责任。为了让公务员对侵权行为承担相应的民事责任,根据中国古代法,该行为必须是一种"过错变富"的行为,也就是说,该行为使公务员获得了金钱上的非法利益。当公务员的侵权行为没有给自己带来任何利益时,就不会有任何民事责任的发生,尽管该行为对相对人造成了损害并存在过错。中国古代的公务员在简单过错的情况下,不须对相对人承担责任,只有在过错加上非法利益的条件下才承担责任,也就是我们所说的"过错变富"。这种"过错变富"是中国古代法中公务员民事责任的基础。

中国古代法将公务员的民事责任建立在"过错变富"的基础上,这表明了减轻公务员民事责任的必要性。除了通过个人过错理论实现减轻责任以外,与法国现代法的做法一样,为了实现这一目的,中国古代法还采取了另外一种途径,即将公务员民事责任的意义特定化。首先,民事责任是为了确立双方当事人之间的财产平衡。中国古代法在公务员和相对人之间,采取了一种非常有限的财产平衡观念。为了证明他们之间的财产平衡的丧失,仅仅说明公务员的行为造成了相对人财产的损坏或者价值的减少是不够的,还应当证明公务员从他给相对人造成的损害中获得了金钱上的利益。如果不存在公务员以相对人财产为代价获取金钱上的利益问题,就不存在公务员和相对人之间财产平衡的丧失,尽管相对人财产价值的减少是由公务员的行为造成的。也就是公务员的民事责任应当减轻。

中国古代法中公务员民事责任基础的理论已经提出,现在有必要说明该理论是如何形成的。我们研究了古代法中公务员造成相对人损害的所有情况,并对这些损害的法律后果进行了标注。我们尤其关注了公务员给相对人财产权利造成的侵害,研究了自唐朝以来的所有法典,但是,在这里笔者只引用《大清律例》中的条文和判例,因为它是中国古代法中最完备的法典。

在公务员给相对人财产造成的损害中,我们发现公务员对有些损害应当承担民事责任,对另一些损害却不承担民事责任。首先,笔者引用一下公务员给相对人财产造成损害但不需要承担民事责任的情况:

> 凡有司科征税粮及杂泛差役,各验籍内户口田粮,定立等第科差。若放富差贫,那移作弊者,许被害贫民赴控该上司,自下而上陈告。当该官吏各杖一百。若上司不为受理者,杖八十……①
>
> 凡应差丁夫杂匠,而差遣不均平者,一人,笞二十,每五人加一等,罪止杖六十。
>
> 若丁夫杂匠承差,而稽留不著役,及在役日满而所司不放回者,一日,笞一十,每三日加一等,罪止笞五十。②
>
> 凡部内有水旱霜雹及蝗蝻为害,一应灾伤田粮,有司官吏应准告而不即受理申报检踏,及本管上司不与委官复踏者,各杖八十。若初复检踏,官吏不行亲诣田所,及虽诣田所,不为用心从实检踏,止凭里长、甲首朦胧供报,中间以熟作荒,以荒作熟,增减分数,通同作弊,瞒官害民者,各杖一百,罢职役不叙……③
>
> 凡有蝗蝻之处,文武大小官员,率领多人公同及时捕捉,务期全净……如延蔓为害,必根究蝗蝻起于何地,及所到之处,该管地方官玩忽从事者,交部照例治罪,并将该督抚一并议处。④

上述所有条文都对存在过错的公务员进行了刑事处罚,这些过错都是他们故意实施的,并且构成了我们所说的私罪。受损害的利益包括土地财产和个人财产,并构成了对相对人财产的损害。但是公务员并不需要承担民事责任,这些条文对损害赔偿没有提及。

---

① 参见《大清律例增修统纂集成》(第8卷),有关"赋役不均"的条文。
② 同上注,有关"丁夫差遣不平"的条文。
③ 《大清律例增修统纂集成》(第9卷),有关"检踏灾伤田粮"的条文。
④ 同上注,有关"检踏灾伤田粮"的例文。

现在让我们转向研究公务员应当承担民事责任的情况，比较这两类情况的不同，并对其进行解释。

规定公务员民事责任的总体规则是有关"给没赃物"的条文，该条文规定：

> 凡彼此俱罪之赃，及犯禁之物，则入官。若取与不和，用强生事，逼取求索之赃，并还主……
>
> 若以赃入罪，正赃见在者，还官、主。已费用者，若犯人身死勿征，余皆征之。若计雇工赁钱为赃者，亦勿征。
>
> 其估赃者，皆据犯处当时中等物价估计定罪。① 若计雇工钱者，一人一日为银八分五厘五毫，其牛、马、驼、骡、驴、车、船、碾、磨、店舍之类，照依犯时雇工赁值，赁钱虽多，各不得过其本价。
>
> 其赃罚金银，并照犯人原供成色，从实追征入官给主。若已费用不存者，追征足色。②

根据这条规定，当存在赃物时，也就是说，当犯罪分子已经从受害者那里通过非法获取一切有价值的东西或利益而获得利益时，民事责任就会产生。《大清律例》将获取赃物的行为分为六类，以便确定相应的刑事责任，即：

> 监守盗；
>
> 常人盗；
>
> 窃盗；
>
> 枉法；
>
> 不枉法；
>
> 坐赃。③

从民事责任的观点来看，第一种非法获取财产的行为涉及公务员对国家的民事责任问题。第二种和第三种行为涉及普通相对人的民事责任，这完全在我们的讨论之外。我们只研究后三种行为。

通过"枉法"获取的赃物，包括官员和办事员获得的所有非法利益。有的是通过接受礼物进行不公正判决；有的是通过在财政上允许推迟缴

---

① 总体上，刑罚的严重性应当根据违法结果来确定。损失的价值越大，刑罚就越严重。
② 参见《大清律例增修统纂集成》(第5卷)，有关"给没赃物"的条文。
③ 参见《大清律例增修统纂集成》(第2卷)，"六赃图"。

纳税收;有的通过向犯罪分子勒索钱财;有的是诱导犯罪分子捏造某些人无罪,然后从这些人那里索要或接受礼物或者钱财;有的是通过向其下属以贱价购买商品,然后又以高价向其卖出;等等。通过"不枉法"获取的赃物方面,表现为官员或者办事员在合法执行公务过程中,以"纸笔费"名义索要的钱财等所有的非法利益。有的是在合法处理某事之后收取礼物;有的是通过向其下属施加压力、销售商品以便获得预期的非法钱财;等等。"坐赃",是针对以相对人的代价获取利益的官员而言的,处于前两种违法行为之外。比如,获取利益的官员利用其影响向相对人借款,却不给相对人支付适当的利息或者迟延还款,等等。尽管公务员自己本人没有获取利益,而是以相对人的代价为国家获取了利益,这仍然被视为"坐赃"。① 在赃物的一般规则之外,我们还发现了一些有关民事责任的特别规则:

> 凡有司官私役使部民,及监工官私役使夫匠,出百里之外,及久占在家使唤者,一名,笞四十,每五名加一等,罪止杖八十。每名计一日,追给雇工银八分五厘五毫……②
>
> 凡各衙门官吏及出使人员,役使人民抬轿者,杖六十。有司应付者,减一等。若豪富之家,役使佃客抬轿者,罪亦如之。每名计一日,追给雇工银八分五厘五毫。
>
> 其民间出钱雇工者,不在此限。③
>
> 凡监临官吏挟势,及豪强之人,求索、借贷所部内财物,并计赃。准不枉法论;强者,准枉法论;财物给主。
>
> 若将自己物货散与部民,及低价买物,多取价利者,并计余利,准不枉法论;强者,准枉法论;物货价钱并入官给主。
>
> 若私借用所部内马、牛、驼、骡、驴,及车、船、碾、磨、店舍之类,各验日计雇赁钱,亦坐赃论,追钱给主。④

所有这些条文都只是"给没赃物"条文中规定的原则的具体化或者

---

① 参见《大清会典》(第54卷),第2r、3r。
具体条文有待查证。因译者不能找到王名扬先生当年引用的《大清会典》版本,加之对"2r、3r"的意思无法确定,所以具体条文的名称有待查证。——译者注
② 参见《大清律例增修统纂集成》(第8卷),有关"私役部民夫匠"的条文。
③ 参见《大清律例增修统纂集成》(第22卷),有关"私役民夫抬轿"的条文。
④ 参见《大清律例增修统纂集成》(第31卷),有关"在官求索借贷人财物"的条文。

重复,并没有什么创新之处。

《刑案汇览》中有关公务员对相对人的民事责任的判决很少。1790年刑部判决的一个案件,只是"给没赃物"条文的适用。

袁坤一是嘉善县管理公共粮仓的官员(革书),农民陆建业来缴纳粮米。袁坤一对陆建业怀有敌意,试图伤害陆建业并从中获取利益。通过与税务主管(总书)秦惠勋进行合谋,他对陆建业缴纳的粮米质量吹毛求疵,把陆建业的粮米送进了筛分机(饰扇揹留),并将筛分后(扇存)的粮米出卖,与秦惠勋瓜分了粮米出卖款项。袁坤一被判处绞刑,秦惠勋作为共犯,受到同样的处罚。他们从筛分后的粮米中获取的非法利益都应当返还给财产所有权人陆建业。另外,该县知县因为没有履行充分的监督职责而被判处发往军台效力赎罪。①

除了"给没赃物"相关的条文和判例之外,撇开我们在下一章的例外情况不谈,我们没有找到任何其他有关公务员对相对人的民事责任的条文或者判例。

将这些情况与我们发现的公务员已经对相对人财产造成损害但没有承担民事责任的情况进行比较,我们注意到,在后一种情况下,尽管公务员对相对人造成了损害,但他们没有获取任何利益;在第一种情况下,他们从自己的违法行为中获取了利益。区别就在于非法利益的存在与否。如果该利益是存在的,公务员就应当承担民事责任;如果不存在,他们就不应当承担民事责任。否则,尽管他们对相对人的财产造成了损害,他们也不能在民事上承担责任。我们可以十分确定地说,非法获取利益是公务员承担民事责任的基础。他们不需要对自己的简单过错负责,但是必须对"过错加上非法利益"负责,笔者称之为"过错变富"。

正是这一基础使得公务员的民事责任完全与相对人的民事责任区别开来。相对人不仅要对其获取的非法利益负责,还要对其简单过错负责,甚至要对危险负责。比如,相对人要对诬告②,斗殴③,弃毁器物稼穑④,故意放火⑤等行为负责赔偿。在发生盗窃的情况下,当铺所有人应当对被盗物品承担全部赔偿责任;在相同情况下,印染铺所有人应当承担物品价

---

① 参见《刑案汇览》(第9卷),"革书收漕挟嫌揹留粮米分肥"案。
② 参见《大清律例增修统纂集成》(第30卷),有关"诬告"的条文。
③ 参见《大清律例增修统纂集成》(第27卷),有关"斗殴"的条文。
④ 参见《大清律例增修统纂集成》(第9卷),有关"弃毁器物稼穑等"的条文。
⑤ 参见《大清律例增修统纂集成》(第34卷),有关"放火故烧人房屋"的条文。

值一半的赔偿责任。这就是过错责任,责任人没有获取任何利益。也有一些条文规定了相对人的危险责任。在物品被抢劫的情况下,当铺所有人应当承担物品价值3/4的赔偿责任;在相同情况下,印染铺所有人应当承担物品价值3/10的赔偿责任。在发生火灾的情况下,当铺和印染铺所有人应当承担所涉物品价值一半的赔偿责任;如果火灾是自动发生或者是由于相邻房屋传递引起的,他们就应当承担该物品3/10的赔偿责任。①不过,被抢劫的情况和相邻房屋传递的火灾属于突发危险,当铺和印染铺所有人没有过错,但是他们要承担赔偿责任。因此,相对人的民事责任要比公务员在履行职责过程中承担的民事责任重得多。一个是建立在责任人的过错基础之上,另一个是建立在过错加上非法利益(即过错变富)的基础之上。

从以上论述中,我们注意到,过错变富是在公共生活中承担民事责任的原则。不仅公务员应当对过错变富负责,国家也应当对过错变富负责,但是,在中国古代法中,国家不承担任何责任。谈到"坐赃",我们说公务员虽然自己没有获取利益,但是他以相对人为代价使得国家受益,仍然应当对"坐赃"承担刑事责任。在这种情况下,国家应当将赃物返还。比如,我们引用一个条文:

> 凡各仓收受税粮,听令纳户亲自行概,平斛交收,作数支销,依律准除折耗。若仓官、斗级不令纳户行概,踢斛淋尖,多收斛面者,杖六十;若以附余粮数计赃重者,坐赃论,罪止杖一百……(多粮给主)。②

在这方面还存在其他条文。我们认为没必要全部引用这些条文。下面请看一个具体的判决。在中国,文庙的维护和献祭是一种经常性的公务。有一个县(彭县)正在重建一座文庙。但是材料来源不足。一个富家子弟(文美运)在这时实施了两项违法行为。该县知县(陈榛)根据购买这些重建材料所花费的财力,对他判处了一项很重的罚款。该案件一直上诉到刑部,刑部的判决是:该县知县在该案件的判决中没有遵守法律

---

① 参见《大清律例增修统纂集成》(第14卷),第6r和v。
具体条文的名称和内容有待查证。经查阅1999年9月法律出版社出版,由田涛、郑秦点校的《大清律例》第14卷的所有内容,以及1992年10月中国政法大学出版社出版,由马建石、杨育棠主编的《大清律例通考校注》第14卷的所有内容,没有找到本文中引用的相关内容。需要进一步查证核实。——译者注

② 参见《大清律例增修统纂集成》(第11卷),有关"多收税粮斛面"的条文。

规则,非法作出了一项高达1900两的罚款判决。尽管该县知县没有追求自身利益,但是,他所做的事情完全是任意专横的,这一点仍然是真实的。该县知县应当被革职并返还所勒罚的财产。①

然而,过错对于国家和对于公务员具有不同的意义。对于国家,"过错"一词针对的是没有任何名义和任何理由的变富行为,因为国家不能实施其他过错行为。对于公务员,"过错"一词针对的是侵权行为,是他们故意违反了法律并实施了侵权行为。

公务员对所有的过错变富行为应当负责。相反,受害者并不总是具有赔偿请求的权利。为了有权提出赔偿请求,受害者应当在自己的财产损失中不存在任何过错。如果财产损失是受害者自己造成的,比如,受害者拿出一定数额的金钱向公务员行贿,他就无权要求赔偿损失。但是,公务员也不能保留赃物,在这种情况下,应当由国家没收这些赃物,因为"凡彼此俱罪之赃,及犯禁之物,则入官"。②

如果说在中国古代法中,公务员在过错变富方面的民事责任是有限的,欧洲人就可以质疑:在中国,个人利益是否得到了充分的保证?下面几点可能就是答案:

作为一项规则,欧洲与中国一样,公务员的民事责任在古代制度中没有很大的发展。以法国为例,人们不知道,1789年国家整体上充满了对公务员任意专横行为的抱怨,《人权与公民权利宣言》庄严地宣告了公务员的民事责任。③

公务员在履行职责过程中,不应当像相对人那样去承担责任。他们的状况不允许对自己的所有过错在民事上承担责任。如果公务员没有从他的过错中获取非法利益,我们的祖先就自然地认为他就不应当支付任何赔偿金。为了惩罚他们的过错,可以通过刑事处罚。

不该忘记的是,在旧制度中,存在"都察院对所有官员的行为和举动进行监督,可以自由地向皇帝报告这些官员在履职中的缺陷、错误的情况,并接受向皇帝提出的控诉,要么是人民对他们的官员的控诉,要么是

---

① 1837年的判决,《刑案汇览》(续编)(第13卷),"知县审案勒罚银两"案。
② 有关"给没赃物"的条文。
③ Voir Olivier-Martin, histoire du droit français, paris, 1948, pp. 656-681. (参见Olivier-Martin:《法国法律史》,巴黎1948年版,第656—681页)

下级官员对上级官员的控诉"。① 正因为有了这种制度,这些官员往往应当谨慎行动,许多任意专横的行为也得以预防。

在中国,损害赔偿经常通过仲裁的方式解决。因此,法官就像仲裁员一样行事。在法典中,要求公务员承担民事责任的规则很少,但这并不妨碍法官在认为必要时,命令他们承担损害赔偿的责任。

中国古代法一点也没有忽略个人的关键利益,对于这些关键利益,过错变富的原则是不起作用的。这是我们将在下一章研究的两个例外情况。

三、可赔偿的损害

在确定公务员民事责任的基础之后,从逻辑上应当研究损害的特征,因为民事责任的目的就是对损害进行赔偿。

为了能够获得赔偿,损害应当具备某些特征。它应当是确定的、实际的。确定,就是损害建立在明确的事实基础之上,而不是建立在假设或偶然的事实基础之上。法官应当确信,如果被告没有实施原告所指控的行为,原告所处的状况就会更好。偶然的或者不确定的损害不能启动诉讼。

实际上,人们认为损害在责任诉讼发生时就已经存在。未来确定会发生的损害也视为实际的损害。比如,事故的受害者未来的劳动能力减弱,可以要求对现有的损害进行赔偿,还可以要求对未来损害进行赔偿。

这两个特征是所有民事责任的共同特征。我们不需要对这方面进行强调。中国古代法用"损害赔偿"一词来表示民事责任。为了获得损害赔偿,就应当确定损害,也就是损害必须是确定的、实际的。否则,就不存在损害赔偿问题。

但是,中国古代法中,可赔偿的损害还要求具备另外一个特征,即损害的物质性。精神损害往往得不到赔偿。损害的物质特征表现了中国古代法中公务员民事责任的一种特殊面貌,而且使得可赔偿的范围缩小了。中国古代法中的民事责任被现代法学家所忽略,可能就是因为可赔偿的范围是非常有限的。

---

① Consulter la thèse de Li Hsiung-fei, les Censeurs sous la dynastie Mandchoue en Chine, Paris, 1936.

实际上,一种损害就是对一项权利的侵害。① 一般存在两种权利:

(1) 财产权利,是指能够为财产所有人带来金钱上的满足或至少能以金钱来进行评估的权利,诸如物权、人身权、知识产权、职业所得。

(2) 财产之外的权利,诸如政治权利,人类固有的权利(生命权、自由权、追求幸福的权利、姓名权,等等),由配偶、父母资格带来的家庭权利,等等。

与这种权利分类相适应,损害也分为两类:物质损害和精神损害。物质损害是对财产权利的损害;精神损害是对财产之外权利的损害。

尽管人们可以在理论上讨论精神损害是否应当赔偿的问题,所有文明国家的现代判例法和大部分学者都肯定了这一点。② 而且,引起责任诉讼程序的损害,不仅包括物质损害,也包括精神损害。

然而,中国古代法的情况就不一样,它只承认物质损害,不承认精神损害。即使在物质损害中,来源于精神损害的物质损害也不能获得赔偿。混合损害是经常存在的,这种损害直接针对财产之外的权利,同时也对财产造成了一定的影响。比如,对人身自由和安全的侵害可能造成金钱上的损失。因为受害者在被拘禁期间不能工作,为了进行法律诉讼程序还得发生一定的费用。这种受精神损害影响而产生的物质损害不能获得赔偿。

并不存在将精神损害和混合损害排除在赔偿范围之外的立法条文和司法判决。为了确认这一点,我们应当收集所有公务员在公务中侵害相对人的情况,并确定在什么有限条件下,他们应当承担损害赔偿责任。由于我们在前一节中研究了公务员对财产权利的侵权案件,现在有必要研究一下公务员对财产之外的权利的侵权案件。

当然,中国古代法中的个人权利没有今天这么广泛。在中国古代法

---

① 在其中一个判决中,大理院指出:"因故意或过失侵害他人之权利而不法者,于因侵害所生之损害,应负赔偿之义务。"参见 Escarra:《判例汇编》,1914 年第 1011 号,第 177 页。

② 有关法国的判例和理论,consulter H. Lalou, traité pratique de la responsabilité civile, 4ème éd., paris, 1948, pp. 101-102; H. et L. Mazeaud, traité théorique et pratique de la responsabilité civile, 4ème éd., paris, 1947-1950. vol. 1, pp. 317-355; R. Savatier, traité de la responsabilité civile en droit français, paris, 1939. vol. 11, pp. 101-115. [有关法国的判例和理论,参见 H. Lalou:《民事责任实践专论》(第 4 版),巴黎 1948 年版,第 101—102 页;H. et L. Mazeaud:《民事责任实践和理论专论》(第 4 版)(第 1 卷),巴黎 1947—1950 年版,第 317—355 页;R. Savatier:《法国法上民事责任专论》(第 11 卷),巴黎 1939 年版,第 101—115 页]

有关中国的判例,参见大理院:1916 年第 6 号、1915 年第 4 号、1918 年第 26 号、1920 年第 74 号、1919 年第 77 号。Escarra,前引书,第 177—178 页和补编第 44—45 页。

中,政治权利整体缺失,社会权利发展很慢。尽管如此,如果公务员的行为损害了个人利益,他将受到刑事制裁,很明显,受保护的个人利益也是一项权利。从这一观念出发,笔者收集了所有关于公务员造成个人非金钱利益损害的侵权案件和公务员受到刑事处罚的情况,并观察研究公务员的赔偿义务是否存在,以便确定中国古代法中可以赔偿的损害范围。公务员的这种侵权行为很多,我们为了该目的而收集的案件在这里不可能全部引用,因为这些案件太冗长、太繁琐,远远超出了本文的范围。为了实现一定程度的确定性,引用一些典型和值得关注的案件类型就足够了。

首先是法律条文的规定情况,我将其归纳为四项:

1. 对人身安全的侵害

人身安全是反对任意的逮捕、拘留和刑事处罚的保证。在所有个人自由和权利的条件当中,安全是最显著的一种,因为如果缺乏安全,个人自由和权利都无从谈起。而且,中国古代法对公务员侵害人身安全的所有行为的处罚很重。但是,中国古代法没有让公务员承担民事责任,也就是没有强制公务员承担赔偿责任。

> 州县广缉重犯,不得滥给缉票……倘有滥给印票及差人雇请白役代缉,以及借端勒索,照例治罪。其佥差不慎之承缉官,照例严加议处。①
>
> ……如系提拿审案人犯,务必给与印票,将应拿人犯姓名逐一开明。有应密者,给与密票,亦于票内开明人犯姓名。如无票私拿,即将该番役解送刑部究讯治罪。失察该管官,交部严加议处。②
>
> 其不应禁而禁,及不应加锁杻而锁杻者,各杖六十。③
>
> 凡官吏怀挟私仇,故禁平人者,杖八十……若故勘平人者,杖八十;折伤以上,依凡斗伤论……④
>
> 在每个法庭中,法律授权批准的惩罚工具,比如竹杖、木杖、木枷等,必须根据皇帝批准同意的形式和尺寸来制造,应当加盖政府印章并由中央政府派送……所有新的没有得到授权批准而制造的惩罚工

---

① 参见《大清律例增修统纂集成》(第35卷),有关"应捕人追捕罪人"的例文。
② 同上注。
③ 参见《大清律例增修统纂集成》(第36卷),有关"因应禁而不禁"的条文。
④ 同上注,有关"故禁故勘平人"的条文。

具都是非法的。犯错误的官员将受到严厉审判,并根据反叛法律处以一百杖。①

2. 对个人自由的侵害

差役因被传唤的罪犯不愿意让其勒索财产,而利用自己的职权对罪犯进行监禁、虐待和严刑拷打,他们将被处以枷号两个月和流放到云南、贵州或者广东、广西等地。如果他们只是对罪犯进行监禁,而没有虐待和严刑拷打,他们将被处以杖一百、徒三年,该犯罪行为的共犯将被处以相同的刑罚,相对于主犯的刑罚而言,降低一个等级。②

……力不能完者,概予豁免,不得株连亲族。倘滥行着落亲族赔,将承追官革职……③

3. 对商业自由的侵害

凡关津往来船只,守把之人不即盘验放行,无故阻挡者,一日,笞二十,每一日加一等,罪止笞五十。④

……以商船作为贼船扰害者,照诬良为盗例治罪……⑤

凡收受支给官物,其当该官吏,无故留难刁蹬,不即收支者,一日,笞五十,每三日加一等,罪止杖六十、徒一年。⑥

4. 拒绝提供法定的公务和不遵守法定的义务

对控告拒绝进行调查的所有官员,将按照如下规定进行处罚:

---

① 参见《大清律例增修统纂集成》(第36卷),第8r。
具体条文名称有待进一步查证。经查阅1999年9月法律出版社出版,由田涛、郑秦点校的《大清律例》第36卷的所有内容,以及1992年10月中国政法大学出版社出版,由马建石、杨育棠主编的《大清律例通考校注》第36卷的所有内容,没有找到本文中引用的相关内容。需要进一步查证核实。——译者注

② 参见《大清律例增修统纂集成》(第31卷),第8r。
具体条文名称有待进一步查证。经查阅1999年9月法律出版社出版,由田涛、郑秦点校的《大清律例》第31卷的所有内容,以及1992年10月中国政法大学出版社出版,由马建石、杨育棠主编的《大清律例通考校注》第31卷的所有内容,没有找到本文中引用的相关内容。需要进一步查证核实。——译者注

③ 参见《大清律例增修统纂集成》(第23卷),有关"监守自盗仓库钱粮"的例文。
④ 参见《大清律例增修统纂集成》(第20卷),有关"关津留难"的条文。
⑤ 同上注,有关"盘诘奸细"的例文。
⑥ 参见《大清律例增修统纂集成》(第12卷),有关"收支留难"的条文。

凡告谋反叛逆，官司不即受理，掩捕者，杖一百、徒三年。以致聚众作乱，或攻陷城池，及劫掠人民者，斩。若告恶逆，不受理者，杖一百。告杀人及强盗不受理者，杖八十。斗殴、婚姻、田宅等事不受理者，各减犯人罪二等，并罪止杖八十……①

凡官吏于诉讼人内，关有服亲及婚姻之家，若受业师，及素有仇隙之人，并听移文回避。违者，笞四十……②

凡鳏寡孤独及笃废之人，贫穷无亲依倚，不能自存，所在官司应收养而不收养者，杖六十……③

徒罪以下人犯患病者，狱官报明承审官，即行赴监验看是实……保出调治，俟病痊即送监审结。其外解人犯，无人保出者，令其散处外监，加以调治。如狱官不即呈报，及承审官不即验看保释者，俱照淹禁律治罪……④

以上我们引用的条文，都包含了公务员侵害个人权利的行为，而且大部分被指控的行为是一种私罪。有过错的公务员，作为这些行为的实施者，应当受到刑事处罚。但没有一个条文要求他们承担民事责任，而且被侵害的权利是精神权利和混合权利。

现在让我们来看一些司法判决。

两个税收办事员（税书徐树本、张际武），与一个羊商的关系不好，对商人实施了暴力，借口是商人没有履行纳税义务，他们将商人关闭起来，并任意地决定对他进行一年半的监禁。实际上，该商人已经纳了税。刑部判处两个办事员各杖六十、徒一年。⑤

散役（杜瑞）为了查处漏税并获得奖赏，扣押了一个路过的商人的车辆，并逮捕了驾车人。散役后来发现自己的行为是错误的，然后就逃跑了。刑部认为，该散役因为非法监禁应当判处杖一百。由于散役的逃跑，刑罚被加重到杖七十、徒一年半。⑥

在一个杀人案件中，知州（河池州知州苏荣坪）玩忽职守，没有亲自去查验犯罪的原因。土目（卢廷赞）从杀人犯那里获得了非法利益，将死

---

① 参见《大清律例增修统纂集成》（第30卷），有关"告状不受理"的条文。
② 同上注，有关"听讼回避"的条文。
③ 参见《大清律例增修统纂集成》（第8卷），有关"收养孤老"的条文。
④ 参见《大清律例增修统纂集成》（第36卷），有关"陵虐罪囚"的例文。
⑤ 1824年作出的判决，《刑案汇览》（第10卷），"税书刁难不即释放滋扰商民"案。
⑥ 1830年作出的判决，同上注，"巡役滥拿路过不应纳税车辆"案。

者伪装成因病突然死亡。知州相信了土目,并认为案件得到了核实。结果,该知州被处以杖六十、徒一年。①

海关职员(边门章京翔凤)由于朝鲜商人没有满足其过分的要求,而对该商人进行欺压,并处处为难他,结果被处以杖一百,再加枷号三个月。②

在个人自由和安全被侵犯的所有情况下,有罪的公务员都只是受到刑事制裁,而没有承担民事责任。

这些案例清楚地表明,精神损害和混合损害在中国古代法中得不到赔偿。应当从民事责任的角度,尽力解释为什么中国古代法不承认精神损害和混合损害。

首先进行的是法律解释。正如我们所看到的那样,中国古代法中公务员的民事责任基础是过错变富。但是,在精神损害和混合损害中,公务员没有获取任何利益,因此,他们的民事责任在司法上还没有充分的理由。

法律解释对我们来说是不够的。当人们用一种法律事实去解释另一种法律事实时,并不能进一步澄清该问题。法律规则并不是人们能够通过逻辑规则解释而实现自我满足的东西。一种法律规则代表了一定时间和地点的部分社会关系。另外,法律规则还伴随着某种意识形态,它必然是国家精神和心理状态的反映。社会关系太复杂,我们应当更加谨慎,不能对此谈论过多。因此,为了回答这一问题:从民事责任的角度,为什么中国古代法不承认精神损害和混合损害?有必要提醒人们注意整体的中国古代哲学,包括政治哲学、法律哲学和社会哲学。这将有助于人们弄清楚这一问题。③

(1)政治上。中国古人认为,国家秩序的确保不应当依靠法律,而应当依靠道德。孔子非常雄辩地提出了这一理论。

> 季康子问政于孔子。孔子对曰:"政者,正也。子帅以正,孰敢

---

① 同一法庭1815年作出的判决,同上注,第60卷,"知州于未验命案捏报已验"案。
② 同一法庭1814年作出的判决,同上注,第12卷,"朝鲜货物到边留难图索"案。
③ 关于法律解释,请参见 R. Pound, "interpretation of legal history", surtout ses critiques sur J. Austin et ses disciples. 关于社会哲学在社会科学研究中的重要性,请参见 G. Plékhnov, de la conception matérialiste de l'histoire, Moscou, 1946. (关于法律解释,请参见 R. Pound;《法律解释历史》,特别是关于他对 J. 奥斯丁和他的信徒的批评。关于社会哲学在社会科学研究中的重要性,请参见 G. Plékhnov:《唯物史观》,莫斯科1946年版)

不正?"①

政府的职能就是引导人民遵守道德。法律不是政府统治的好方法。孔子在这里揭示了德治的优势和法治的劣势。

> 子曰:"为政以德,譬如北辰,居其所而众星共之。"②
> 子曰:"道之以政,齐之以刑,民免而无耻;道之以德,齐之以礼,有耻且格。"③

这种德治的政治理论影响了中国法律的精神。④ 法律是道德教化的工具,当人们不遵守道德规则时,人们诉诸法律来确保它。法律和道德是一件事情的两个方面。法律是强制的道德,法律与道德总体上混合在一起。

当然,这种混合对民事责任有很大的影响。道德的本质是义务,而不是每个人的权利。罗马法和现代法将个人权利的保护作为其基础,而中国古代法却建立在人们必须遵守的个人义务基础之上。当损害发生时,西方法律从受害者的角度出发,关注的是被侵害的权利方面,并要求进行赔偿;中国法律从犯罪分子的角度出发,关注的是所违反的义务方面,并要求进行压制,民事责任被刑事责任所取代。这就是中国古代法中精神损害和混合损害不能得到赔偿的原因所在。

(2)法律上。中国古人认为,社会秩序应当与自然秩序保持一致。人类的法律以自然规律为榜样,是自然秩序的表现。每当法律被违反时,自然秩序也遭到破坏,而且会带来灾难。法律制裁就是为了重建自然秩序,以避免灾难。⑤

当精神损害和混合损害通过刑罚进行制裁时,自然秩序就会完全得到恢复重建,不再存在损害赔偿的问题。损害赔偿问题只有在财产损害发生时,刑罚不足以恢复重建自然秩序的情况下才会提出。

(3)社会上。中国人鄙视商业逐利行为。商人在中国历来受轻视,

---

① 《论语》(孔子和其弟子的对话)(第六篇第十二章)。
② 《论语》(孔子和其弟子的对话)(第一篇第二章)。
③ 同上注。
④ 关于中国法律的精神, voir J. Escarra, le droit chinois, 1ère partie, pp. 3-69; Tran Van Chuong, essai sur l'esprit du droit sino-annamite, Paris, 1922(thèse).[关于中国法律的精神,参见 J. Escarra:《中国法》(第一部分),第 3—69 页;Tran Van Chuong:《中国—安南法律精神评论》,巴黎,论文,1922 年]
⑤ Escarra,同上注。

因为商人是追求利益的人,尽管他们努力实现的利益是合法的。在私人生活和公共生活中,个人的荣誉阻止人们去获取利益。一个中国哲学家(董仲舒)说:

> 夫仁人者,正其谊不谋其利,明其道不计其功。①

另外一个哲学家讲述了以下的会见:

> 孟子见梁惠王。王曰:"叟!不远千里而来,亦将有以利吾国乎?"
>
> 孟子对曰:"王!何必曰利?亦有仁义而已矣……苟为后义而先利,不夺不餍。"②

在这种精神状态下,人们很容易理解为什么精神损害在中国古代得不到赔偿。当造成精神损害的行为人受到刑事制裁时,正义就已经实现了。人们可以忽略金钱上的赔偿。

四、因果关系

在相对人遭受的损害和公务员的侵权行为之间,应当存在一种有效的因果关系。相对人遭受的损害应当是公务员侵权行为的直接结果。如果没有这种因果关系,公务员的责任就不会产生。

我们不想对因果关系的复杂理论进行讨论分析。在中国古代法中,我们只需表明,在公务员的民事责任方面,因果关系是将相对人的损害和公务员的侵权行为联系在一起的纽带。

当然,我们在中国古代的立法条文和判例中找不到"因果关系"一词,但这并不是说中国古代法忽视因果关系。正如我们所看到的,公务员民事责任的主要基础是以相对人为代价的"过错变富"。变富和损害同时存在的事实说明,变富是直接来源于损害。这足以表明因果关系的联系是很明显的。

在公务员民事责任的例外情况下,即公务员民事责任不是建立在过错变富基础上的情况下,才需要证据让人们认识因果关系的必要性。以下就是中国古代的一个立法条文规定:

---

① 参见《汉书》(西汉的历史)(第56卷),董仲舒传。
② 《孟子》(第一篇第一章)。

凡官司决人不如法者,笞四十;因而致死者,杖一百,均征埋葬银一十两。给付死者之家……

若监临之官,因公事于人虚怯去处非法殴打……致死者,杖一百、徒三年,追埋葬银一十两……①

这一条文的几次适用,表明了因果关系的必要性。

一个名叫贺文魁的农民遭到恶意诽谤,被指控为窝匪行窃,独山州知州(谈逢尧)轻信了诽谤是有依据的,没有对案件进行全面的预审。由于贺文魁不承认自己有罪,知州为了让他供认,就痛打他的脚踝,结果导致了贺文魁的死亡。刑部适用了有关"决罚不如法"的条文,判处该知州杖一百、徒三年。另外,判决还提到了丧葬费(埋葬银)的赔偿问题。②

还有另一个同类的案例。谢士安被指控犯有侵占罪。差役(唐贵)在路上遇见他,抓住他并把他带到法庭。该县县丞负责审理该案件,要求谢士安交出财产所有权证明(契据)。由于谢士安没有交出,他被关押起来,直到他能找到保证人为止。后来谢士安在监狱中上吊自杀。刑部以非法监禁为由对该县县丞处以流刑(发往新疆)。但该判决没有让该县县丞赔偿丧葬费。③

这两个案例的程序是相似的。官员进行非法判决导致了受害人的死亡。知州按照法律要求支付了丧葬费,但是县丞则没有。为什么会有这种区别?因为在严格意义上,第一个案例存在因果关系,而第二个案例不存在。贺文魁的死亡是由知州的非法判决直接造成的,而谢士安的死亡却不是县丞非法判决的直接后果。

还有另外一个案例。差役(雷云)有义务抓住罪犯(李生花),但是没有找到罪犯本人,他把罪犯的堂兄(李生玉)带走了,堂兄的父亲(李汝霖)感到十分悲痛和愤怒,上吊自杀了。该差役被处以流刑,但是没有支付丧葬费,因为他的行为不是导致死亡的直接原因。④

这些案例清楚地表明,没有相对人遭受的损害和公务员的侵权行为之间的有效的因果关系,公务员的民事责任就不会产生。

---

① 参见《大清律例增修统纂集成》(第37卷),有关"决罚不如法"的条文。
② 1823年作出的判决,参见《刑案汇览》(第60卷),"知州非刑拷讯被诬之人身死"案。
③ 1821年作出的判决,同上注,第59卷,"县丞任听衙役故押平人自尽"案。
④ 1814年作出的判决,同上注,第50卷,"差役传人外出妄拿族人酿命"案。

第四章
例外情况

一、丧葬费的损害赔偿

在《大清律例》规定杀人罪（人命）的一章中，我们发现许多条文以总括的形式确定了故意或者过失造成受害人死亡的犯罪分子应当向受害人家庭支付的丧葬费（埋葬银）标准。① 这一规则也适用于履行职责时的公务员。例如，上面我们引用的"决罚不如法"条文规定：

> 凡官司决人不如法者，笞四十；因而致死者，杖一百，均征埋葬银一十两。给付死者之家。行杖之人，各减一等。不追银……
>
> 若监临之官，因公事于人虚怯去处非法殴打……至折伤以上者，减凡斗伤罪二等；致死者，杖一百、徒三年，追埋葬银一十两……②

我们在谈到因果关系是公务员民事责任的必要条件时，适用该条文的案例已经在本文中引用了。

对于现代法学家来说，这种规则是完全正常的，并且很容易理解。公务员应当负责支付丧葬费用，因为是他造成了受害人的死亡，而且他的行为虽然是在公务中完成的，但却不同于公务，而是一种私罪。只有当受害人遭受的是纯粹的物质损害，而且公务员从自己的过错中获得利益时，他们才应当承担相应的责任。但是在这里，公务员对造成生命伤害的行为承担赔偿责任，而这不是一种纯粹的物质损害，甚至公务员也没有从中获得利益。这是一种例外的情况。

---

① 参见《大清律例增修统纂集成》（第26卷），"人命"。
② 参见《大清律例增修统纂集成》（第37卷），有关"决罚不如法"的条文。

实际上,这种规则并不来源于中国,他最初规定在蒙古人建立的朝代——元朝的法典《元典章》之中。① 在元朝之前,我们在《唐律疏议》和《宋刑统》中都找不到任何相似的条文规定。我们完全有理由认为这种规则是从蒙古引入中原的。

我们已经找到了支持这一观点的其他证据。元朝的历史向我们表明,这种有关杀人罪的规则并不是蒙古人自己拥有的。历史上记载:最初,蒙古人没有法律,所有的判决都是根据金朝的法律作出的。② 金朝的法律非常严酷。③ 金朝的历史告诉我们,金朝的法律是他们自身的传统与唐朝、宋朝的中国法典相结合的产物。④ 金朝在杀人罪方面的传统是什么? 金朝的历史记载:

> 金国旧俗,轻罪笞以柳葰;杀人及盗劫者,击其脑杀之,没其家赀,以十之四入官,其六偿主,并以家人为奴婢。⑤

正是在为了受害人家庭的利益而没收杀人犯的财产这一规定当中,我们找到了支付丧葬费的来源。

蒙古人继承了金朝的这种规则,在他们成为中国领土的征服者之后,他们把这一规则引入了中原。但是,中原人不具有任何关于"死亡可以用金钱来赔偿"的观念,为了照顾和迁就中原人的这种情感,蒙古人将同时具有罚款和死亡赔偿特征的没收财产处罚转变为丧葬费。也就是说,这不再是对死亡的赔偿,而是对丧葬费用的补偿。

这种规则的适用仍然表明了蒙古和中原之间的不同之处,并指出了这种不同的来源。在蒙古,与金朝一样,杀人犯即使在被判处死刑之后,仍然应当对受害人家庭进行赔偿。1265年蒙古可汗的一道命令写到:杀人犯尽管被判处死刑,仍然应当支付50两白银的丧葬费。⑥ 在中原,当他

---

① 参见《元典章》(第43卷),刑部,第五章,诸杀(续篇),烧埋银,以及第42卷,第四章,诸杀。
② 金人是满族部落中的一个。他们在蒙古人之前占据了中国的北部和西北部,并且比蒙古人的文明程度高得多。
③ 参见《元史》(元朝的历史)(第102卷),刑法志。
④ 参见《金史》(金朝的历史)(第45卷),刑志。
⑤ 同上注。
⑥ 参见《元典章》(第43卷),"杀人偿命仍征烧埋银"。

们从蒙古引入并采纳这种规则时,被判处死刑的杀人犯不需要赔偿丧葬费。① 在蒙古和金朝,杀人犯的父母可以代替杀人犯进行赔偿。1287 年,蒙古征服中原 7 年之后,我们仍然发现一道蒙古可汗的命令,该命令要求将杀人犯的女儿送给受害人家庭,理由是杀人犯不能支付丧葬费。② 在中国,长期以来确立的原则就是:如果罪犯确实没有支付能力,他将被免除所有义务,他的父母不会受到司法机关的追究。③ 自1312 年之后,即蒙古人统治全中原 32 年之后④,蒙古人修改了他们的规则。同一年,我们发现许多命令中提到,如果杀人犯确实没有支付能力,他支付丧葬费的义务可以免除。他的父母也不会受到司法机关的追究。⑤

我想,以上叙述足以表明丧葬费的规则不是来源于中原,它是从蒙古引进的,而蒙古又是从金朝借鉴过来的。自 1386 年以来,蒙古人被完全赶出了中国本土,中国重新恢复了中华帝国的统治;但是这一规则一直延续下来,保留在我国古代法典中⑥,因为中国人认为,这一规则保障了一种关键利益。

这一规则的适用不是绝对的。我们看到在许多案例中,官员或者办事员造成了受害人死亡,但是没有赔偿丧葬费。法官在这方面拥有一定的自由裁量权。总体上,过错的严重程度、罪犯的状况和主观意图都应当考虑在内。如果过错不太严重,公务员的地位也是非常次要的,他也没有表现出个人偏见,法官可以免除他的责任。⑦

二、被盗财产的损害赔偿

在盗窃和抢劫的情况下,应当将属于不同盗窃犯的财产收回,并把它们归还给受害的财产所有权人。如果罪犯已经抓住而被夺走的财产不能

---

① 在这一点上,参见清朝刑部的判例,特别是 1794、1826、1823 年的判例。《刑案汇览》,第 4 卷,"埋葬银两并无尸亲毋庸着追";第 31 卷,"命案减等著追埋葬银两";第 60 卷,"知州非刑拷讯被诬之人身死"。
② 参见《元典章》(第 43 卷),"女孩儿折烧埋银"。
③ 参见《唐律疏议》(第 4 卷),有关"彼此俱罪之赃"的条文。
④ 1280 年,蒙古人完成对中原的征服。
⑤ 参见《元典章》(第 43 卷),"无苦主免征烧埋银""无妻男财产免征烧埋银""无人口免征烧埋银""打死奸夫不征烧埋银""贫难烧埋银无追"等条文。
⑥ 参见《大明律》,第 1 卷;第 19 卷,"人命"。
⑦ 参见《刑案汇览》(第 60 卷),第 38r。

收回,只要被夺走的财产不超过 100 两白银,地方官员应当用自己的财产进行损害赔偿;如果超过了这一数额,该官员赔偿财产的 1/10 或者 2/10。一般的扒窃情况不包括在本条规定之中。①

根据这条规定,在盗窃和抢劫的情况下,罪犯被抓后,如果被夺走的财产不能收回,地方官员应当依照法定的比例用自己的财产赔偿受害人。1794 年的一道皇帝的命令解释了这条规定的理由,内容如下:"如果人民被盗而不能收回被盗的财产,这是因为地方官员缺乏应有的警惕,在盗窃发生后,没有在正常的时间范围内寻找罪犯并努力逮捕他们。即使被盗财产没有收回,富裕的受害人可能不会面临生计的困难;而靠职业和劳动维持生计的贫穷受害人,将面临生活来源的枯竭,尽管被盗财产的数额不大。因此,地方官员有义务进行赔偿,以处罚他们的过错……"②

这条规定被严格地适用。地方官员经常感到赔偿责任很重,请求中央政府减轻责任。1830 年,对已经抓住罪犯并找回部分财产的地方官员,贵州省巡抚请求中央政府免除他们的赔偿责任,因为这些官员没有失职。刑部的答复是否定的:"在盗窃情况下,受害人一旦告发,地方官员就应当立即采取措施以防止罪犯逃离并找回被盗财产。如果罪犯没有立即被抓住,他们将会花掉所有的被盗财产,受害人将遭受损失。这是法律确立地方官员赔偿责任的原因所在……如果罪犯被抓住,被盗财产只找回一半或者一部分,如果地方官员对没有找回的被盗财产的赔偿责任被免除,受害人还是遭受了损失,这并没有什么区别。另外,法律规定了赔偿的比例,已经考虑地方官员的利益,尽管他们应当受到法律制裁。这一赔偿责任应当作为法律要求而得到遵守,减轻责任的要求应当被驳回。"③

1825 年,江西巡抚请求刑部批准免除一个知县的赔偿责任,因为该知县已经被处以降级和调职,没有能力进行赔偿。巡抚提出的理由是,被

---

① 参见《大清律例增修统纂集成》(第 5 卷),第 11r。
经查阅 1999 年 9 月法律出版社出版、由田涛、郑秦点校的《大清律例》第 5 卷的所有内容,以及 1992 年 10 月中国政法大学出版社出版、由马建石、杨育棠主编的《大清律例通考校注》第 5 卷的所有内容,没有找到本文中引用的条文。需要进一步查证核实。——译者注
② 《大清会典则例》(第 591 卷),第 21、22 页。
③ 《刑案汇览》(第 4 卷),第 16r。
具体判例名称有待进一步查证。经查阅 2004 年 4 月北京古籍出版社出版的《刑案汇览》(四编)中第 4 卷的全部案例,没有查到本文中引用的案例,有可能是新出版的《刑案汇览》对古代的《刑案汇览》有所删节所致,由于译者未能找到王名扬先生当年引用的《刑案汇览》版本,故只能将案例中的法文翻译成现代汉语。是否正确有待查证。——译者注

盗财产的赔偿是由于公务造成的,与非法获取财产和敲诈勒索财产的赔偿是有区别的。但是,他的请求遭到了拒绝。①

有时,通过要求地方官员承担赔偿责任,行政相对人自己试图从这条规定中获取利益。我们看到 1821 年刑部的一个判决,判处一个名叫 Chang Gun-Tong 的贫穷农民处杖一百、徒四年,因为他欺骗地宣称自己被盗,目的是为了接受地方官员的赔偿。②

在这种情况下,地方官员的民事责任完全是一种例外的责任,比现代公务员的民事责任重得多。他们没有从被盗财产中获取任何利益。当然,人们可以谴责他们的过错,但这是一种"公罪"。我们多次看到,即使是私罪,如果他们没有从中获取任何利益,他们也不应当承担赔偿责任。然而,他们对被盗财产却承担了赔偿责任。

实际上,这种规则来源于蒙古,在元朝之前的古代法典中,我们找不到这种规则。《元典章》中包含以下条文:

> 诸都城失盗,一年不获者,勒巡军赔偿所盗财物,其敢差占巡军者禁之。③

我们可以认为,这一规则是蒙古人自己的,不是从金朝借鉴过来的:蒙古人是凶猛、征战的民族,以不能消灭抢劫和盗窃为耻辱;这就是负责看守罪犯的公务员在没有找回被盗财产的情况下,有义务用自己的财产进行赔偿的原因所在。这里有一个具体案例。

中都城里发生过许多盗窃事件。政府对中都城的巡军的负责人进行了谴责。该负责人回答说,他手下只有 186 名下属,如果政府给他增加下属工作人员,他将负责赔偿所有的被盗财产。政府给他另外派遣了 261 人,并对他说:"如果中都城内还有盗窃发生,我们将遵循先皇神圣的意志

---

① 《刑案汇览》(第 4 卷),第 15r。
具体判例名称有待进一步查证。经查阅 2004 年 4 月北京古籍出版社出版的《刑案汇览》(四编)中第 4 卷的全部案例,没有查到本文中引用的案例,有可能是新出版的《刑案汇览》对古代的《刑案汇览》有所删节所致,由于译者未能找到王名扬先生当年引用的《刑案汇览》版本,故只能将案例中的法文翻译成现代汉语。是否正确有待查证。——译者注
② 《刑案汇览》(第 13 卷),第 27r。
经查阅 2004 年 4 月北京古籍出版社出版的《刑案汇览》(四编)中第 4 卷和第 13 卷的全部案例,没有查到《刑案汇览》第 13 卷中引用的判例,有可能是新出版的《刑案汇览》对古代的《刑案汇览》有所删节所致,由于译者未能找到王名扬先生当年引用的《刑案汇览》版本,故只能将案例中的法文翻译成现代汉语。是否正确有待查证。——译者注
③ 参见《元史》(元朝的历史)(第 103 卷)。

和习惯法。盗窃犯必须在一年之内被抓住,否则,巡军应当负责赔偿。"①

这件事情发生在 1269 年,即蒙古人征服整个中原之前 11 年。"我们将遵循先皇神圣的意志和习惯法"的句子证明,公务员对被盗财产进行赔偿的规则,是蒙古人自身具有的。

在元朝之后的朝代——明朝的法典《大明律》中,我们找不到这一规则。中国人的精神太温和,不能接受这种规则。在明朝之后的由满族建立的朝代——清朝的法典《大清律例》中,对这一规则重新进行了规定:满族与蒙古族一样,也是一个征战的民族。不过,为了完善蒙古人的规则,《大清律例》对该规则作了以下几点修改:

《元典章》对被盗财产的赔偿仅限于城市内的盗窃案件,《大清律例》则不限于城市的盗窃案件。

《元典章》规定的对被盗财产的赔偿时间是盗窃犯在没有被抓住的一年期间届满之时,而《大清律例》规定的赔偿时间是在盗窃犯被抓而被盗财产不能找回之后。

《大清律例》对被盗财产的赔偿按照法定的比例进行,《元典章》则没有这方面的规定。

这一规则,包括丧葬费的赔偿责任,是地方官员应当给予行政相对人生命和财产安全的一种保障。

在主要责任之外补充增加例外责任,是中国古代法中公务员民事责任的一种巧妙结合。主要责任建立在过错变富的基础之上,减轻了公务员在履行职责过程中的责任;例外责任建立在简单过错的基础之上,确保了行政相对人的关键利益。

---

① 《元典章》(第 51 卷),"失盗"部分的"巡军捉贼不获陪赃"条文。

第五章
层级命令对公务员民事责任的影响

到目前为止,我们谈论公务员的民事责任,假设条件是公务员实施的给相对人造成损害的侵权行为是自己主动作出的。但是,公务员并不是在所有情况下都是主动行动。行政管理的组织是层级性的,下级公务员有义务服从上级的命令;否则,他们要受到法律制裁。当公务员的行为是基于其所属的上级命令而完成时,他是否应当在同等条件下承担相应的责任?层级秩序对公务员的民事责任有哪些影响?

在《大清律例》中,我们只找到一个针对该问题的条文,即我们在前面已经引用过的有关"决罚不如法"的条文:

> 凡官司决人不如法者,笞四十;因而致死者,杖一百,均征埋葬银一十两。给付死者之家。行杖之人,各减一等。不追银……①

读到这一条文,似乎层级秩序不能免除刑事责任,但可以免除民事责任。然而,这并不是一种正确的解释。我们已经指出,公务员民事责任有两个基础:主要基础是过错变富,例外基础是简单过错。层级秩序在两种不同的情况下具有不同的效果。

就简单过错责任而言,层级秩序可以免除它:实际上,当下级接受上级命令时,他就应当服从命令,因而不存在过错。法律不能在要求他服从命令的同时又认为服从命令是一种过错。如果命令的执行造成了损害,人们应当找到实施过错的行为人,该行为人应当是下达命令的上级。下级不应该受到任何谴责,除非他为了满足自己的利益而从上级命令中获得了好处。有关"决罚不如法"的条文免除了执行笞刑的公务员的丧葬

---

① 参见《大清律例增修统纂集成》(第37卷),有关"决罚不如法"的条文。

费赔偿责任,因为丧葬费赔偿责任的基础是简单过错,根据上级命令执行笞刑的下级公务员不存在过错。

当然,理论上人们可以主张层级秩序应当免除公务员的民事责任,正如狄骥(L. Duguit)写道:

> 我认为,当公务员依据上级命令行动时,他的个人责任仍然是完整的,换句话说,他的个人责任的承担只有在自己自发行动时才能发生……这种解决办法逻辑上来源于前面所述,即上级对下级公务员发布的命令并不必然对下级产生服从命令的法律义务。命令发出后,下级公务员的自由仍然是完整的,他的个人责任仍然存在。①

他继续说明了这一主张的理由,他说:

> 在法治国家,政府只能按照法律行动,因此,允许政府在法律之外行动的假设是没有理由的,也不能承认政府有这样行动的资格和能力。②

作为博学的教授,狄骥还认为,公务员不服从上级,而只服从法律。如果上级命令是非法的,下级有责任不服从命令。如果他选择了服从命令,他应当承担该非法命令的所有法律后果。

这一观点受到现代自由主义者的大力支持,不过,中国古代法却没有任何基础,中国古代法建立在权威原则的基础之上。下级对上级应当被动服从,不允许下级对上级命令的合法性进行批评。因此,在执行上级命令造成伤害时,应当免除下级的赔偿责任。

即使在现代法上,狄骥的这一观点也受到其他法学家的排斥。奥里乌(M. Hauriou)教授把它视为无政府主义的组织,因为不存在没有服从的层级秩序,也不存在没有层级秩序的国家。③ J. Barthélémy 教授认为,该问题没有统一的解决办法,国家不同、行为不同、公务人员不同,解决的

---

① L. Duguit, Traité de droit constitutionnel, tome III. p. 285. [L. 狄骥:《宪法专论》(第3册),第285页]

② 同上注,第286页。

③ M. Hauriou, Les idées de L. Duguit, broché, 1911 (cité par J. Barthélémy, dans "l'influence de l'ordre hiérarchique sur la responsabilité des agents", revue du droit pulic, 1914, p.491.) [M. 奥里乌:《狄骥的思想》(分册),1911年(转引自 J. Barthélémy:《层级秩序对公务员责任的影响》,载《公法杂志》,1914年,第491页)]

方式就不一样。① 尽管如此,除英国外,大多数欧洲国家的判例法在某些条件下免除了公务员为执行层级命令而产生的赔偿责任。②

就以过错变富为基础的责任而言,层级命令不能对此作出任何改变。因为承担这一责任的基础不是简单过错,而是过错加上利益。层级命令可以改变和消除过错的性质,过错是公务人员的犯罪意图,在公务人员根据上级命令行动时,这种过错是不存在的。但是,层级命令不能改变公务人员获得利益的事实,该事实是客观的。当公务人员获得利益时,层级命令不能否认这一事实。这就是中国古代法上公务员的民事责任以过错变富为基础,而不受层级命令影响的原因所在。不管层级命令存在与否,公务员都应当将获得的非法利益归还。

我们可以通过另一个条文来强化这一观点。在谈到赎刑时,引用了这样的条文:免除对90岁以上老人和7岁以下儿童的所有刑事处罚,但强制他们返还赃物。该条文表明,罪犯以过错为基础的责任可以免除,但罪犯以利益为基础的责任在任何情况下都不能免除。因此,公务员返还所获得的非法利益的责任不能因为层级命令而被免除。

---

① M. Hauriou, Les idées de L. Duguit, broché, 1911 (cité par J. Barthélémy, dans "l'influence de l'ordre hiérarchique sur la responsabilité des agents", revue du droit pulic, 1914, p. 491.) [M. 奥里乌:《狄骥的思想》(分册),1911年(转引自 J. Barthélémy:《层级秩序对公务员责任的影响》,载《公法杂志》,1914年,第492页及以下部分。)]

② 同上注。

第六章
公务员的特权

我们已经看到,公务员在履行职责过程中,不能与相对人一样,服从相同的责任规则。特别制度的存在不仅是为了公务员的利益,也是为了公务的利益。① 公务员可以通过两种方式从特别制度中获得好处。一方面,公务员履行职责过程中的归责原则与相对人的归责原则是不相同的。另一方面,因公务员职责相关的事务而对公务员的起诉,没有起诉相对人那么自由。因为必须防止轻率的司法诉讼并向他们保证法庭遵守调整公务员民事责任的特殊原则。我们现在还需要知道对公务员的程序保障有哪些?

为了更好地理解这些程序保障,需要稍微提一下法国在这方面的制度。在旧制度下,法国国王拥有提审权。他可以应一方当事人的请求或者主动要求提审他自己感兴趣的已经进入正常司法程序的案件。他可以亲自审理案件,也可以将案件分配给另一个法庭审理。公务员经常从国王特权中获益,而且避免了普通法院的司法管辖。② 尤其是如果我们注意到普通法院和行政机关之间的对立,提审对公务员来说就是一种重要的特权。在大革命期间,国王的提审权被取消,但是人们对司法干预行政的担心仍然没有消除,而且,针对公务员的诉讼仍然是不自由的。所有针对公务员的诉讼必须得到行政机关的授权批准。③ 在拿破仑强权时期,1799 年宪法将行政审判授权转移到国王参事院,那时的国王参事院完全

---

① 参见前述第二章。
② Cf. Olivier-Martin, Histoire du droit français, pp. 524-525.(请参见 Olivier-Martin:《法国法律史》,第 524—525 页)
③ Cf. Laferrière, Traité de la juridiction adminisitrative, 2ème éd., vol. I, pp. 185-190.[请参见拉费里埃:《行政法院专论》(第 2 版)第 1 卷,第 185—190 页]

受政府的影响。① 这种情况为行政审判授权的滥用敞开了大门,通过1870年9月19日的命令,国防政府废除了非常不受欢迎的《宪法》第75条。② 但是,针对公务员的诉讼并没有变得更加自由。行政机关总是在保护公务员不受到轻率的诉讼。由于分权原则的存在,实际上就产生了一种权限争议程序。公务员被起诉到普通法院时,如果政府认为他的行为是一种职务行为,省长可以提起权限争议程序。如果权限争议法庭认为普通法院没有管辖权,普通法院应当放弃案件审理,受害的相对人不能再到普通法院提起责任诉讼。这毫无疑问是公务员的一种程序特权。

在中国古代法中,公务员是否有相似的特权? 我们没有像法国那样经历普通法院和行政机关之间的对立,因为在中国不存在拥有行政审判权的专门机构。每一个地方官员,知县、巡抚和总督都是皇帝的直接代表,而且由于同样的原因,他拥有部分行政权、宗教权和司法权,所有的民事和刑事诉讼的一审应当向他提出。对一审不服的一方当事人有权向上级法院上诉,直至中央政府的刑部。

但是,行政机关和普通法院之间对立的不存在,并不妨碍官员特权的存在。根据立法规定,名义上存在两个条文:一条适用于高级官员;另一条适用于其他官员。

古代法承认八种特权人物,即"八议"制度,就是:

  一曰议亲。谓皇家袒免以上亲,及太皇太后、皇太后缌麻以上亲,皇后小功以上亲,皇太子妃大功以上亲。
  二曰议故。谓皇家旧故之人,素得侍见,特蒙恩待日久者。
  三曰议功。谓能斩将夺旗,摧锋万里,或率众来归,宁济一时,或开拓疆宇有大勋劳,铭功太常者。
  四曰议贤。谓有大德行之贤人君子,其言行可以为法则者。
  五曰议能。谓有大才业能,整军旅,治政事,为帝王之良辅佐者。
  六曰议勤。谓有大将吏,谨守官职,早夜奉公,或出使远方,经涉艰难,有大勤劳者。

---

① Cf. Laferrière, Traité de la juridiction adminisitrative, 2ème éd., vol. I, pp. 185-190. [请参见拉费里埃:《行政法院专论》(第2版)第1卷,第213、637—640页]
② 同上注,第863、640—643页。

七曰议贵。谓爵一品,及文武职事官三品以上,散官二品以上者。①

八曰议宾。谓承先代之后,为国宾者。②

构成第七类特权人物的高级官员是一品爵、一品至三品的文武职事官、一品至二品的散官。他们行使中央政府部长、副部长、总督和各省巡抚的职责。③

这八类特权人物的特权是什么？在他们存在违法行为的情况下,他们被排除在普通程序之外。只有皇帝本人可以启动对他们的审判,任命审理法官和批准对他们的判决。为他们的案件而被任命的审理法官属于另一种高级官员,可以自由地审议案件。而且,他们避开了地方官员的权威,而属于特别司法管辖,判决的作出不受法律的严格限制。古代法典将这种适用于八种特权人物的特别程序称为"八议"。

凡八议者犯罪,实封奏闻取旨,不许擅自勾问。若奉旨推问者,开具所犯罪名及应议之状,先奏请议,议定,奏闻,取自上裁。

其犯十恶者,实封奏闻,依律议定。不用此律。④

根据这条规定,除了"十恶"这些严重犯罪,对包括高级官员在内的特权人物的诉讼应当:(1)得到皇帝的授权;(2)通过特别司法管辖进行自由审议;(3)由皇帝批准宣布判决。

其他官员(三品以下)不得从"八议"制度中获益,但是他们同样享有特权,不经皇帝授权,不得对他们进行诉讼;不经皇帝批准,不得对他们进行宣判。

在北京和各省,当文武官员、上级或下级官员在履行职责过程中或以私人名义实施了违法犯罪行为时,他的上级官员应当将案件和相关情况形成报告,向皇帝汇报,请求皇帝作出指示,实际上,不允许上级官员擅自行动和进行审讯。审讯的授权一旦得到批准,就表明他提出的意见符合

---

① 所有的文武官员都分为九品,参见前面第一章注释。职事官是指履行实际职责的官员。散官是指实际上不履行职责而保留了官员资格和身份,但只要有机会就随时可以接受履行职责的官员。

② 参见《大清律例增修统纂集成》(第4卷),有关"八议"的条文。

③ Voir Hoang, Mélange sur l'administratition, pp. 9-56. (参见 Hoang:《混合行政》,第9—56页)

④ 参见《大清律例增修统纂集成》(第4卷),有关"应议者犯罪"的条文。

法律规定。然后,他还应当就诉讼程序的情况向皇帝重新报告工作。只有得到皇帝的回复并对他的判决批准之后,他才能宣布判决和执行判决。

而且,根据立法条文的规定,所有的文武官员、上级和下级官员都享有这一特权,即对他们的诉讼和判决必须经过皇帝的授权和批准;高级官员除了这一特权外,还享有特别司法管辖的权利。

这些特权是有害的吗?尤其是高级官员享有的特别司法管辖显得极不公平,我们首先研究这种情况。

这种极不公平只是表面现象。实际上,这里没有任何特别之处。我们注意到,在欧洲也有这样的制度。比如英国,法律面前人人平等的原则在国家中占有最优势的地位。英国的贵族就曾经不服从普通的司法管辖,跟普通相对人不一样。他们只能由同等的人进行审判。① 在法国,我们已经注意到,在旧制度下提审权属于国王。这就是一种特别司法管辖。即使在现代法上,部长在法律上属于普通法院管辖,但实际上,他们的责任只能由议会讨论。② 在中国古代法中,能够从"八议"制度中获益的官员都具有部长级别。

然而,虽然特别司法管辖的规则在以前适用过,而且在所有的法典中都有规定,但是该规则已经停止适用很长时间了。这里有一道 1728 年(雍正)皇帝的上谕,解释了该规则被废除的原因:

> 朕览律例旧文,于名例内载有八议之条,其辞曰:议亲、议故、议功、议贤、议能、议勤、议贵、议宾。此历代相沿之文,其来已久。我朝律例于此条,虽仍载其文,而实未尝照此例行者,盖有深意存焉,不可不察,载而未用之故亦不可不明也。夫刑罚之设,所以奉天罚罪,乃天下之至公至平,无容意为轻重者也。若于亲、故、功、贤等人之有罪者,故为屈法以示优容,则是可意为低昂而律非一定者矣。尚可谓之公平乎?且亲、故、贤等之人,或以效力宣劳为朝廷所倚眷,或以勋门戚畹为国家所优崇,其人既异于常人,则尤当制节谨度,秉礼守义,以为士民之俱率,乃不知自爱而致罹于法,是其违理道而蹈愆尤,非蚩蚩之氓无知误犯者可比也。倘执法者又曲为之宥,何以惩恶而劝善

---

① Cf. W. S. Holdsworth, A history of English law, 3ème éd., Vol. I, pp. 385-394. [参见 W. S. Holdsworth:《英国法的历史》(第 3 版) 第 1 卷,第 385—394 页]

② Cf. Waline, Traité élémentaire de droit administratif, 6ème éd., pp. 360-361. [参见 Waline:《行政法概论》(第 6 版),第 360—361 页]

乎？如所犯之罪果出于无心而情有可原，则为之临时酌量，特与加恩，也未尝不可。若予著为律，是于亲、故、功、贤等人未有过之先，即以不肖之人待之，名为从厚，其实乃出于至薄也。且使恃有八议之条，或在意为非，漫无顾忌，必有自干大法而不可止者，是又以宽宥之虚文而转陷之于罪戾，姑忠之爱尤不可以为优恤矣。今修辑律例各条，俱务详加斟酌，以期至当。惟此八议之条，若概为删去，恐人不知其非理而害法，故仍令载入，特为颁示谕旨，俾天下晓然于此律之不可为训，而亲、故人等亦各知儆惕而重犯法，是则朕钦恤之至意也。特谕，钦此。①

皇帝谕旨中的这段文字，不仅表明了"八议"制度不适用的原因，也有利于人们了解认识中国人的思想观念。需要重点强调的是，中国人的法律平等观念和神的意志结合在一起。

就启动针对官员的诉讼应当得到皇帝的批准同意而言，实际上这是相对人起诉公务员的一种阻碍，有时会产生权力的滥用，因为皇帝并不总是批准同意针对官员的诉讼。但是，熟悉欧洲法的人认为，中国古代法中皇帝对诉讼的批准同意与法国1799年《宪法》第75条确立的对诉讼的行政授权批准都是有害的，这种观点是不准确的。首先，除特殊情况外，皇帝总体上对相对人的诉讼是批准同意的；其次，有都察院专门负责控告检举官员的违法犯罪行为。②

另外，法律似乎将这一特权授予了所有的官员，但是一个补充性的规章将这一特权的授予对象仅限于履行重要职责的官员。"总督和巡抚以上级别的文官、中校③以上的武官，应当起诉到皇帝那里，如果他们承认自己有罪，需要对其进行审判，只有得到皇帝的授权批准后，才能开始对他们的案件进行审理。在他们的案件起诉到政府的同一天，对其他下级官员的审讯和判决可以同时进行。"④因此，对总督和巡抚以下的文官和

---

① 参见《大清会典则例》，第一部分，第725卷。
② 参见前述第三章。
③ "中校"属于三级九等的新式军衔，清政府在1901年编练新军时始为引进，作为武官的职衔应当不会在《大清律例》中就已经出现。由于原文不可考，此处存疑。——译者注
④ 《大清律例增修统纂集成》第4卷，第14v。
经查阅1999年9月法律出版社出版，由田涛、郑秦点校的《大清律例》第4卷的所有内容，以及1992年10月中国政法大学出版社出版，由马建石、杨育棠主编的《大清律例通考校注》第4卷的所有内容，没有找到本文中引用的条文内容。需要进一步查证核实。——译者注

中校以下的武官提起诉讼，可以不经过皇帝的批准，尽管他们的民事案件应当起诉到政府。

如果说皇帝保留了对官员判决的批准权，那是因为他是国家的最高法官。然而，这一特权不仅仅是针对官员的。对相对人的所有死刑判决也应当经过皇帝的批准。

实际上，从司法程序的观点来看，授予官员的这些特权的有害性很小。起诉这些官员并不存在很大的困难。但是，在法律特权之外，官员还拥有很大的事实上的特权。这些官员在社会上具有很高的身份地位，特别是在他们的管辖地区，他们被视为人民的父母，伦理学家也经常公开主张服从上级的理论。受害人经常害怕告发他们。这些都不属于本文的主题，本文只讨论与法律程序相关的法律特权。但是，应当注意的是，不能忘记都察院发挥的作用。

第二部分 现代法

第一篇 大理院的工作成果

第一章
概论

　　直到19世纪中叶,中国仍处于相当孤立的状态。中国不主动与外国进行接触,在中国人眼里,外国人都是蛮夷。中国是一个独特的世界,拥有完全自我独立发展的文明,几个世纪以来强盛不衰,对其他国家产生了非常深远的影响。

　　当然,长期以来,中国与邻国之间就存在商业交往。但是所有的商业关系只能靠皇帝的恩赐才能存在,如果外国商人的活动让他感到不愉快,皇帝有权随意中断和禁止与外国的商业交往。

　　19世纪中叶,形势发生了根本性的变化。在科学发展中增强了国力的欧洲国家,用武力要求中国开放"通商权"。由于中国拒绝,欧洲国家对中国采取了强制手段。第一个入侵者是英国,对中国发动了1840年的"鸦片战争",中国在战争中失败,被迫开放了几个商业港口。随后,英法联军入侵中国,自1856年轰炸炮台事件开始,到1860年洗劫和火烧北京圆明园结束。

　　在发现中国柔弱可欺之后,列强的野心开始从商业领域扩展到了政治领域和中国的领土。他们向中国要求治外法权、割让土地、控制海关和其他特权。1885年中法战争,中国失去了安南(越南)。1894年中日甲午战争,中国割让了朝鲜和台湾岛。这些重大的战争失败之后,列强们完成了对中国的瓜分。

这些耻辱激起了中国人对外国人的仇恨和暴力抵抗,导致了1900年的义和拳运动,该运动的后果对外国人来说是灾难性的。随后,八国联军侵华,中国被迫向各国赔偿白银4.5亿两。

面对深重的国家危机,中国应该怎么办?当时发生了两种社会运动:康有为和梁启超两个文人领导的改良派运动和中华民国的创立者孙中山领导的革命派运动。改良派运动没有维持很长时间,革命派最后取得了胜利。1912年,中华民国成立。①

辛亥革命之后,从行政领域到宪法领域进行了许多改革,目的是为了使中国传统政权适应欧洲的新观念。我们这里涉及的是:第一,权力分立原则;第二,大理院在中国现代民法典的形成中所起的作用。

一、权力分立原则

古代制度的显著特征就是权力混合。从中央政府的首脑——皇帝到最低级别的官员——知县,权力的混合是很彻底的。他们既是行政官员,又是法官。1911年辛亥革命实现的目标是国家的独立与民主。权力分立原则被视为自由的基本保障。1912年3月11日颁布的《临时约法》,第4条规定了权力分立的原则:"中华民国以参议院、临时大总统、国务员、法院行使其统治权。"②

根据权力分立原则,法院和行政机关之间应当相互独立。这就提出了一个问题:谁来审理行政诉讼案件?是普通法院还是为审理行政案件设立的专门机构。换句话说,是否应当建立行政法院审理行政行为?理论上,两种假设都有可能:人们可以采用法国的方式解释权力分立原则,认为行政诉讼是对行政行为作出的判断,在这种情况下,不允许普通法院审理行政行为。人们也可以用英国的方式进行解释,认为行政诉讼属于

---

① 有关中国的宪政运动,cf. G. Dubarbier, la Chine contemporaine, paris, 1926, ch. 1-3, pp. 1-50.(参见 G. Dubarbier:《现代中国》,巴黎1926年版,第1—3章,第1—55页)王世杰、钱端升:《比较宪法》(修订增补版),上海1937年版,第六篇,第527页及以下部分。

② 王世杰、钱端升,前引书,第708页。

普通司法权,自然就承认普通法院对行政诉讼的管辖权,以维护司法权的统一性。

1912年的《临时约法》专门为行政诉讼建立了行政法院。该法第49条规定:"法院依法律审判民事诉讼及刑事诉讼。但关于行政诉讼及其他特别诉讼,别以法律定之。"①

但是,议员们组成的一个强有力的团体反对建立行政法院,政府则赞成建立行政法院。在政界和学术界,对该问题进行了一场激烈的讨论。议员们支持英国的制度,他们认为司法应当保持一致和统一,允许在普通法院之外建立行政法院,这不仅破坏了权力分立的原则,而且在某种程度上建立了两种法律,一种法律调整相对人之间的关系,另一种法律调整相对人和行政机关之间的关系。将公务员的行为提交专门的法院进行审理,这是在社会中建立特权阶层,并将相对人的权利交由这些特权阶层支配和控制。

相反,赞成建立行政法院的政府引用了法国的论点,认为权力分立原则不允许行政行为受普通法院控制。另外,保护行政的必要性要求建立行政法院。由普通法院管辖行政诉讼,将使行政机关陷于不利境地和无能为力的状态。②

双方的主张都没有很大的意义。政治理论经常受到其适用国家的特殊国情的影响,不存在抽象的权力分立原则。所有的权力分立必须根据接受和适用地方的实际情况进行必要的解释。在法国,权力分立被理解为禁止法官干预行政,因为人们担心普通法院侵占行政机关的权力,从而造成旧制度下两者之间的对立。这是在法国建立行政法院的首要原因。③ 在英国,行政诉讼被视为普通司法权力的一部分,因为英国人不根据法律所调整的社会关系来划分法律,没有公法和私法的区分。行政诉讼和相对人之间的诉讼是同等的,人们不需要为行政机关设立专门的法院。④

---

① 王世杰、钱端升,前引书,第714页。

② 有关在中国建立行政法院的不同意见,cf. Leang Jen-kié, etude sur la juridiction administratif en Chine, thèse, Paris, 1920, pp. 33-41. (参见 Leang Jen-kié:《中国行政法院研究》,论文,巴黎,1920年,第33—41页)

③ Laferrière, Traité de la juridiction administrative, 2ème éd., vol. I, pp. 154 et suiv., 215 et siuv.[拉费里埃:《行政法院专论》(第2版)第1卷,第154页及以下部分、第215页及以下部分]

④ F. J. Goodnow, Comparative administrative law New-York, 1893, pp. 6-7. (参见 F. J. Goodnow:《比较行政法》,纽约1893年版,第6—7页)

问题在于,中国是否应当在普通法院之外建立行政法院,主要不是依靠权力分立原则,而是看中国自己的特殊国情和行政法院的效用。实践上,建立行政法院是有必要的:

(1) 总体上,行政法律缺乏稳定性。在中国,由于政治环境不稳定,行政法律更加不稳定。不是所有的法官都能可靠地完成适用这些法律的任务。

(2) 行政管理技术化。为了正确审理案件,行政诉讼要求具备许多专业知识,而法官往往缺乏这些专业知识,尤其在中国,基层法院的法官素质是很差的。

(3) 中国人口众多,法官数量却有限,导致普通法院的任务繁重,积案很多。他们没有时间处理数量众多的行政诉讼案件,而这些案件往往需要迅速解决。

(4) 由于旧制度下行政权和司法权长期不分,法官特别是下级法院的法官在行政官员面前表现得谨慎、胆怯。在这种精神状态下,人们担心普通法院审理行政诉讼案件时,趋向于作出有利于行政机关、而不利于权利实际上已经受到侵害的相对人的判决。所有这一切都表明,在中国建立行政法院是有用的,行政法院应当由既非常了解适用的法律又懂得行政技术的法官组成,行政法官应当关心自己的名誉和威望,警惕自高自大;在当事人眼里,他们应当是公正公平的保证。

经过政府和议员之间漫长的讨论后,政府最终获得了胜利。议会在1914年1月11日被解散。厉害的对手从此以后被清除,政府通过1914年4月1日的法令,最终建立了平政院,即中国的最高行政法院。①

如上所述,在建立行政法院的讨论中,每一方都有自己的思想背景。袁世凯独裁下的政府,想避免司法干预行政的可能性,试图建立行政法院,作为促进行政管理的一种方式。他首先想要的就是一个没有太多限制的强有力的行政机关。这就是平政院建立时,其管辖权受到限制的原因所在。议员们反对总统的专制独裁,不赞成建立行政法院。他们的意图是好的,但是他们的担心害怕是没有理由的。以前,法国国家参事院的行政审判权也是人们普遍不满的对象。现在,它是法国人民权利的非常有效的保障。为什么我们不能希望中国的行政法院成为中国人民权利的保护神?更何况普通法院经常在行政官员面前表现得无能为力?

---

① 参见 Leang Jen-kié,前引书,第41页。

最后,行政法院在中国建立起来了。正如我们所看到的,行政法院的建立对公务员民事责任的理论产生了很大的影响。

二、大理院在中国现代民法形成中所起的作用

1908年,大理院组建。这一年,帝国的最高法院,以刑部为基础(其为司法部的前身)进行了重组,将大理院分离出来,变成了现代的最高法院。最初的3年,在帝国统治下,这些新措施的效果是很小的。皇帝继续受益于一个古老的观念:所有的司法权都来自皇帝,而且皇帝不愿意承认法院被赋予了自主宣判的权力。

1911年辛亥革命后,事情发生了变化。1912年的《临时约法》宣布实行权力分立。帝国统治下的大理院主要由一些文人组成,现在被法律专家所代替,他们懂得如何加强自己的权力和独立性。在这一进程中,大理院遇到了一些困难;但是他们敢于斗争,确保了法律得到遵守。引用两个事件为例:

> 1915年,江苏省省长被指控占用公共资金,袁世凯因为政治原因与他的关系不好,总检察官按照袁世凯的命令,向大理院对该省长提起公诉。由于证据不足,不能证明该省长所指控的罪行,预审法官决定不予起诉。袁世凯总统很生气,对案件进行干涉,但是法院在公共舆论的支持下,坚决不妥协,使得袁世凯的干涉没有结果。
>
> 1916年,在立法选举中,议会认为,对二级选举有效或无效的诉讼不应该上诉到大理院。大理院的主张则相反,它接受了上诉并对上诉进行了判决。为了战胜大理院的反对意见,议会不得不在这方面投票通过一部正式的法律。①

这些事件表明,大理院渴望得到自己的权力和独立性,它也值得人们的信任。

我们没有大理院1912年以前的判例。当时《大清律例》还有效。1912年中华民国建立后,由于社会和政治条件的变化,《大清律例》的许多规则不再适用。大理院处于一种与法国国家参事院相当的地位。在大

---

① Cf. Tchou Ven-fou, Etude sur la réforme de l'organisation judiciaire en Chine, thèse, Genêve, 1920, pp. 135-136; Escarra, Rec. Introduction, pp. V-VI. (参见 Tchou Ven-fou:《中国司法组织改革研究》,日内瓦1920年版,第135—136页;Escarra:《判例汇编》,导言,第5—6页)

部分民事诉讼审判中,大理院没有相应的立法规定可以遵循,而必须自己寻找发现法律规则,尤其是在民事责任方面。法国国家参事院提出了法国行政诉讼领域的许多重要原则,大理院也一样,提出了中国现代民法的一些重要原则。

大理院通过两种方式来构建中国现代民法:(1)判决的方式;(2)解释的方式。

在诉讼审判中,大理院最先提出的原则是:

> 民事案件首先应当依据法律的明文规定进行审判;没有法律明文规定的,应当依据习惯法进行审判;没有习惯法的,应当依据法律的基本原则进行审判。①

通过这一原则,大理院弥补了立法规定的不足,并开始进行现代民法的建设。大理院具有的优势就是:它不必局限于对现有立法规定的解释,以使法官的权力体系更加适应现实情况的需要。在"法律基本原则"的表述下,大理院在古代法典、欧洲和日本的法典,尤其是清朝末年起草的法典草案中寻找适当的法律规则……大理院深信,坚持这样做有两个必要性:一方面,现有的国家秩序不可能突然中断与古代所有曾经有效的法律观念的关系;另一方面,可以为国家引进欧洲现代法的良好经验。大理院在中国法律的现代转型中起到了非常重要的作用。

在中国,尽管大理院的判例没有英国那样的权威性,但实际上所有下级法院都遵守这些判例的要求。我们可以毫不夸张地说,在 1929 年国民政府制定民法典以前,大理院的判例实际上就起到了民法典的作用。②

除了审判权之外,根据 1910 年《法院编制法》第 35 条的规定,大理院还拥有对法律的统一解释权。该条规定是:

> 大理院院长有权对法律进行统一解释,但他没有权力指示法官应当怎样审理和裁决案件。③

这是中国特有的一条立法,因为在总体上,法院只有在审判具体案件时才有权解释法律。根据这条规定,赋予大理院的法律解释权不仅可以

---

① 64-1913,Escarra, Rec. p. 1. (1913 年第 64 号,Escarra:《判例汇编》,第 1 页)

② Cf. G. Pandous, Jurisprudence de la Cour Suprême; Escarra, op. cit. Introduction. (参见 G. Pandous:《最高法院判例》;Escarra,前引书,导言部分)

③ Escarra,同上注,第 6 页。

在诉讼中行使,也可以在诉讼之外行使。任何一级的公共机构都可以向大理院提出法律问题,请求大理院提供法律意见。

这条法律规定,除了具有统一法律解释的意义外,还是一种对旧制度的反抗。由于行政权和司法权不分,古代法官不能独立履行职责。可能是为了加强法官的权力,立法机关将统一的法律解释权赋予了大理院。

尽管大理院的法律解释例不具有判决的法律效力,但是由于大理院的地位很高,它的法律解释例总体上得到了人们的尊重。

第二章
个人过错理论

我们已经看到,《临时约法》采纳了法国式的权力分立原则。根据法国的制度,国家建立与普通法院平行的行政法院。通过建立行政法院,禁止普通法院审判行政行为。在法国,这种禁止性制度产生了公务员民事责任领域的个人过错理论;在中国,同样的制度也会产生同样的理论。

当然,大理院从来都没有使用过"个人过错"的表述。但是,结合两个原则:权力分立原则和作为民事责任基本条件之一的过错原则,我们从大理院的判例中能够得出这种理论。

权力分立原则得到了大理院的严格适用。大理院自己宣布无权审判行政行为:

> 《临时约法》第10条载:"人民对于官吏违法损害权利之行为,有陈诉于平政院之权。"第49条载:"法院依法律审理民事诉讼及刑事诉讼。"又查本年3月31日(1914年3月31日)公布施行之《平政院编制令》第1条载:"平政院察理行政官吏之违法、不正行为。"等各语。是按照《约法》及《平政院编制令》,普通法院只应审判民事及刑事诉讼。而行政诉讼,则应陈诉于平政院,非普通法院所应受理。①

大理院区分了行政行为和司法行为,甚至对在1912年起诉到普通法院的清朝帝国统治下府、厅、州、县衙门作出的行为,大理院也进行了这种区分:

---

① 特别判决,1914年第46号,《大理院判决例全书》,第1页。特别判决不是在诉讼案件基础上作出的判决,而是对诉讼程序行为作出的判决。

> 从前府、厅、州、县衙门兼有司法上及行政上两种职权,而其处理司法案件及实施行政处分虽往往用同一之形式,然二者性质截然不同。行政处分当然受上级行政机关之监督,非司法衙门所应纠正;即令当事人误向法院上诉,亦应指令诉愿于该管上级行政机关,以资救济,不当遽行受理。①

不仅简单的、纯粹的行政行为不受普通法院管辖,而且当行政行为与其他行为混合时,也不受普通法院管辖。

> 普通法院只能受理民事及刑事(案件),其纯属于行政处分者,固非普通法院所能受理,即当事人请求之一部分有关于行政处分,亦应指令另案诉愿于该管上级行政机关或依法起诉于平政院,以资救济,而不得并予受理。②

大理院这方面的判例是稳定不变的。普通法院不得审判行政行为。③ 这里提出了一个问题:如果普通法院不能审判行政行为,它如何审判公务员的民事责任诉讼? 只有在普通法院认为公务员的行为——尽管是在公务中完成的——不视为行政行为,而视为个人行为时,它才有权进行审判。每个人都应当对他自己的个人行为负责,公务员也一样。

另一个原则也总是得到大理院的确认。那就是作为民事责任基本条件之一的过错原则。

> 侵权行为之赔偿责任,其构成要件有三:一为加害人之故意或过失;二为被害人之损害;三为故意或过失与损害之因果联络。三者有一不备,斯赔偿之责任无由成立。④

> 因故意或过失侵害他人之权利而不法者,于因侵害所生之损害,应负赔偿之义务。⑤

> 侵权行为之构成除行为人系有故意外,凡应注意并能注意而不

---

① 特别判决,1914 年第 234 号,《大理院判决例全书》,第 819 页。
② 同上注,1914 年第 254 号,第 819 页。
③ 还需特别参见以下案例:1914 年第 1 号、1915 年第 1023 号、1915 年第 2336 号、1915 年第 1312 号、1913 年第 27 号;Escaara:《判例汇编》,第 188—189 页;《大理院判决例全书》,第 147 页、第 148 页、第 821 页、第 817 页。
④ 4-1915,Escaara,ibid., p.177.(同上,1915 年第 4 号,Escaara,第 177 页)
⑤ 同上注,1914 年第 1011 号。

注意者为有过失，亦认为赔偿损害之原因。①

很明显，大理院通过这些判决，没有让任何无过错的人承担责任。如果说公务员应当对自己的个人行为负责，那是因为他们的个人行为是一种过错行为。这是一种在公务中实施完成的过错行为，它从性质上使公务员作出的与公务无关的行为变成了一种个人行为。因此，在承认法国式的权力分立原则和作为民事责任基本条件之一的过错原则时，大理院在自己的思想中就自然具有了过错的观念，尽管它没有对此进行明确的表示。

大理院确定个人过错的标准是什么？这是一个比较复杂的问题。所有人都认为，根据权力分立原则，涉及公务员民事责任的个人过错应当是一种与公务无关的个人行为。② 人们对于使公务员在公务中实施的行为失去职务特征而变成个人行为的标准，进行了很多争论。为了更好地了解标准的性质，首先有必要参照一下法国这方面的理论和判例，因为法国是个人过错理论的发源地。

在理论领域，法国4位著名法学家的观点占了主导地位：

（一）E. 拉费里埃（E. Laferrière）提出的个人偏好标准

作为政府专员的拉费里埃，在个人过错和公务过错区分原则的确立过程中发挥了重要作用，他是第一个试图用一种简洁的形式概括个人过错观念的人。他表示：

> 如果损害行为是非个人的，或多或少显示出行政管理人员、国家官员的过错，而不是一个普通人的缺点、偏见和过失，该行为就是行政行为，不能被起诉到普通法院。相反，如果公务员个人通过实施暴力行为、欺诈行为，显示出的是普通法上的过错，该过错应当归因于公务员个人，而不是归因于他的职务，这样的行为丧失了他的行政特征，不能再阻碍普通法院的管辖权。③

总之，拉费里埃认为，个人过错是指行政管理人员显示出的作为普通

---

① 同上注，1916年第1012号。
② 参见前述第一部分第二章。
③ Traité de la juridicition adminisitrative, 2ème éd. Tome I. p. 648.［《行政法院专论》（第2版）第1册，第648页］

人的缺点、偏见和过失。完全意义上的公务员是指其个性消失在行政管理的抽象和匿名行为当中的公务人员。当他个人显示出存在过错时,他就脱离了行政管理领域,而进入了普通法的责任领域。

这种划分标准很简单,但是很含糊。如果公务员行为时的动机是恶意、仇恨、政治或宗教敌意等,很明显,公务员所作出的行为显示出的就是他自己的不良意图,暴露的是他个人的过错。但是拉费里埃将此影射到个人的缺点和过失。我们应当思考一下,在什么情况下公务员的缺点和过失显示出的是他个人的过错?拉费里埃的划分标准并没有给我们明确的指示。

(二) G. Jéze 提出的严重过错标准

Jéze 教授以另外一种更加准确的方式重新采纳了拉费里埃的划分标准,他在对判例进行详细的分析之后,将法国的实证法总结如下:

> 在两种假设情况下存在个人过错:(1) 过错显示出不良意图;(2) 过错很严重。

> 在三种情况下存在严重过错:(1) 公务员对引起职务行为的事实的判断完全错误,这一事实使他犯了一种可以归咎于他自己的过错;(2) 公务员对自己合法权力的范围完全弄错,不仅导致了越权行为的发生,而且导致了权力的滥用;(3) 公务员触犯了刑事法律,抑制了用来指控公务员而提出的事实。

Jéze 教授认为,个人过错和公务过错主要是依据过错的严重程度进行区分的。公务员的严重过错就是一种个人过错,引起的是公务员的个人责任;轻微的过错就是一种公务过错,可能引起的是行政机关的责任,而不是公务员个人的责任。与公务过错相比,构成个人过错特征的就是过错的严重性。

的确,在一些判例的判决中,根据过错的严重性认定了个人过错。但是,如果凭此就认为法国法在这一点上是确定不变的,则是一种夸张的说法。也有一些判决不承认严重过错和个人过错、轻微过错和公务过错之间存在严格的对应性。特别是在 Zimmermann 一案中,一个省长为了把某些相对人所有的一个采沙场并入到公产之中,采取了一整套滥用权力的措施,并让人鲁莽地执行了他的行政决定。该行政决定随后被最高行政法院撤销。毫无疑问,这些措施构成了严重过错。但是,最高行政法院认为这是一种公务过错,而不是省长的个人过错,因为这些行为只是省长为了行政目的而实施完成的行为。①

而且,行政判例在区分个人过错和公务过错时,并不是完全依赖于过错的严重程度。尽管公务员犯了严重过错,当他的行为和主观意图没有脱离行政领域时,他仍然可以避免承担所有的责任。

(三) L. 狄骥(L. Duguit)提出的与公务无关的目的和对象标准

狄骥院长认为,所有的人类行为应当根据两个因素来判断:行为对象和行为目的。他写道:

> 在所有的意志行为中,有直接对象和间接对象;还有决定性的目的。正是这两个因素,一个物质的,一个心理的,决定了行为的伦理价值和法律价值。②

在将该理论适用于公务员的行为时,他还写道:

> 我已经在本书第 1 册第 213 页及以下部分中表明,为了判断意志行为的价值,不论是从法律的观点,还是从伦理的观点来看,都应当考虑行为的对象以及决定行为对象的行为目的。因此,行政公务员的行为,尽管表面上完全具备职务行为的特征,且没有伴随任何个人行为,但是当这种行为的对象和目的与行政领域无关时,它就包含了个人过错的因素。③

而且,博学的狄骥院长认为,个人过错是在公务中实施完成的一种行为,但是行为的对象和目的与公务无关。这种划分标准是两种因素的混合。公务员行为的目的与公务无关,这是一种主观因素,允许人们根据公务员的主观动机来判断其个人过错;而公务员的行为对象与公务无关,这是一种客观因素,让人们根据公务组织法律判断其个人过错。

狄骥的理论来源于他的法律哲学。他认为,法律科学应当从所有的抽象观念中摆脱出来。以前,在公法领域,人们通过国家主权和国家法人

---

① Conseil d'Etat,27 fév. 1903,Sirey 1905,Ⅲ,p. 17.（最高行政法院,1903 年 2 月 27 日,Sirey 1905,Ⅲ,第 17 页）

② Traité de droit constitutionnel,tome I,3ème éd,1927,p. 361.［《宪法专论》(第 1 册)(第 3 版),1927 年版,第 361 页］

③ 同上注,第 3 册,第 304—305 页。

资格来解释对国家的服从和国家的财产。相对人应当服从公务员,因为公务员组成国家机关,行使国家主权,国家主权是国家领土上的最高权力,所有人民都要服从它。国家拥有财产,因为国家是一个法人,所有人都可以获得财产所有权。不过,国家主权和国家法人资格都是抽象的概念。实际上,国家只是公务的总称。国家的权力和财产不是来源于它的主权和法人资格,因为主权和法人资格是不存在的,而是来源于国家追求的目的,该目的使公务得以运行。公务员的行为只有在执行公务中才是有效的。如果公务员的行为目的和对象与公务无关,专门用于公务的国家财产就不能用来承担相应的责任。相反,如果公务员的行为以公务为目的,他就不用对造成相对人损害的行为负责,即使他在行为中有过错。因此,为了确定是否存在个人过错,应当专门研究决定公务员行为的主观意图,并参考他行为时的精神状态。①

狄骥提出的标准简单明了,符合逻辑。但是,这些标准也遭到了其他法学家的批评,因为他们不愿意承认狄骥的法律哲学,即将公务观念作为公法的基础,取代以前的国家主权和国家法人资格的观念,而后者对大多数法学家来说是非常珍贵的公法观念。

(四) M. 奥里乌(M. Hauriou)提出的可分离情况标准

奥里乌院长似乎想提出一个完全客观的标准,他写道:

> 在公务员的行为中,当人们发现了一种物质上或精神上与公务员根据规章条例或公务实践作出的行政行为可分离的情况时,就存在一种个人行为。②

根据这种划分标准,个人过错包含了一种与公务执行可分离的情况。如何判断存在这种可分离的情况?根据规章条例和公务实践,如果在公务员的行为中,人们根据规章条例和公务实践,发现了一种可分离的情况,就存在个人过错。这完全是一种客观标准。

这种标准是否能够明确表达所有的个人过错?不能。当可分离的情况存在于一种物质上与行政行为分离的行为中,这一标准的适用就很容易。例如,一个公务员在执行公务中实施了暴力行为,暴力行为不属于行

---

① 同上注,第五章和第六章。
② Précis élémentaire de droit administratif,3ème éd., Paris,1933,p.155.[《行政法概要》(第3版),巴黎1933年版,第155页]

政行为,构成了一种可分离的情况。但是,认为个人过错总是存在于与行政行为可分离的情况中,这是不准确的。奥里乌认为,如果个人过错包含在行政行为当中,不能在物质上与行政行为分离,至少过错在精神上是可以与行政行为分离的。但这已经偏离了"可以分离的"一词的本身含义。

实际上,奥里乌自己认识到了这种客观标准的失败,拉费里埃提出的主观标准又重新被提出来。他仍然坚持,这一客观标准是可以部分适用的。他是这样解释的:

> 人们应当对执行行为和执行决定进行区分,从一开始没有进行这种区分是错误的。
>
> 如果涉及执行行为,当该行为伴随着一种物质上可分离的情况时,这种行为就是公务员个人的,该行为将公务员置于公务实践和指令之外,而且该行为推定公务员具有不依照公务行动的意图。
>
> 如果涉及行政机关作出的执行决定,只要该决定是非法的或非常明显的滥用权力的行为,并且表明了不按照法律行动或不按照公务行动的意图,该决定可以成为该机关的个人行为。
>
> 这些划分标准,明显地又将拉费里埃提出划分标准中的主观意图问题重新提了出来。拉费里埃把公务员的个人行为与非个人行为对立起来,而且把个人行为定义为表现出普通人的缺点、偏见和过失的行为。
>
> 不过,在某种程度上,这些划分标准考虑了可分离情况的客观划分标准,人们提出可分离情况的客观划分标准,就是为了取代拉费里埃的主观划分标准,但是他们失败了,应该准确地说,在执行决定的假设情况下,狄骥院长已经注意到了行为中包含了个人过错,因此,这种情况是不可分离的。[①]

因此,在理论领域,人们还提出了多个标准来揭示个人过错的特征,但是没有任何一个标准可以断言是完美无缺的。

法国判例提出的解决方案是什么?这方面的判例是飘忽不定的,它们随情况的变化而不同。有时以过错的严重程度为基础,有时根据追求的目的进行判决。存在大量以可分离情况划分标准为基础的判决,也同

---

① Précis de droit administratif et public, 12ème éd., Paris, 1933, p. 525. [《行政法和公法概要》(第12版),巴黎1933年版,第525页]

时存在许多符合个人偏见标准的判决。① 这也是每一个学者声称自己的主张具有判例支持的原因所在。

在对有助于我们更好地理解个人过错性质的法国理论和判例进行了一番浏览之后,现在重新回到大理院的判例上来。在什么条件下,大理院认为一种在公务中实施完成的行为会丧失其行政特征,从而属于普通法院管辖并产生公务员的个人责任?换句话说,大理院辨别个人过错的标准是什么?

大理院的判例在这方面似乎有些犹豫不决。但是,如果我们把大理院的解释例搁在一边,剩下的判决在这方面还是相当清楚明确的。

大理院采纳了两个标准来确定个人过错。

一个是客观标准,即行政机关管辖权标准。公务员应当在法律赋予的管辖权限范围内行动。如果他在管辖权范围内行动,即使他违反了法律,他也不须承担任何责任。当公务员作出的行为不在其管辖权范围内时,就存在无管辖权的情况。实际上,公共事务被分配到各种不同的国家机关。每一个国家机关被赋予的权力只是针对一定的对象,有一定的地域条件和一定的时间范围。因而就产生了三种无管辖权的情况:一是对象上无管辖权,比如,行政机关侵犯了法院的管辖权;二是属地上无管辖权,比如,一个省的省长采纳了一个适用于邻省境内的条例;三是时间上无管辖权,比如,一个公务员,在其任职期限刚刚届满时,为了朋友的利益,对一些还没有空缺的职位提前进行了任命,而这些职位的任命只有在实际上有资格的公务员不再履行职责时,才能变得有效。

所有对相对人造成损害的违反管辖权的行为,都会引起有过错的公务员的民事责任。

公务员行动时超越自己管辖权应当承担责任的观念,是欧洲法治观念的一种反映。根据法治观念,每一个国家机关的权力应当依法限制在刚刚产生违法行为人个人责任的范围之内。应该坚持大理院提出的普通违法行为和违反管辖权行为的区分。公务员的行为只有在违反管辖权的情况下才承担责任,因为这是一种对权力的篡夺或者越权行为。

另一个是主观标准,即公务员追求的目的标准。将公务员的行为限制在法律规定的管辖权范围内是不够的,公务员的行动还应当符合公务

---

① Cf. Le cours de contentieux administratif, professé par Charles Rousseau à la Faculté de Droit de Paris, 1947-1948. (参见《行政法院》, Charles Rousseau 在巴黎法学院的公开主张, 1947—1948)

利益。如果公务员以公务为借口,追求的是个人目的,他就不再被视为公务人员,而被视为一个私人,应当对造成的损害承担责任。这是中国古代法中个人过错理论的重新上演。正如我们所看到的①,中国古代法在刑事责任方面,承认公务员在执行公务时带有背后想法时,就存在个人过错。大理院只是把这一理论转移到了民事责任领域,并将其置于权力分立的现代框架之下。

大理院采取的标准是欧洲现代法观念和中国传统观念的结合。总体上,这些标准接近狄骥院长的理论,在法国,他公开表示,个人行为是一种在公务中实施完成的行为,但是行为的目的和对象与公务无关。狄骥院长似乎更强调公务员追求的目的,而且他提出的客观标准是相当宽泛的,然而大理院提出的客观标准是相当严格的。狄骥认为,个人过错的行为对象与行政领域无关;大理院则认为,个人过错是超越了行政管辖权限范围的行为,在民事责任方面,这对于公务员来说可能过于严格。

以下是大理院的几个判决:

> 行政衙门所为之处置是否可认为行政处分,应以其所处置之事件是否属其职权内为前提。若法令明寄其权限于司法衙门,并禁止行政衙门干涉,毫无解释之余地者,当然不能以行政衙门曾为越权之处置,即为行政处分。②

大理院认为,当行政机关的行动超越了自己的管辖权范围时,很明显,行政机关的行为就丧失了它的行政特征。在这种情况下,就不存在普通法院对该行为进行管辖的障碍;而且对于实施这一行为的公务员来说,有可能要承担个人责任。在相反的情况下,普通法院应当尊重行政机关的管辖权,不得干预行政机关的事务。

> 凡当事人以私人资格假官厅之行政处分为侵害他人权利之手段者,受害人对于加害人得提起民事诉讼,请求侵权人恢复其原状或为损害赔偿。反是,如径由行政官厅于职权内自行处分有案者,无论该处分是否违法并有无侵害人民之权利,依照现行法令只准受害人向该管上级行政衙门诉愿,或依法提起行政诉讼于平政院以资救济。

---

① 参见前述第一部分第二章。
② 参见《大理院判决例全书》,1914 年第 901 号,第 82 页。

司法衙门既不能直接撤销该行政处分,自不得认为民事诉讼受理。①

大理院在该判决中表示,当公务员在其管辖权范围内行动时,即使他违反了法律,他也不用承担任何责任,因为受害人只能提起行政救济(诉愿)或者行政诉讼,而不能向普通法院提起民事诉讼。但是,我们刚才读到的判决明确指出:

> 凡当事人以私人资格假官厅之行政处分为侵害他人权利之手段者,受害人对于加害人得提起民事诉讼。

私人资格存在于两种假设情况中:或者是相对人利用行政处分对他人权利造成了损害;或者是公务员利用行政处分追求个人目的,损害相对人的利益,因而不能将该公务员视为公务人员,而应该视为私人。实际上,大理院在判决中已经涉及这两种情况。在我们刚才引用的判决中,以及我们在第四章引用的其他判决中,大理院就涉及相对人以私人资格利用行政处分对他人权利造成侵害的情况。但是,如果说大理院判决中没有涉及公务员"以私人资格",即以公务为借口追求个人目的而损害相对人利益的情况,这是比较荒唐的。而且,公务员在法律赋予的管辖权范围内行动,即使他违反了法律,也不用承担责任。但条件是他的行动是善意的,且他没有追求个人目的。②

其他判决也确认了这个原则:

> 凡当事人以私人资格,假官署之行政处分为侵害他人权利之手段者,受害人对于加害人得提起民事诉讼,请求侵权人恢复原状。③

> 凡当事人以私人资格,假行政官厅之处分为侵权行为之手段者,其被害人对于加害人得提起民事诉讼。反是,若为损害原因之行政处分,纯系该官厅本于其职权而为,并无一私人之侵权行为介乎其间④,则被害人只能向该管上级行政衙门诉愿或提起行政诉讼于平政院,以资救济,而不得向司法衙门请求恢复原状。⑤

> 凡以私人资格假行政官厅之处分为侵权行为之手段者,其被害

---

① 1023-1915,Escarra,Rec.,p.188.(1915年第1023号,Escarra:《判例汇编》,第188页)
② 但是,就现代法而言,所有的刑事违法行为都被视为个人行为,产生的责任都是违法行为人的个人责任。
③ 参见《大理院判决例全书》,1915年第1974号,第822页。
④ 以私人资格实施的侵权行为,是指公务员的侵权行为是按照相对人的方法作出的。
⑤ 同上注,1915年第2150号。

人除得向该管行政衙门请求撤销或废止其处分外,并得对加害人向司法衙门提起民事诉讼,请求恢复原状。又因该行政处分受益之人或其转得人纵非共同侵权行为人,如其于受益或转得当时已知侵权事实者,被害人亦得对之请求恢复原状。反是,若(1)为损害原因之行政处分纯系该官厅本于职权所为,其间并无一私人之侵权行为;(2)其间纵有一私人之侵权行为,而因该处分受益之人或其转得人于受益或转得当时并不知有侵权事实者,则于第一项情形,被害人只能向该管上级行政衙门诉愿或提起行政诉讼以资救济,而不得向司法衙门请求恢复原状。于第二项情形,被害人除得依法提起诉愿或行政诉讼外,亦只能以该加害人为相对人向司法衙门请求恢复原状,不能径向不知情之受益人或转得人为恢复原状之请求。①

所有这些判决证明,大理院辨别个人过错而采纳的标准是相当明确的。当公务员的行动超越了其管辖权限或者追求的目的与公务无关时,公务员在公务中实施的行为就丧失了行政特征。在这些情况下,公务员的行为等同于相对人的行为,属于普通法院管辖,普通法院可以对侵权人的民事责任进行判决,并将公务员作为私人对待。相反,如果公务员在其管辖权范围内行动,追求的是公务目的,即使他违反了法律,他就不用承担责任,因为,由于实行权力分立原则,普通法院不得审判行政行为,即使行政行为是违法的。这种违法行为是一种公务过错,鉴于公务员是以公务人员的身份行动,这里就不产生公务员的个人责任。

但是,大理院有一项司法解释不符合这些标准。在一个县的档案中记载:

> ×先生在清朝时被剥夺了军事学士学位的头衔,他要求进行更正,主张应当恢复其头衔。负责档案的公务员拒绝了他的请求,因为他否定了这种恢复请求。该申请人对公务员提起了民事责任诉讼。初审的普通法院认为,该诉讼针对的是行政行为,因为普通法院没有管辖权而驳回了原告的诉讼请求。在上诉阶段,上诉法院请求大理院就该案件是否可以作为民事诉讼的对象进行司法解释。大理院在回复中说:"由于军事学士学位头衔的恢复与否关系到×先生的名

---

① 2336-1915, Escarra, Rec., pp. 188-189.(1915 年第 2336 号,Escarra:《判例汇编》,第 188—189 页)

誉,他有理由对负责档案的公务员提起民事诉讼,以避免所有对他的名誉造成的侵害。"①

然而,这一意见与我们刚指出的大理院判例是完全矛盾的。负责档案的公务员拒绝对×先生的档案进行更正,丝毫没有超越自己的管辖权。他也没有追求个人目的,他的行为一点也没有丧失其行政特征而成为承担个人责任的个人行为。如果人们可以指责他在拒绝更正方面的过错,这也是一种公务过错,应当是行政救济或者行政诉讼的对象。当然,让普通法院审判公务过错并对公务过错行为人的责任进行判决也是没有关系的。幸运的是,这种情况只发生过一次。这次例外并不能改变我们刚提出的原则。

---

① 解释例 1920 年第 1287 号,《大理院解释例全文》,第 745—746 页。经核对原始资料出处,该段的原文是:"有某县修理县志,内列某甲为前清已革武举。甲主张业经开复,请将志书更正。县批以未经开复为理由,驳斥不准,甲请求判决。县批谓此事不属民刑诉讼,碍难判决。甲不服县批,抗告前来。究竟此种争点系行政问题,抑属民事范围,亦属疑问。合请钧院迅予解释,示遵等因到院。本院(大理院)查……至已革武举,是否业经开复,既与某甲之名誉有关,自可对该县修志之人提起民事诉讼,请求屏除其名誉上之侵害。"——译者注

第三章
可赔偿的损害

可赔偿的损害不再像古代法那样仅仅用物质标准来判断。物质标准存在的两个理由——作为公务员民事责任主要基础的过错变富的法律理论和妨碍精神损害赔偿的中国古代哲学——都相继消失了。①

随后，人们采纳了以个人过错作为公务员民事责任的基础，中国古代法传统中作为民事责任主要基础的"过错变富"正式被大理院抛弃，大理院的判决称：

> 侵权行为人是否受有利益，与赔偿义务并无关系。②

因此，每一次公务员犯了一种过错，这种过错有可能被视为个人过错，他应当对此承担个人责任，而不需要考虑他是否从中获得了利益。妨碍精神损害赔偿的法律障碍也已经取消。

中国古代哲学的影响一点也没有消失，自古以来，它都表现出自己的力量和伟大。他今天存在的价值与过去一样。但是，在民事责任方面，当这种哲学过于忽视个人的权利时，大理院毫不犹豫地采纳了欧洲的观念，认为损失赔偿责任应当扩展到所有的权利侵害领域，不管是财产权利还是非财产权利。

> 因故意或过失侵害他人之权利而不法者，于因侵害所生之损害，应负赔偿之义务。③

宣布承担精神损害赔偿的判决很多，以下是几个最典型的判决：

---

① 参见前述第一部分第三章。
② 6-1916,Escarra,Rec.，p.177.（Escarra:《判例汇编》,1916 年第 6 号,第 177 页）
③ 同上注,1914 年第 1011 号。

人格关系(生命系人格权之一)被侵害者,被害人或其家属本得请求赔偿损害或抚慰金。①

名誉受侵害者(名誉为人格权之一种),除得请求屏除其侵害外,并得于法律所许之范围内,请求损害赔偿或抚慰金。②

生命权系人格权之一种,人格权之被侵害者,被害人或其家属自得对加害人请求赔偿其物质上有形之损害(例如医药、殡葬、抚养等费)及慰藉费(慰藉其精神上所受无形之苦痛)。③

根据这些判决,精神损害毫无疑问是可以赔偿的。而且,受蒙古人的影响,中国古代法中有关生命权侵害的赔偿范围扩大了④;就现代法而言,受欧洲法的影响,赔偿范围扩展到了所有对非财产权利的侵害。但是在古代法中,实际上扩展到了精神损害赔偿,只是用物质损害赔偿的形式掩盖了精神损害赔偿。比如,古代法不是说对生命权进行损害赔偿,而是说对丧葬费进行损害赔偿。现代法则明确承认了精神损害赔偿。

不过,在现代法中,精神损害要获得赔偿,应当具有一定程度的严重性。并不是所有的精神损害都可以获得赔偿。大理院说:

因侵权行为所生精神上之痛苦,按之条理固可命加害人担负赔偿责任。然为防止流弊起见,必其痛苦达于不易恢复之程度者而后可。⑤

精神损害赔偿金和物质损害赔偿金的计算方式也是有区别的。精神损害的判断应当考虑所有情况,因为它具有非金钱的性质。法官在对精神损害进行宣判的情况下拥有更多的自由裁量权。大理院自己解释说:

慰藉费固为广义赔偿之性质,究与赔偿物质有形之损害不同。赔偿物质有形之损害,例如医药、殡葬、抚养等费皆是。而慰藉费则系以精神上所受无形之苦痛为准据。若仅就被害人或其家属精神上所受无形之苦痛判给慰藉费,自应审核各种情形,例如被害人之地位、家况及与该家属之关系,并加害人或其承继人之地位、资力,均应

---

① 同上注,1918年第26号,第177页。
② 960-1916, Escarra, Rec., p.10. (Escarra:《判例汇编》,1916年第960号,第10页。
③ 74-1920, Escarra, Rec., Supplément, p.44. [Escarra:《判例汇编》(补编),1920年第74号,第44页]
④ 参见前述第一部分第四章。
⑤ 4-1915, Escarra, Rec., p.178. (Escarra:《判例汇编》,1915年第4号,第178页)

加以斟酌。①

现在我们可以对大理院在公务员民事责任方面的判例总结如下：公务员只有犯了我们在前一章中所阐明的意义上的个人过错时，才需要在民事上承担责任；他所造成的损害是物质损害还是精神损害，这没有什么关系；尽管如此，精神损害要获得赔偿，应当具有一定程度的严重性，而且法官在衡量精神损害赔偿金的数额时，应当考虑所有的相关情况。

---

① 77-1919,Escarra,Rec.,Supplément,pp.44-45.［Escarra:《判例汇编》(补编),1919 年第 77 号,第 44—45 页］

第四章
民事责任的减免情况

由于个人过错是公务员民事责任的基础,当公务员不能被指责对侵权行为或者损害的发生存在过错时,他们就自然不承担任何责任。比如,他们的行为是在不可抗力的情况下实施的,或者是出于正当防卫实施的;或者损害是在意外情况下发生的,或者是受害人的过错造成的。这些是相对人和公务员共同的责任减免理由,本文不研究这些情况,我们的任务是研究公务员特有的责任减免情况。

根据大理院的判例,在三种情况下,公务员的行为造成了损害但免予承担赔偿责任,或者是因为他们所犯的过错不能被视为个人过错,或者是因为其他人代替了公务员进行损害赔偿。这些情况是:(1)当公务员根据层级命令行动时;(2)当公务员根据相对人的要求行动时;(3)当国家可能承担责任时。

一、层级命令

大理院没有作出过有关层级命令对公务员民事责任影响方面的直接判决。但是大理院经常谈到层级命令对公务员刑事责任的影响。大理院认为,层级命令可以在下列条件下让公务员避免承担刑事责任:(1)该命令的作出符合上级赋予它的权限[1];(2)该命令的作出也符合下级的执行权限[2];(3)该命令的作出符合规定的形式。[3]

---

[1] 《大理院判决例全书》,1913年第97号,第401页;1918年第564号,第402页。
[2] 《大理院判决例全书》,1915年第128号,第401页;1913年第97号。
[3] 同上注,1914年第182号,第401页。

如果层级命令在这些条件下能够让公务员避免承担刑事责任,我们可以说,它也能够在同等条件下让公务员避免承担民事责任。理由是,在这些条件下,不存在公务员的个人过错。在执行符合他自身权限的层级命令时,公务员没有超越自己的管辖权限,而且层级命令的执行不被认为追求了个人目的,除非他利用层级命令来满足自己个人的利益。

二、第三人过错的介入

我们在前面引用了许多案例①,在这些案例中,大理院说,凡当事人以私人资格,假官署之行政处分为侵害他人权利之手段者,受害人可以对加害人提起民事诉讼,要求他恢复原状,或者赔偿损失。以私人资格假官署之行政处分为侵害他人权利之手段者,有可能是一个以执行公务的名义追求个人目的的公务员。但是,通常该个人是指相对人。很明显,在这种情况下,公务员不须对此承担责任,而假官署之行政处分为侵害他人权利之手段的相对人应当对此承担责任。大理院的一个解释例明确了这一点。

A 先生在自己的土地上建了一栋房屋,在房屋中建了一个带烟囱的炉灶。他的邻居 B 先生认为,这种建设是一种火灾隐患,将此事告诉了警察局局长,局长下令停止建设。A 先生向普通法院对 B 先生提起了民事诉讼,理由是 B 先生妨碍了他使用自己财产的权利。考虑到警察局的命令已经发布,普通法院怀疑自己是否有受理该案的管辖权,请求大理院对此进行解释。大理院回复说:"当国家通过行政机关对相对人采取了行政处分,该处分的撤回或者撤销取决于上级行政机关或者行政法院,与该处分是否合法没有什么关系。普通法院对此不得干预。但是,我们经常反复讲,凡当事人以私人资格利用行政处分侵害他人权利时,受害人不仅可以请求有管辖权的机关撤回或者撤销有争议的措施,而且还可以对加害人向普通法院提起民事诉讼,要求他恢复原状或者赔偿损失。在本案中,你们向我们请求进行解释,由于 A 先生对 B 先生提起了诉讼,理由是警察局局长的禁令是非法的,且 B 先生妨碍了他行使财产所有权,普通法院应当受理此案。"②

---

① 参见前述第二章。
② 《大理院解释例全文》,1916 年第 480 号,第 269 页。

同样的原则在以下两个判决中也适用：

> 移转所有权为标的之行为，无论系由官厅强制抑出自行为人之自由，必须其标的物所有权属于行为人始能生移转之效力。故官厅强制人民为此项行为时，若误指他人之物为其所有因而令其让与者，其让受人于民事法上并非完全取得所有权。而官厅之错误若由于行为人之故意或过失所致，则让受人依侵权行为原则仍得请求行为人赔偿其损害。①

> 行政衙门对于人民就一定土地上设定权利者，固为行政处分，惟此项行政处分若系由当事人绘具图说、指明地点、自行呈请而发生，因而致侵害第三人之权利者，则第三人对于呈请人固可因其权利被害之故，以民事诉讼程序起诉，请由审判衙门审判（如判决结果第三人胜诉时，则该呈请人有向行政衙门请求撤销行政处分之义务），无必向行政官署诉愿之理。②

当公务员的损害行为是应相对人的请求而作出时，为什么大理院坚持由相对人负责而不是由公务员负责？原因是在这种情况下公务员所犯的过错不能称为个人过错。公务员实施这种行为时，被视为在履行自己的职责，他没有追求个人的目的。

三、根据私法规则对公务员责任和国家责任的合并

1932年国民党政府制定颁布《行政诉讼法》之前，在中国，国家是不承担公法责任的。根据权力分立原则，普通法院被禁止对公法行为进行审理；1932年，行政法院只管辖撤销诉讼，不管辖赔偿诉讼。1914年7月20日发布的《行政诉讼法》第3条规定："平政院不得受理要求损害赔偿之诉讼。"③因此，公法上的国家责任避开了所有的行政和司法审判。

但是，大理院对国家公法上和私法上的责任进行了区分，并自认为对私法上的国家责任具有审判管辖权，以下是它提出的理由：

---

① 参见《大理院判决例全书》，1915年第1585号，第149页。
② 参见《大理院判决例全书》，1917年第282号判决的反对意见，第823页。
③ Liang-Jen-kiè，前引书，第165页。

国家在法律上原有两种关系：一为公法上之关系，一为私法上之关系。在公法关系之国家，对于人民为权力服从关系，于一定限度内固可用其强力；而私法上之国家，则与普通人民同，其与人民之权利义务，本属对等关系，不容以强权侵害人民之利益……故因此项关系发生争执，即属司法事项，应由通常法院受理，依据有效之法令审判。①

人们可以在以下判决中找到相同的原则：

凡国家所设行政机关就国家之财产为谋国库利益或便利而为寄存、借贷及其他有偿无偿之行为者，亦与私人间之法律行为无异，应一律受私法上法则之支配。故除法令有明文外，并无国家强权之可言……则凡因私法上所生之权利义务而生争执以致涉讼者，若该机关区域内已设有地方审判厅，则应受该厅之管辖……设此项国家机关违背法令，以诉讼当事人之资格竟为裁判上之处置者，则由此所生之结果，均不能认为有效。②

宣布国家在私法上承担责任的判决是很多的，我们不需要全部引用这些判决。在国家承担责任的情况下，因公务运行而受到损害的相对人，起诉国家比起诉相对人获得的利益更大，因为国家有更强的支付能力。当国家赔偿损失时，公务员就不再对受害人承担赔偿责任。因此，公务员执行的公务是以私人企业相同的方式组织的，并且受到普通法的调整，比如大量的经济和文化公务，如果产生了公务员的民事责任，在受害人向国家提起民事诉讼时，公务员的民事责任可以被国家责任所替代。

国家在私法上的责任可能在两种假设情况下产生：（1）损害的发生不能归咎于公务员的个人过错；（2）损害的发生是由公务员的个人过错造成的，但是受害人更愿意起诉国家。在第一种情况下，国家自然应当承担全部的损害赔偿责任。在第二种情况下，国家在支付损害赔偿金之后，是否可以向公务员进行追偿？我们没有找到任何一个大理院的判决允许国家对公务员进行追偿，因为公务员与国家之间的关系是一种公法秩序，大理院无权审判所有的公法问题。平政院对这些案件也没有管辖权，因

---

① 参见《大理院判决例全书》，1920 年第 681 号，第 824—825 页。
② 参见《大理院判决例全书》，1914 年第 886 号，第 820 页。

为平政院不能对损害赔偿请求进行宣判。

因此,当国家代替了公务员支付损害赔偿金时,对于受害人和国家来说,公务员的民事责任消失了。当然,如果同样的行为既引起了公务员的民事责任,又同时产生了公务员的刑事责任和纪律责任,后两种责任将继续存在,且不得由任何其他人代替承担。

第五章
对公务员的起诉

1911年辛亥革命的理想目标之一就是自由,法律面前人人平等。因此,1912年中华民国建立以后,公务员在司法程序中不再享有任何特权。对公务员的起诉是完全自由的,这种起诉公务员的自由体现在三个方面:

不存在预先的行政授权,也不存在对行政判决的批准。在帝国统治下,正如我们所看到的,没有皇帝的预先授权,不得起诉一个重要的官员。尽管中国的预先授权没有造成像法国那样的滥用,因为中国的皇帝通常会同意授权,但是预先授权或多或少是自由起诉官员的一种障碍。对官员所有起诉的授权批准权力是皇帝的特权之一,辛亥革命之后,这一特权随着皇帝的垮台而消失。从那时起,所有的公务员都可以被起诉,法院对他们的判决也不再需要任何人的批准。

不存在权限争议程序。1914年建立平政院之后,中国就存在两种法院:普通法院和行政法院。每一种法院都有自身的管辖范围:普通法院审理普通诉讼,即民事诉讼和刑事诉讼;行政法院审理所有的行政法案件,即行政诉讼。如果所有诉讼的性质是明确的,要么是普通诉讼,要么是行政诉讼,就不会产生两种法院管辖权之间的争议。不幸的是,经常存在一些不确定的情况,使人们不能轻易地确定案件属于哪个法院管辖。特别是对公务员违法行为提起的诉讼。一方面,公务员的违法行为可能被普通法院视为个人过错,而行政法院认为是公务过错;两个法院都认为对该行为具有管辖权。在这种情况下,就存在人们所说的管辖权的积极争议。另一方面,公务员的违法行为可能被普通法院视为公务过错,而行政法院认为是个人过错;两个法院都认为对该案件没有管辖权。在这种情况下,就存在人们所说的管辖权的消极争议。当出现两种法院管辖权的纠纷时,谁来对此进行判决?

作为第一个建立两种法院的国家，法国将管辖权争议的判决权赋予给了权限争议法庭，该法庭由普通法院和行政法院相同数量的法官组成，各占一半，其地位高于这两种法院。这种解决方案是符合逻辑的，但它同样也是起诉公务员的一种障碍。每一次公务员被起诉到普通法院，如果政府认为该诉讼涉及行政行为，省长向权限争议法庭提起权限争议，对普通法院在该案中的管辖权提出异议。权限争议法庭认为案件涉及行政机关且公务员的过错是一种公务过错，宣布争议有效，普通法院对此案的诉讼程序被取消；公务员将免予承担对相对人的所有责任。只有在政府愿意把公务员交给诉讼支配，或者受理的权限争议法庭认为公务员的行为中存在个人过错且拒绝宣布争议有效的情况下，对公务员的诉讼才能起诉到普通法院。因此，由于权限争议程序的存在，对公务员的起诉并不完全是自由的，因为在普通法院，通过权限争议法庭的权威判决，这些起诉可以经常被暂停或者被撤销。

在中国，我们建立了行政法院，但是我们没有建立权限争议法庭。权限争议法庭可能有点不合逻辑，但对自由起诉公务员具有较好的效果。每次公务员被起诉到普通法院，是由普通法院决定公务员的过错是否为个人过错。普通法院对自己的管辖权具有最终的解释权。如果它自己宣布对公务员的起诉具有管辖权，它的管辖权就不能被任何程序所剥夺。向普通法院起诉公务员是完全自由的。[①]

行政法上的救济途径的存在并不妨碍受害人对公务员提起民事诉讼。公务员的违法行为可能有很多法律后果，比如宪法后果、行政法后果、刑法和民法后果。在公务员民事责任的研究中，我们不能讨论所有的法律后果。但是，我们必须考虑这些行政法上的救济途径是否会成为向普通法院起诉公务员的障碍。

当公务员在履行职责过程中实施了违法行为时，一方面，行政法给行为的受害人提供了向上一层级行政机关提出行政救济或者向行政法院提起行政诉讼的途径，目的是为了撤销、废止或者改变该违法行为。另一方面，如果该违法行为属于公务员的个人过错，民法赋予了受害人向普通法院提出损害赔偿请求的权利。行政法上的救济途径和民法上的损害赔偿请求权利的关系是什么？受害人是否应当首先使用行政救济途径，只有

---

① 应当避免混淆权限争议程序和审判前提问题。对于审判前提问题的意义，参见本书第176页注①。

在穷尽了行政救济途径而无法获得满足的情况下,才有权向普通法院起诉公务员要求他进行损害赔偿?如果回答是肯定的,只要受害人没有穷尽行政救济途径,对公务员的起诉就不完全是自由的。相反,如果行政救济途径不是私法上起诉公务员的必要前置条件,对公务员的起诉就是完全自由的。

当然,中国法对该问题的解决方案要看情况而定。在古代制度下,由于官员们同时履行司法职能和行政职能,没有普通法院和行政法院之分。相对人因为官员的行为遭受到依法可以获得赔偿的损害,他可以向该官员的上级提出控告,并在控告中请求撤销或者改变该官员的行为和赔偿损失。为了获得损害赔偿而对官员进行起诉,根本就不需要穷尽行政法上的救济途径。

在民国时期的最初几年里,随着平政院的建立和普通法院的独立,行政法上的救济途径和民法上的损害赔偿请求已经分离开来。但是大理院保留了帝国的传统,认为穷尽行政法上的救济途径并不是起诉公务员的必要条件之一。在前面引用的一个判决中,大理院说:

> 凡以私人资格假行政官厅之处分为侵权行为之手段者,其被害人除得向该管行政衙门请求撤销或废止其处分外,并得对于加害人向司法衙门提起民事诉讼,请求恢复原状。①

该判决向我们表明,大理院并不认为民法上的损害赔偿取决于穷尽行政法上的救济途径。损害赔偿请求和行政法上的救济途径的使用是相互独立的。还有另一个判决更加明确了这一点:

> 行政法上之救济方法与民事法上之权利原不相妨。故依法得提起行政诉讼之人,如果依民事法则有向加害人请求损害赔偿之权利,即不得以其未经提起行政诉讼,遂使其请求赔偿之权无端消灭。②

大理院在这方面的判例没有发生变化,直到1929年国民党政府制定颁布《民法典》,该法典规定,对公务员提起损害赔偿诉讼,必须以受害人穷尽了行政法上的救济途径为条件。

---

① 参见《大理院判决全书》,1915年第2336号。
② 参见《大理院判决例全书》,1917年第671号,第823页。

第二篇 1929年《民法典》

第一章
概论

　　1912年辛亥革命之后,中国加大了司法改革的步伐。在民国的最初几年里,制定了许多现代法律,我们刚才也看到了大理院所取得的显著成就。

　　但是,民国的政治领域却还停留在帝国时期的状态。中华民国的创立者孙中山先生没有机会实现他的建国方略。孙中山担任中华民国第一任总统1个月之后,就不得不将总统职位让给了袁世凯,袁世凯是清朝帝国政府的军事要人。所有的政治进步和自由都笼罩在袁世凯的独裁统治之下,1917年袁世凯去世。自此以后,中国政府就饱受军阀混战的折磨,军阀之间为了争夺霸权不断进行了各种战争。

　　那时候,孙中山回到广东,在那里准备再次革命。在他死后3年,即1928年,他的政党——国民党最终实现了他的革命目标。国民党政府继续进行以前政府没有完成的立法改革。

　　在新政府的立法中,与本文主题相关的是:(1)《民法典》,即1929年和1930年制定颁布的中国历史上第一部民法典①;(2) 1932年的《行政诉讼法》,取代了1914年的《行政诉讼法》。另外,大理院被重组为南京最高法院,因为南京是新政府的首都。法律的统一解释权首先由前最高法院(即大理院)行使,1927年12月到1928年11月期间,由新的最高法

---

①　《民法典》第一、二、三编是在1929年年底制定颁布,第四、五编是在1930年年底制定颁布的。

院（即南京最高法院）行使，1929年以后，司法院成为最高司法机关，其主要的职责就是对法律进行统一解释。

对新的立法和新的最高法院的判例进行研究之后，我们发现，这些立法和判例继承了大理院确立的所有重要原则。

首先，严格坚持权力分立原则。与大理院一样，南京最高法院自己认为无权审理全部行政行为。以下是南京最高法院的一个解释例。

1928年，新政府成立不久，许多公共机关还没有建立。HAN-HSIEN律师协会请求最高法院对行政诉讼作出解释：

> 就省政府和中央部委采取的措施而言，由于目前没有专门的机构对行政诉讼进行审判，根据司法权独立的宪法原则，很明显，我们应当仿照英国的制度，将行政诉讼审判权赋予普通法院。但是，目前我们还没有看到普通法院对行政诉讼作出的任何一个判决。行政相对人对于行政处分没有任何救济手段。所以我们请求贵院对此作出解释。

最高法院回复说：

> 在行政监察院成立之前，行政相对人对抗省政府和中央部委采取的行政处分的唯一手段就是向国民政府提出行政救济，利用普通法院管辖权来裁决行政处分是毫无理由的。①

南京最高法院拒绝赋予普通法院裁决行政诉讼的权力，不是因为行政诉讼是为了撤销或者改变行政行为，以及普通法院不能成为行政机关的上级并干预行政机关的事务，而是因为普通法院不能审判公法行为，除非这种行为丧失了它的行政特征而成为个人行为。这里还有一个最高法院的判例：

> 民事诉讼的目的是为了保护私法权利。当相对人想对国家依据公法采取的措施——例如行政处分——提出异议时，他应当向上一层级行政机关提出行政救济。他不能通过民事诉讼途径请求普通法

---

① 参见《最高法院法令解释总集》（1945年版），1928年第146号解释例，第107页。

院对该措施进行宣判。①

其次,另一个原则——民事责任的基础是违法行为人的过错——也得到了坚持。《民法典》第184条规定:"因故意或过失,不法侵害他人之权利者,负损害赔偿责任。"②

再次,还有一个原则:可赔偿的损害包括物质损害和精神损害。南京最高法院解释说:

> 名誉被侵害的受害人可以请求赔偿损失。由于该损失无法用金钱进行计算,赔偿的数额由法官考虑所有情况后确定。③
>
> 对他人的身体或者健康造成非法侵害的,损害赔偿责任不限于受害人的劳动能力丧失或者减弱的情况;受害人遭到的损害即使不具有金钱上的性质,他仍然可以请求同等数量的金钱赔偿。④

最后,对公务员起诉自由的原则没有改变。不存在权限争议程序,也不存在预先的授权。行政法院自主决定对公务员的起诉是针对行政行为还是个人行为。

尽管坚持了大理院确立的一些重要原则,但是在我们讨论的主题范围内,国民党政府还是带来了一些新的因素和一些重要的变化。

在认识到普通法院无权审判行政行为并承认过错是民事责任的必要条件之后,"个人过错"理论应当仍然是公务员民事责任的基础。但是,表现个人过错特点的标准发生了变化。我们看到,大理院采用两个标准来辨别个人的过错。其中一个是客观标准,即行政机关的管辖权;另一个是主观标准,即公务员的主观意图。⑤ 为了表现个人过错的特点,《民法典》抛弃了客观标准,只保留了主观标准,即公务员的主观意图标准。

但是,这并不意味着《民法典》制度下公务员的民事责任就比大理院判例中的公务员民事责任更轻。相反,《民法典》在某种程度上加重了公务员的责任。根据大理院的判例,公务员仅仅对他的个人过错承担责任。

---

① 参见《最高法院判决要旨》,1930年第241号,1945年版,第191页。同时参见1928年第39号和1928年第85号解释例,在这两个解释例中,南京最高法院说,即使一项行政处分是非法的,且侵犯了行政相对人的权利,该处分也不能成为民事诉讼的对象,除非存在以私人资格,假官署之行政处分为侵害他人权利之手段的情况。
② 《中华民国法规汇编》(第8卷),1933年版,第157页。
③ 参见《最高法院判决要旨》,1930年第1613号,第14页。
④ 同上注,1930年第1152号。
⑤ 参见第一篇第一章。

如果公务员没有追求个人目的，也没有违反管辖权规则，即使他违反了法律，也不应当承担任何责任。大理院说：

> 凡当事人以私人资格假官厅之行政处分为侵害他人权利之手段者，受害人对于加害人得提起民事诉讼，请求侵权人恢复其原状或为损害赔偿。反是，如径由行政官厅于职权内自行处分有案者，无论该处分是否违法并有无侵害人民之权利，依照现行法令只准受害人向该上级行政衙门诉愿，或依法提起行政诉讼于平政院以资救济。司法衙门既不能直接撤销该行政处分，自不得以民事诉讼受理。①

不过，根据《民法典》的规定，公务员在原则上只需要对其个人过错承担责任。正如我们将要看到的，在某些条件下，为了公平起见，他们还需要对公务过错承担一定的责任。

根据大理院的判例，国家责任仅限于私法领域。国家对于相对人不承担公法上的责任。1932年的《行政诉讼法》，在很有限的程度上承认了国家在公法上的责任。

根据大理院的判例，行政救济途径的存在并不妨碍受害人对公务员提起民事诉讼。相反，《民法典》要求把穷尽行政救济途径作为向公务员提出损害赔偿请求的先决条件。

我们将在下一章研究有关这些创新和变化的更多细节。

1949年至1950年，中国发生了巨大的变化，新中国成立，国民党政府的大多数立法被宣告无效。现在，我们把新政府有关公务员民事责任的规则搁在一边，因为该政府还没有制定这方面的法律。但是，正如我们所看到的，国民党政府这方面的立法代表了我国悠久的法律传统，也反映了现代法律的发展趋势，我们有理由相信，在新的民法典制定以前，中国大陆的普通法院在公务员民事责任方面会继续适用《民法典》规则，且不是作为一种法律规则，而是作为"法律的一般原则"适用。

---

① 1023-1915, Escarra, Rec., p. 188.（Escarra：《判例汇编》，1915年第1023号，第188页）

第二章
公务员的民事责任

在中国,自1929年10月《民法典》的前三编生效之后,公务员的民事责任就受《民法典》第186条的调整,该条规定如下:

> 公务员因故意违背对于第三人应执行之职务,致第三人受损害者,负赔偿责任。其因过失者,以被害人不能依他项方法受赔偿时为限,负其责任。
>
> 前项情形,如被害人得依法律上之救济方法,除去其损害,而因故意或过失不为之者,公务员不负赔偿责任。①

很明显,这条规定借鉴了德国《民法典》的规定,该法典第839条规定:

> 如果公务员故意或者过失违反其对第三方应尽的职责义务,他应当赔偿对受害人造成的损失。
>
> 如果公务员履行职责时只存在过失行为,他只有在受害人不能通过其他途径获得赔偿的情况下才能被追诉。
>
> 如果在一个案件判决中法官违反了其职责义务,只有该违反职责义务的行为通过刑事司法程序受到刑事处罚时,法官才应当对其造成的损失承担赔偿责任。本规定不适用于因存在拒绝或者迟延履行职责而违反职责义务的情况。
>
> 当受害人故意或者过失地忽略了通过法律途径防止损失时,赔

---

① 参见《中华民国法规汇编》(第8卷),第157页。Ho-tchang-chan 对该条文的法语翻译很差。参见 Ho-tchang-chan:《中华民国民法典》,上海1930年版,第一编,第34页。

偿责任就不存在。①

只看这两个国家的民法典条文规定,我们就可以认为,除了德国《民法典》区分了行政人员的责任和法官的责任,而旧中国《民法典》没有作出这种区分之外,旧中国《民法典》和德国《民法典》之间在公务员民事责任方面没有很大的区别。与欧洲其他国家的法律一样,德国法将法官民事责任的范围限制在只有当法官在履行职责过程中所犯的过错构成刑事违法时才存在。只有在拒绝审判和因违法导致迟延判决的情况下,这种限制才不存在,法官才与其他公务员一样承担责任。除了这个例外,法官的民事责任范围和刑事责任范围是重合的。

在旧中国《民法典》中,法官与行政人员服从相同的责任规则,在责任方面不存在有利于法官的特殊制度。这种德国法或欧洲法与中国法的区别可以通过历史原因进行解释。在中国准备制定《民法典》时,法官独立性原则确立的时间太短。在人们的记忆深处仍然保留着将法官和行政人员同等对待的古老思想,人们没有意识到,法官的责任应该服从与行政人员责任规则不同的另一种特殊规则的必要性。这就是对所有公务员(包括法官和行政人员)适用同样的责任规则的原因所在。在欧洲国家,法官的独立性由来已久,而且在行政人员的责任确立以前,法官就长期服从一种特殊的责任规则。这就是存在行政人员和法官之间责任区分的原因所在。

如果我们仔细研究旧中国和德国的整体立法,我们将看到,旧中国法和德国法在公务员民事责任方面的区别不仅仅局限于法官的责任方面,这种区别是根本性的。在德国,1912年5月12日的法律制定之后,公务员的责任被国家代替,公务员不再对相对人承担任何责任。在旧中国,由于国家承担责任的情况很少,《民法典》第186条是公务的受害人拥有的要求损害赔偿的一般途径。我们将在下一章看到这种区别的详细内容。

根据《民法典》第186条第1款的规定,中国公务员对相对人的责任可以分为两种:主要责任,即因个人过错承担的普通责任;补充责任,即因公务过错承担的例外责任。

---

① R. Bonnard, De la responsabilité civile des personnes publiques et des agents en Angleterre, aux Etats-Unis et en Allemagne, pp. 210-211, notes 2-5; et Grasserie (Raoul de), Collection de codes-étrangers no 19, p. 177.

一、主 要 责 任

《民法典》第186条第1款第1句就规定了公务员的主要责任。

　　公务员因故意违背对于第三人应执行之职务,致第三人受损害者,负赔偿责任。

根据这一规定,公务员民事责任的产生应当符合以下条件:(1)公务员在履行职责过程中犯了一种过错;(2)相对人因为该过错受到损害;(3)公务员的过错和相对人受到的损害之间存在因果关系。我们不需要专门研究公务员民事责任中的损害和因果关系的概念,因为它们与相对人民事责任的损害和因果关系的概念是相同的,能够体现公务员民事责任特点的是过错的概念。根据这一规定,作为公务员民事责任条件之一的过错应当具备以下特征:

公务员违反了他的职责义务。所有的过错包括两个因素:一是客观因素,即被违反的义务;二是主观因素,即公务员的罪过心理。过错的出发点就是义务。考虑过错时不参考被违反的义务,那是不可能的。为了能使过错归咎于公务员,首先应当是公务员违反了他职责中的一项义务。因此,《民法典》要求将违反职责义务作为公务员民事责任的首要条件。

被违反的义务是公务员与第三方之间的义务,而不是行政机关内部的义务。并不是所有的公务员违反职责义务的行为都会产生公务员对相对人的民事责任。应当对行政人员的内部活动和外部活动进行区分。公务员的许多义务,比如公务公告和指示规定的义务,只存在于行政机关内部。这些义务对行政机关外部不产生法律效力,不具有法律规则的价值。违反这种义务,不产生公务员对相对人的民事责任,因为相对人不是行政机关内部关系的当事人。只有当公务员违反的职责义务是针对公务员和第三方之间的关系时,公务员对相对人的责任才会产生,比如,公务员违反了法律或者法规中的一项规则。

公务员故意实施了违法行为,过错不仅以违反义务为前提,而且对公务员来说有遵守义务的可能性。对公务员而言,过错在于违反了这种义务,尽管他能够遵守这种义务。如果该义务是公务员不能够认识和遵守的义务,公务员就不能被指责犯有过错。过错是公务员没有履行其能够认识和遵守的义务。

这种不履行义务的行为可能发生在两种假设情况下：要么是公务员故意违反了这种义务，且公务员在行为中有不良意图；要么完全可以避免的违反义务的行为是非故意的，且公务员在行为中只存在过失。正因为公务员存在这种故意或者过失，违反义务的行为才可以归责于他；否则，公务员就不存在过错。对公务员的可归责性是过错的主观因素。

正如我们所述①，公务员并不对他们在履行职责过程中所犯的所有过错都承担责任，他们只对个人过错负责。在中国，通过大理院的判例确立了这一原则，并且《民法典》也保留了这一原则。

如果我们对《民法典》第186条规定的公务员民事责任与《民法典》第184条规定的相对人民事责任进行比较，就会注意到它们的不同。第184条规定："因故意或过失，不法侵害他人之权利者，负损害赔偿责任。故意以悖于善良风俗之方法，加损害于他人者亦同。"②就该条文而言，从损害赔偿的观点来看，故意的违法和非故意的违法之间并不存在区别。相对人既要对故意违法负责，也要对非故意违法负责，而公务员根据第186条的规定，原则上只对故意违法负责。这表明公务员在履行职责中的责任不同于相对人的责任，而且公务员原则上只是在具有个人过错时才承担责任。

与大理院的判例相比较，《民法典》在个人过错的标准方面的规定发生了变化。正如我们所看到的，大理院采用两个标准来辨别个人过错。一个是客观标准，即行政机关的管辖权；另一个是主观标准，即公务员的主观意图。根据大理院的判例，公务员不仅在追求个人目的时应当承担责任，而且在他的行为超越了法律赋予他的管辖权限时也要承担责任。当然，违反管辖权限的行为是非常严重的违法行为，但是它并不必然是故意的行为和追求个人目的的行为。大理院坚持认为，公务员对这种情况应当承担责任，因为公务员的损害行为完全超越了行政机关的管辖权限，该行为就成了一种属于普通法院管辖的越权行为，产生了该行为人的个人责任。

《民法典》只采用了主观标准，即公务员的主观意图，来辨别个人过错。为了确定公务员存在个人过错，《民法典》只考虑违法行为是否是故意作出的，而不再考虑违法行为是一般的违法行为还是违反管辖权限的

---

① 参见第一部分第二章和第二部分第一篇第二章。
② 《中华民国法规汇编》（第8卷），第157页。

行为。原则上只有存在故意违法行为时，公务员的责任才会产生。当然，公务员超越自身管辖权限的行为是无效的。南京最高法院认为，一个军事官员对民事事务作出判断的行为是无效的。① 但是，必须强调的是，无效行为并不必然引起行为人的个人责任。如果无效行为人没有追求个人目的，根据《民法典》的规定，他也不用承担民事责任。

尽管旧中国《民法典》第186条借鉴了德国《民法典》的规定，采用唯一的主观标准来辨别个人过错，但旧中国《民法典》仍然延续了自己国家的法律传统。正如我们所看到的，古代中国法在刑事责任方面将官员主观上的私罪和公罪区分开来。大理院把这种区分从刑事责任领域转移到了民事责任领域，而且同时在传统的主观标准——公务员的主观意图——之上增加了一项客观标准，即行政机关的管辖权限，以体现个人过错的特点。但是，《民法典》在民事责任领域保留了个人过错的同时，采用了唯一的主观标准来辨别个人过错。《民法典》中的个人过错概念与古代法中的私罪概念是相同的。但它们的适用范围不同，古代法利用私罪的概念来加重官员的刑事责任，现代法利用个人过错的概念来确定公务员的民事责任。同一概念既适用于公务员的民事责任，也适用于公务员的刑事责任，因为这两种责任更有利于公务员，而不是相对人。刑事责任的基本理念是制裁。如果相对人的民事责任没有忽视制裁的理念，至少应当认识到它非常重视建立两种财产之间的经济平衡。每个人对他人造成损害，都应当承担赔偿责任，除非他具有减免责任的合法理由。这就是关于相对人民事责任的立法规定可以在这方面忽略故意违法和过失违法之间区别的原因所在。就公务员的民事责任而言，如果它也具有为了受害人的利益重建经济平衡的功能，它就专门包含了对公务员违反义务的行为进行制裁的理念。因为当公务的运行对相对人造成了某些损害时，人们通常应当请求行政机关来重建被破坏的经济平衡。如果人们强制由公务员承担赔偿责任，是因为人们认为在公务员违反义务的行为中存在某些应受指责的东西。与相对人承担民事责任的情况相比，这种情况下更重视制裁的轻重程度。这种对公务员民事责任中的制裁理念的重视接近于公务员的刑事责任；因此同一概念既可以适用于公务员的民事责任，也可以适用于公务员的刑事责任。

同一概念在古代法和现代法中的不同适用，表明中国法随着社会环

---

① 参见《司法院解释例汇编》（第1卷），1930年第291号，1945年版，第225页。

境的变化而发展变化。那时,中国的经济生活还不发达,刑事责任比民事责任重要得多。为了公正对待公务员,必须在刑事责任领域区分公务员的公罪和私罪。今天,刑法的适用范围不断缩小;刑法中不再包含公务员的公罪概念。相反,民事责任每天都在发展进步。与我们以前在刑事责任领域对私罪和公罪进行区分一样,司法要求在公务员的民事责任领域也作这种区分。

二、"补充"责任

《民法典》不仅规定了公务员对个人过错应当承担的主要责任,而且还规定了公务员对公务过错应当承担的补充责任。第186条第1款第2句规定:"其因过失者,以被害人不能依他项方法受赔偿时为限,负其责任。"

所有的行政人员容易犯某种过错,特别是在行政法复杂的实际状况中。如果公务员过失地违反了职责义务,他的行为并不会变成个人行为。当然,这种非法行为是一种过错,但通常是一种公务过错,而不是个人过错。当公务员要对他过失的违法行为承担责任时,他也应当对公务过错负责。

由于中国的公务员还要对公务过错负责,人们是否可以得出结论说,旧中国《民法典》完全忽视了个人过错理论,并且中国公务员的责任不局限于个人过错,而是扩大到他们在履行职责过程中犯下的所有过错?答案是否定的。应当充分注意的是,《民法典》并没有将公务员对非故意违法的责任和公务员对故意违法的责任相提并论。当违法行为是非故意的,公务员只有在受害人无法通过其他途径获得赔偿的情况下才承担责任。这可以说,公务员原则上不对非故意的违法负责,因为这是一种公务过错,只有在受害人无法通过其他途径获得赔偿的情况下,公务员的责任才会产生。在这种情况下,公务员的责任是一种补充责任,处于次要地位。相反,如果违法行为是故意的,公务员应当承担赔偿责任,不需要考虑受害人是否可以通过其他途径获得赔偿。他们的责任在这种情况下是一种主要责任。同样,《民法典》用补充责任来控制公务员的非故意过错,证明《民法典》中责任的基础还是个人过错。

公务员的补充责任是出于公平的考虑。当相对人因为公务的运行受到损害时,他应当获得赔偿,赔偿的金额应当与损害的范围相适应。如果相对人不能通过其他途径获得赔偿,错误地执行公务的公务员应当最终满足他的赔偿请求。因此,行政相对人的利益得到了很好的保护。在法国,国家责任很发达,由国家对公务过错负责。在中国,由于国家承担责任的情况很少,《民法典》的立法者保留了公务员对公务过错的补充责任是非常自然的。①

三、减免责任的情况

除了两个新的因素外,《民法典》制度下公务员责任的减免情况与大理院判例所确认的情况是相同的。

首先,存在相对人和公务员共同的减免责任理由,它们是:不可抗力、意外事件、正当防卫、无意识行为,等等……

其次,存在公务员自身特有的减免责任情况,它们是:层级命令:在执行层级命令的条件下,可以免除下级公务员的责任,这同时也是大理院确立的免责情况,对此我们不再赘述。

第三方过错的介入:当公务员的损害行为是应第三方的请求而实施时,该第三方应当对受害人承担责任;公务员在这种情况下不须承担责任。南京最高法院没有改变大理院在这方面的判例。②

私法中国家责任的并合:根据南京最高法院的判例,在私法中,国家经常与相对人一样承担责任。③ 因此,当公务员执行的公务是以与私人企业相同的方式执行公务并且受害人向国家提起赔偿诉讼时,公务员的责任可以免除。

所有这些减免责任的情况都得到了大理院的确认。但是,国民党政府增加了两种减免情况:(1)公法中的国家责任,这将在下一章中叙述。(2)受害人忽略了利用行政法上的救济途径来防止损害的发生。《民法典》第186条第2款规定:"前项情形,如被害人得依法律上之救济方法,除去其损害,而因故意或过失不为之者,公务员不负赔偿责任。"根据这一规定,如果受害人能够利用法律途径防止损害而忽略了利用这些途径,公

---

① 关于公务员的过失责任,参见南京最高法院的解释例,1938年第1823号。
② 参见南京最高法院的判决,1929年第2540号和1931年第189号;以及解释例,1928年第85号;《最高法院判决要旨》第11页;《最高法院法令解释总集》第64页。
③ 参见南京最高法院的判决,1930年第1213号,1930年第1838号,1930年第3164号和1929年第875号;《最高法院判决要旨》第2、13、191页。

务员的所有民事责任，包括主要责任和补充责任，都将消失。

为了防止公务员行为所造成的损害，受害人能够利用的法律途径有哪些？根据中国的实证法，1930年3月24日的法律规定了行政救济途径，1932年11月17日的法律规定了行政诉讼。相对人的权益受到公务员履行职责行为的侵害时，他可以通过行政救济途径请求上级行政机关撤销或者改变公务员的行为，也可以向行政法院提起行政诉讼，请求法院撤销或者改变对他的权利造成侵害的非法行为。因此，通过采用这两种救济途径，相对人可以在某种程度上防止公务员的非法行为对他所造成的损害。①

为什么忽略了利用法律途径防止损害的受害人不能要求公务员承担损害赔偿责任？所有人都有权捍卫自己的权益。如果相对人拥有对公务员的损害行为进行自卫的法律途径却没有利用这一途径，他自己也促成了损害的发生。他不再有权请求公务员赔偿损失，他自己应当被视为违法行为的共犯，因此，公务员的责任不再起作用。

---

① 参见下一章。

第三章
国家责任

今天,国家责任问题已经成为公法研究的核心问题。我们不能对这一问题进行详细的讨论,对这一重要问题需要进行专门的研究。但是,在谈到中国公务员的民事责任时,不得不说一下国家责任,因为只有在国家责任的意义确定之后,人们才能认识公务员民事责任的意义。我们是从这个角度观察国家责任的。

根据《民法典》第186条的规定,在过失违法的情况下,公务员承担的是补充责任,他们只有在受害人不能通过其他途径获得赔偿时才承担责任。这些其他途径主要有两种:

（1）当公务员的损害行为是应第三方的请求而实施时,受害人可以从第三方那里获得赔偿,我们已经谈到了第三方承担责任的这种情况。[①]

（2）受害人可以从国家获得赔偿。理论上,这种损害赔偿责任是非常重要的,不仅因为国家总是具有清偿能力,而且公务员经常不是应相对人的请求而行动。不幸的是,正如我们将要看到的,行政机关的责任在中国发展很慢,这过度地增加了中国公务员的责任。

旧中国《民法典》第186条的规定借鉴了德国《民法典》第839条的规定。为了对《民法典》的这一条文进行恰当的评判,应当参考德国民法在这方面的规定。我们在前一章中说过,虽然两个《民法典》的文字表述上很相似,但是中国公务员的民事责任与德国公务员的民事责任是有区别的,原因在于两国公法中的国家责任是不同的。

在德国,公法中的国家责任是由1910年5月10日的法律调整的,该法第1条规定:"如果帝国的公务员在行使国家赋予他的公权力过程中,

---

① 参见前一章和第一篇第四章。

故意或者过失地违反了其对第三方应尽的职责义务,《民法典》第 839 条规定的责任将由帝国代替公务员承担。"①

根据这一规定,德国的公务员不再因他们在履行职责过程中所犯的过错对相对人承担责任,国家承担了公务员对相对人的责任。德国国家责任的意义与法国国家责任的意义是相同的。国家责任扩展到了公务员在履行职责过程中犯下的所有过错,包括个人过错和公务过错。在法国,国家责任是一种原始责任,一种直接由国家承担的责任;而在德国,国家责任是一种替代责任,一种首先由公务员的领导承担,然后因为公共利益的原因通过法律明确规定转移到国家的责任。

但是,应当承认,在德国,国家替代责任的观念是一种法律假定。实际上,德国的国家责任并不仅限于替代公务员的责任。国家责任还扩展到不能归咎于公务员的公务过错。上述条文第 2 款表明了这一点:

> 如果公务员责任的免除是因为他造成损害时处于无意识状态或者精神错乱状态,就像他的意志消失了一样,即使行为的过失归咎于公务员,国家也应当对他造成的损害进行赔偿,但是这只能是在公平要求赔偿的范围内进行。②

这一规定针对的国家责任实际上是公务过错的原始责任;但是,承认国家责任的法律在这种情况下假定存在可归咎于公务员的过失。

为什么德国法不像法国法那样,承认国家对公务过错的原始责任,而采用了一种替代责任的法律假定?答案也许可以在法律技术原因中找到。替代责任的概念具有以下优势:

由于公务员的责任是一种过错责任,国家替代责任的概念可以避免承担风险责任,而风险责任可能对国家财产是一种过重的负担。

在替代责任制度下,不存在责任的并合。公务员不再对相对人承担损害赔偿责任。受害的相对人只能对国家提起损害赔偿诉讼,公务员与相对人不再有关联。相反,如果国家责任与公务员的责任相互独立,同样的情况或同样的事实一方面可能构成个人过错,引起公务员的责任,另一

---

① R. Bonnard, De la responsabilité civile des personnes publiques et des agents en Angleterre, aux Etats-Unis et en Allemagne, Paris, 1914, Appendice, p. 233.

② R. Bonnard, De la responsabilité civile des personnes publiques et des agents en Angleterre, aux Etats-Unis et en Allemagne, Paris, 1914, Appendice, p. 233.

方面可能构成公务过错,引起国家责任。① 这里存在责任的并合,有可能产生损害赔偿金的并合。受害人除了可以对国家提起赔偿责任诉讼以外,还拥有对公务员提起责任诉讼的权利。但是,损害赔偿金的并合应当避免,因为这有违公平原则。

在公务员的损害行为是应第三方的请求而作出的情况下,国家的替代责任具有减轻国家财产负担的意义。在这种情况下,公务员的责任是补充性的。受害人首先应当起诉第三方。只有在第三方无清偿能力的情况下,受害人才能起诉国家,由国家替代公务员承担责任。

就法国法有利的方面而言,应当认识到国家的原始责任具有简单的优点,并且随每一种公务的要求而变化,很好地避免了损害赔偿金的并合问题。国家责任应当由私法的独立规则调整。

了解了在德国国家责任可以替代公务员的所有民事责任之后,我们现在有理由认为,德国《民法典》第839条坚持公务员不仅要对故意违法,即个人过错负责,还要对过失违法承担补充责任,过失违法通常是一种公务过错。国家责任替代了公务员的责任,因此,国家应当对公务过错负责。

国家在替代公务员对相对人进行损害赔偿之后,是否可以向公务员追偿,要求公务员偿还他应当支付的损害赔偿金?理论上,替代责任的概念并没有使公务员的责任消失,公务员的责任继续存在。只是这种责任对于相对人来说不再存在,但对国家来说还存在。德国《民法典》第2条确立了国家的替代赔偿责任,并授权国家可以对公务员进行追偿:

> 帝国由于第1条第1款确立的责任而遭受损失,可以要求公务员赔偿。这种赔偿诉讼的时效为3年,自第三人对帝国提起的赔偿诉讼请求被受理或者被具有既判力的判决所承认之日起计算。②

尽管如此,通过适用德国《民法典》第839条的规定,国家的追偿权只是在公务员个人承担责任的范围内才存在。不过,根据这条规定,公务员对公务过错的责任是一种补充责任。国家即使不在法律上,至少在道德上不能因为公务员承担补充责任而对其进行追偿。这有悖于将公务员的责任区分为主要责任和补充责任的原则的最初动机,特别是当我们想到

---

① 参见法国最高行政法院的判例:l'arrêt Anquet,3 Fev. 1911, Rec. Sirey, 1912, 3, 137; l'arrêt Lemonnier, 26 Juillet 1918, Sirey, 1918-1919, 3, 41.

② R. Bonnard,前引书,第233页。

国家在总体上承担概括性责任的时候。

实际上,国家在对相对人进行损害赔偿之后,很少对公务员进行追偿。为了让公务员继续履行职责,国家具有这样的自由裁量权;不需要利用民事责任来实现这一目标,而且,1910年5月22日的法律确立了国家的替代责任之后,德国公务员的民事责任即使在理论上存在,在实践中也不存在了。

中国法中的国家责任是什么?根据判例法,国家在私法中应当与相对人一样承担责任。重要的是要了解国家在公法中的责任是什么,因为在国家承担责任的范围内,公务员对其在履行职责过程中因过失实施的违法行为不承担责任。

在中国,国家在公法中的责任由1932年11月17日的法律(《行政诉讼法》)调整,这是中国第一部从总体上规定国家在公法中的责任的法律。中国这方面的制度或多或少与法国的制度相似。国家的责任是一种原始责任,而不是一种替代责任;有权对国家在公法中的责任进行判决的是行政法院,不是普通法院。唯一不同的是,在法国针对国家的赔偿诉讼是一种独立的诉讼,它不依靠任何越权之诉的方式。在中国,针对国家的赔偿诉讼是行政诉讼救济的一种附带诉讼。[①] 正如我们将要看到的,把赔偿诉讼和行政诉讼联系在一起的原因就是立法者想尽可能地限制国家的责任。对国家进行赔偿诉讼的立法条文规定如下:"赔偿诉讼可以在提起行政诉讼时附带地提起。"[②]

让我们回答这一问题:提起行政诉讼的法定条件有哪些?该法第1条规定:

> 在下列条件下,行政相对人可以向行政法院提起行政诉讼:(1)他们的权利受到中央或者地方行政机关的非法侵犯;(2)根据行政救济方面的法律,他们已经提起了第二次行政救济但没有得到满足,或者是对第二次行政救济有管辖权的行政机关在3个月期限内没有回复他们。[③]

[①] 中国法上"行政诉讼"的表述与法国法不同,中国法上的行政诉讼接近于法国的越权之诉,但有几点区别。

[②] 1932年11月17日的法律第2条是有关行政诉讼的。参见《中华民国法规汇编》(第8卷),第629页。

[③] 同上注。

该法第 8 条规定了提起行政诉讼的时效,一旦超过了诉讼时效,就不再允许提起行政诉讼。第 10 条规定了行政诉讼应当具备的形式。第 21 条明确了行政诉讼的对象就是撤销和改变行政行为。

总之,提起行政诉讼的法定条件如下:

存在可以被撤销或者改变的行为。行政诉讼的对象就是撤销或者改变非法行政行为,首先应当存在可以被撤销或者改变的行为。否则,行政诉讼的对象将不存在。

这种非法行为是行政人员实施的。行政法院只有权对行政机关的行为进行审判,它对司法机关和议会实施的行为不能进行任何控制。

个人的权利已经受到侵犯。在这里,"权利"一词是指与客观权利相对应的主观权利。主观权利是个人根据一种身份或者一项法律拥有的确定权利,比如财产权、生命权,等等。客观权利是一种规则或者适用于一类人的规则总称,比如法律规定的权利、法院适用的法律,等等。在法国,行政机关对客观权利的侵犯可以成为行政相对人提起行政诉讼的理由,不需要问该相对人的确定权利或者该相对人是否受到侵害。因为人们认为,让行政机关遵守法律对所有人都有利。在中国,对客观权利的侵犯不足以成为提起行政诉讼的理由,要提起行政诉讼,应当存在对主观权利的侵犯行为。

事前已经穷尽行政救济途径;否则,行政诉讼的起诉请求不能受理。

行政诉讼的形式和时效都符合要求。

根据这些条件,公务员大量的非法行为避免了行政诉讼,因而也不会产生行政机关的责任。

许多违法行为不能成为行政诉讼的对象,是因为它们在性质上不能撤销或者改变。由于行政诉讼的对象是撤销或者改变行政行为,所有不能撤销或者改变的非法行为就不能成为行政诉讼的对象。事实行为在性质上就不能撤销,因为人们可以撤销的是法律行为,而不是事实行为。许多事实行为也不能改变。比如,一架军用飞机因为失事撞到了一栋房屋,造成了人员死亡和财产损失。人们难道撤销或者改变这一事故?人们只能通过支付赔偿金的形式赔偿损失。但是,根据法律规定,在公法上只有在提起行政诉讼的同时才能对行政机关提起赔偿诉讼。正是这种不能成为行政诉讼对象的事实行为,最经常地对相对人造成损害。

司法机关和议会作出的任何决定都不能成为行政诉讼控告的对象。所有的法律行为,比如禁令、授权、任命、罢免、判决,等等,都可以成为行政诉讼的对象,然而应当排除司法机关和议会作出的所有决定。根据权力分立原则,禁止普通法院审判所有的行政行为;反过来,行政法院也不能审判司法机关的任何行为。目前,还不存在为司法机关的非法行为设立国家责任的专门法律。行政法院还不能审判议会的任何行为。

当行政人员的非法行为通过行政救济已经被撤销时,对此不得再提起行政诉讼。只有在穷尽了行政救济而不能得到满足之后,作为非法行政行为受害人的相对人才可以向行政法院提起行政诉讼。非法行为可能在行政救济期间被行政机关撤销。在这种情况下,受害人不得再提起行政诉讼,因为行政诉讼的对象已经不存在。不过,非法行为被行政机关撤销并不意味着受害人的损害已经得到赔偿。尽管非法行为撤销,损害有可能还继续存在。比如,警察局长命令拆除一栋房屋,房屋所有人提出行政救济,该命令最后被撤销。但是在该命令撤销之前的半年或者一年中,这栋房屋已经被拆除了。因此,尽管损害还继续存在,但房屋所有人不能再提起行政诉讼。另一个例子:一个管理进口的公务人员扣押了一批商品,3年之后,扣押的命令被撤销,但这些商品的价格已经大幅下降。

这就提出了一个问题:相对人是否可以在行政救济期间向国家提出损害赔偿请求,且如果这种损害赔偿请求被拒绝,是否可以提起行政诉讼?根据中国的最高司法机关——司法院的解释,不允许相对人在行政救济期间向国家提出损害赔偿请求。以下是司法院解释的过程:

广东省政府请求司法院作出解释时说:

当行政机关对行政相对人的权益造成侵害的非法行为通过行政救济被上级行政机关撤销时,相对人就不能再提起行政诉讼。在这种情况下,受害的相对人如何才能请求赔偿他受到的损失?有三种可能性:

第一,受害人可以在行政救济期间,通过类比引用《行政诉讼法》的规定,请求国家进行损害赔偿。

第二,受害人不能在行政救济期间,通过类比引用《行政诉讼法》的规定,请求国家进行损害赔偿,因为该法不包含为此而授权受害人的明确规定。但是,在行政行为撤销之后,受害人可以向普通法院对国家提起民事诉讼,根据行政救济中确立的事实,要求恢复原状或者赔偿损失。

第三,由于损害是由行政处分引起的,普通法院不能判决国家承担赔偿责任。受害人只能对"假官署之行政处分为侵害他人权利之手段者"向普通法院提起民事诉讼。因此,当行政机关是直接主动行动,而不是应第三方的请求而行动时,该行为被上级行政机关撤销后,受害人似乎没有任何途径请求实物赔偿,或者请求等价赔偿。

这三种可能性都是错误的,还是其中有一种是可以接受的?如果出现这种情况,应当对此进行决断,我们请求贵院进行解释。

司法院回复说:

《行政诉讼法》第 2 条不得适用于行政救济。因此,不允许在行政救济期间请求国家进行损害赔偿。当行政规定通过行政救济被上级行政机关撤销时,该规定的受害人,如果他有权获得私法赔偿,可以向普通法院提起赔偿诉讼。①

司法院的这一回复中有三点值得注意:第一,行政规定的受害人在行政救济中不能请求国家进行损害赔偿,行政救济的唯一对象就是撤销或者改变行政行为;第二,当行政规定通过行政救济被撤销时,该规定的受害人只有在其拥有"私法上"的损害赔偿请求权的条件下才能获得赔偿;第三,"损害赔偿债务人"的表述非常模糊,他可以是国家,或者是公务员,或者是第三方。

综上所述,我们可以看到,中国的国家赔偿责任在公法上是有限的。但是,仍然存在一些更加恶劣的情况。当地方行政人员执行地方公务时,《行政诉讼法》不适用于地方行政人员。为了知道相对人是否可以对乡镇机关的行政行为提起行政救济,内务部部长请求司法院对此进行解释。司法院回复说:"当乡镇机关办理乡镇自身事务时,不允许对乡镇机关采取的行政处分提出行政救济。"②只有当地方机关执行国家事务时,行政相对人才能通过行政救济途径对地方机关的行为提出异议。当地方机关执行地方事务时,对它们的行为不能提出行政救济,也不能提起行政诉讼,因为所有的行政诉讼都以行政救济为前置条件。因此,在公法上不存在对地方行政人员的责任进行裁判的任何手段。

通过将公法中对行政机关的赔偿诉讼和行政诉讼联系起来,中国的立法者系统地限制了国家责任,并对其他行政人员的责任进行了合并。

---

① 参见 1940 年第 2061 号解释例,《司法院解释例汇编》(第 8 卷),第 162 页。
② 1942 年第 2406 号解释例,《司法院解释例汇编》(第 8 卷),第 1913 页。

这种对公法上行政机关的责任进行限制的后果是什么？最重要的后果就是增加了公务员承担责任的情况。原则上，公务员在履行职责的过程中只对故意违法和个人过错承担民事责任。只有当受害人不能通过其他途径获得赔偿时，公务员才对过失违法和公务过错承担责任。但是，由于行政机关的责任受到限制，公务员的责任就加重了很多。如果相对人在公务运行中受到损害，在没有第三方过错介入的情况下，当受害的相对人不能通过行政诉讼途径从行政机关那里获得赔偿时，他自然可以反过来请求公务员进行损害赔偿。

根据这些《民法典》的规定，中国公务员的责任似乎与德国公务员的责任相同。实际上，由于行政机关的责任不同，这两个国家公务员的民事责任也是不同的。在德国，自从1912年5月12日的法律用国家责任替代公务员的责任之后，公务员的责任在实践中几乎不存在了，至少是公务员对公务过错的补充责任不存在了。

在中国，由于行政机关的责任在公法中受到限制，公务执行中的责任负担主要落在了公务员身上。他们的补充责任几乎成为一种主要责任。这种状况对公务员是不公平的，他们在履行职责中的责任不能等同于他们在管理私人事务时的责任。这同时也损害了公务的利益，因为公务员担心自己要承担责任，在履行职责过程中就会丧失积极性和主动性。在这种制度下，由于公务员经常没有偿付能力，相对人的权利也得不到很好的保护。

第四章
公务员民事责任的实施

认识了公务员民事责任的条件和意义之后,现在让我们转到公务员民事责任的实施问题。如果负责损害赔偿的公务员自愿履行了赔偿责任,就不存在任何责任的实施问题。如果公务员拒绝或者反对承担责任,受害人除了可以对负责的公务员向普通法院提起民事诉讼之外,没有其他获得赔偿的途径。于是就出现了赔偿诉讼。

我们不想讨论所有关于赔偿诉讼的民事程序问题,只打算研究讨论公务员赔偿诉讼的以下几个问题:(1) 自由起诉原则;(2) 原告资格;(3) 有管辖权的普通法院;(4) 证据;(5) 不受理的后果。

一、对公务员起诉自由的原则

对公务员起诉自由的原则一直得到坚持。所有的公务员都可以被起诉到普通法院,以赔偿他们在公务中所造成的损失。普通法院最终决定赔偿责任的存在及其范围,并确定赔偿的金额和方式。不存在起诉公务员须得到政府或者行政法院同意的预先授权,也不存在可以剥夺普通法院对公务员案件管辖权的权限争议程序。起诉公务员与起诉普通相对人是同样自由的。普通法院对赔偿诉讼的裁决具有完全管辖权。以下情况除外:普通法院在赔偿诉讼中发现存在审判前提问题(une question préjudicielle)①,应当中止该案件的审理,以等待有权机关对先决问题的合法性提出意见。

但是,普通法院自己主动采取对案件审理的中止程序,不得与剥夺普通法院对案件的管辖权的权限争议程序相混淆。②

起诉自由的原则既适用于普通公务员,也适用于部长们。在法国,部长的责任实际上被他的政治责任所吸收,为了获得损害赔偿,向普通法院对部长进行的起诉通常是无效的。③ 在中国,部长政治责任的制度还不发达,向普通法院起诉部长与起诉普通公务员没有任何区别。

二、原告资格

权利受到侵害的所有受害人都有权向普通法院对公务员提起赔偿诉讼。由此可知,赔偿诉讼不仅属于具有权利能力和行为能力的受害人的权利,而且属于没有行为能力或者行为能力受到限制的受害人的权利,比如胎儿、未成年人、残疾人,等等。④ 当然,受害人发现自己在司法上的行为能力受到阻碍时,他的诉讼权利可以授权给他的法定代理人行使。

如果公务员的损害行为对多个人造成了侵害,每个受害人都有权对公务员起诉,他们也可以将他们对公务员的诉讼合并成一个诉讼。⑤ 但是,法官应当允许他们每个人单独提起赔偿诉讼。

---

① "审判前提问题"的表述需要进行一些解释:诉讼案件中一般提出来裁决的问题不止一个。在作出最终裁决之前,法官应当明示或者默示地解决一些问题,这些问题的预先解决对案件作出最终裁决是必要的。人们把这些问题称为先决问题,先决问题的解决不是案件判决的充分条件,而是案件判决的必要条件。

先决问题中的某些问题可能不属于该案法官的管辖范围。人们把这些问题称为审判前提问题。

因此,审判前提问题的存在,应当同时具备以下三个条件:(1)必须是该问题存在实际困难,很可能明显产生了一种疑问。(2)必须是该问题对诉讼案件的解决是必要的。(3)必须是涉及的问题不属于该案法官的管辖范围,该问题是通过主要途径提出来的。

面对审判前提问题,法官应该怎么做? 他应当中止案件的审理程序,要求相关受害人向有权机关请求解决审判前提问题。当法官接受了有权机关作出的意见反馈,他应当服从这些意见,并重新开始审理该案件。参见 Waline, Traité élémentaire de droit administratif,6éme éd., pp. 148-180.

② 参见第一篇第五章。
③ 参见 Waline,前引书,第 360—361 页。
④ 参见《民事诉讼法》第 40 条。
⑤ 参见《民事诉讼法》第 47 条,以及《民法典》第 76 条、第 77 条。

有时,公务员造成的损害是集体性的,也就是说,损害针对的是集体组织本身而不是组成该集体组织的成员。在这种情况下,受害的集体组织如果具有法人资格,可以自己的名义进行诉讼。如果它没有法人资格,只要它有负责人或者代理人,它也可以在普通法院进行诉讼。①

赔偿诉讼权利是受害人的财产权利要素之一,可以转让给他的继承人或者债权人。② 但是,精神损害赔偿诉讼权利是一种例外,受害人自己起诉后,不能将权利转让给其他人。③

三、有管辖权的普通法院

我们已经说过,普通法院有权审理对公务员的赔偿诉讼;我们必须进一步明确,这种诉讼应当向哪一级的普通法院提起。

根据1932年10月28日的《法院组织法》,普通法院分为三个级别:地方法院、高级法院和最高法院。在每一个县或者市设立一个地方法院;但是,如果县或者市的地域范围很有限,可以几个县建立一个地方法院;如果县的地域范围太广,可以建立地方法院的一个或者几个派出法庭(第9条)。每一个省或者特区设立一个高级法院,在省或者特区的范围太广的情况下,可以设立高级法院的派出法庭(第16条)。最高法院设立在国家的首都(第2条)。

赔偿诉讼的一审应当由原告向公务员住所地的地方法院或者侵权行为发生地的地方法院提起。④ 当赔偿诉讼是与刑事诉讼联系在一起时,该赔偿诉讼应当向有权审理刑事诉讼的法院提起。⑤ 对地方法院的判决不服,可以上诉到地方法院所属的高级法院,最高法院的判决是终审判决。⑥

---

① 参见《民事诉讼法》第40条。
② 参见《民事诉讼法》第225—294条。
③ 参见《民法典》第195条。
④ 参见《民事诉讼法》第1条、第15条。
⑤ 参见《民事诉讼法》第491条。
⑥ 参见《法院组织法》第17条、第22条。

四、证　据

当事人提出对自己有利的事实，应当提供相关证据，这是《民事诉讼法》第 277 条提出的主要原则。因此，在对公务员的赔偿诉讼中，原告应当证明公务员民事责任的所有构成要件的存在。原告应当在以下几个方面提供证据：原告受到的损害；公务员违反义务的行为；这种违反义务的行为与损害之间的因果关系；公务员的主观恶意；以及在公务员非故意违法的情况下，原告不可能通过其他途径获得赔偿。这些证据一旦被采纳，公务员的责任就会得以确立。如果公务员对该责任有异议，应当由他证明原告提供的证据是错误的，或者存在减免责任的理由。这些减免责任的理由有：不可抗力、意外事件、正当防卫、时效届满而解除或者消灭、层级命令以及原告忽略了利用行政法的救济途径防止损害。

五、不予受理的后果

《民法典》第 186 条第 2 款规定："前项情形，如被害人得依法律上之救济方法，除去其损害，而因故意或过失不为之者，公务员不负赔偿责任。"如果受害人不通过利用法律途径（包括行政法的各种救济途径，即行政救济和行政诉讼）防止损害，公务员将不对其履行职责过程中造成的损害承担赔偿责任。首先，这一规定似乎仅涉及公务员责任的实质条件，与针对公务员的诉讼程序没有任何关系。其次这是不准确的。实际上，这一规定有两种效果：

（1）当行政法的各种救济途径的时效届满时，这一规定就是责任存在的实质条件。在这种情况下，如果受害人向普通法院对公务员提起损害赔偿诉讼请求，法官应当以原告故意或过失地忽略了利用法律途径防止损害为由，驳回其诉讼请求。

（2）当行政法的各种救济途径的时效没有届满时，这一规定就具有不予受理的效果。在这种情况下，不能说公务员的赔偿责任不存在，因为不知道受害人是否忽略了利用法律途径防止损害。如果受害人提起了行政法上的救济，且行政机关不同意对他进行损害赔偿，公务员的赔偿责任就存在。但是，只要受害人没有根据行政法提出行政救济，他就不能请求公务员承担赔偿责任。如果受害人忽略了行政法的救济途径，直接向普通法院起诉公务员要求进行损害赔偿,法官应当以受害人在对公务员提起损害赔偿诉讼请求之前没有穷尽行政法上的救济途径为由,拒绝受理其诉讼请求。

《民法典》的这一规定,改变了大理院的判例,根据大理院的判例,行政法救济途径的存在,不妨碍受害人对公务员提起损害赔偿诉讼。① 这种改变是有道理的,因为公务员执行公务中所造成的损害应当根据公法进行预防或者进行赔偿,公务员的个人责任随后才能产生。

---

① 参见第一篇第五章。

结论

我们已经了解了我国法律中公务员民事责任的发展历史。在古代法中,这种责任的基础是过错变富。责任的范围仅限于物质损害。但是,在刑事责任方面,我们的古代立法者一直以来都对公务员在履行职责过程中实施的违法行为进行公罪和私罪的细致划分。而欧洲人只是到了19世纪末才发现这种区分的。

大理院的判例扩大了可赔偿损害的范围,还第一次提出了公务员的民事责任基础是公务员在公务中所犯的个人过错。尽管个人过错的概念是以下两个现代原则的自然结果:权力分立原则禁止普通法院审判行政行为;过错原则是民事责任的构成要件之一,但是,个人过错却不是中国法上的新事物。个人过错的概念采纳了古代法上私罪的传统概念,然后将其转移到民事责任领域,并在现代法律框架下表现出来。尽管如此,大理院的判例主张的个人过错概念与传统的私罪概念有点区别,私罪只通过主观标准来表现它的特点,而大理院在主观标准的基础上增加了一种客观标准来表现个人过错的特点。

《民法典》和南京最高法院继承了大理院确立的所有重大原则。但是,就个人过错概念而言,《民法典》重新回到了古代法中的私罪的传统概念。人们是通过公务员的主观意图和背后思想,决定公务员在公务中所犯过错的特点。如果公务员的主观意图是恶意的,并且他追求了个人目的,他的行为就被认为与公务无关;这一行为是否具有公务目的,则没什么关系。公务员因而犯了个人过错,对相对人应当承担个人责任。如果公务员的主观意图是好的,其他实施的违法行为是非故意的,他的行为尽管违法,但是与公务有关,因为完美的没有任何过错的行政机关是不存在的,尤其是在行政任务复杂的实际状态下。人们这里面对的是公务过错。原则上,公务员在这种情况下不对相对人承担个人责任。公务员的责任只有在受害人无法通过其他途径获得赔偿的情况下才会产生。这是一种补充责任。

如果我们只考虑《民法典》的规定,在中国公务员的责任就很有道理。中国的公务员与他们的法国同行一样,只对他们的个人过错负责。如果他们对公务过错的责任是存在的,那也是一种补充责任,是出于公平考虑而要求的,因为权利受到侵害的行政相对人不能没有获得赔偿的途径。

这一规定在实践中表现如何?这一规定的适用并不像立法者想象的那么完美。由于对行政机关责任的限制,公务员的补充责任变成了一种主要责任。法律上,我国公务员的民事责任与法国和德国是相同的。事实上,我国公务员的民事责任与英国是相同的。英国的公务员在法律上应当对其在履行职责过程中所犯的所有过错负责,但在实践中,自1947年《王位继承法》生效之后,他们就不再是这种情况。甚至在此之前,实际上英国政府经常在公务员对自己在执行公务中造成的损害向相对人进行赔偿之后,会将赔偿金偿还给公务员。中国政府不会给公务员偿还赔偿金。这种状况不仅有害于公务员,还有害于公务。让公务员承担公务过错的责任是不公平的,这样会丧失他们工作的积极性,公务也将怠惰,缺乏主动性。只要公务员承受了执行公务中产生的繁重责任,行政相对人的利益就得不到很好的保护,因为公务运行中的一种轻微过错就可能会造成巨大的损害,而公务员的财务状况无法面对这种巨大损害。

如何解决这些困难?是否可以取消补充责任,让公务员只对其个人过错负责?不能。通过取消补充责任并不能解决这个问题。补充责任本身并没有任何错误,相反,补充责任是行政相对人利益的最后保证,使相对人的损害有了更多获得赔偿的机会。补充责任之所以变得很困难,是因为行政机关的责任变得很少。正是因为行政机关的责任变少,使得公务员的补充责任变成了主要责任。因此,解决这些困难的唯一途径就是修改《行政诉讼法》,扩大行政机关的责任范围。

《民法典》中有关公务员民事责任的规定是很好的,符合现代法的发展趋势,也是我国古代法律学家的一种真正的法律遗产。它是一种历史遗产。现在《民法典》废除之后,有可能以法律基本原则的形式继续存在下去。在中国,我们应该做的事情是:进一步发展扩大国家责任和其他行政机关的责任。

行政机关的责任影响了公务员的责任。他们像一辆汽车的两个车轮。与汽车不能靠一个车轮行驶一样,如果没有完好的行政机关的责任相伴随,公务员的责任也不会运行良好。

结束本文研究的时候,中国已经成为社会主义国家,我们希望看到行政机关的这种责任很快会以令人满意的方式加以解决。社会主义国家应当承担全部责任,以满足个人需要。行政机关的责任就是通过集体的介入,实现对个人的保护。因此,这也是对社会主义观念的一种正确适用。

参考书目

一、中文文献和著作

（一）立法和判例汇编

1. 清朝法典化委员会：《唐律疏议》（618—709 年），北京，1890 年版。
2. 中华民国法典化委员会：《宋刑统》（960—1279 年），北京，1918 年版。
3. 沈家本主编：《大元圣政国朝典章》（1280—1368 年），简称《元典章》，杭州，1908 年版。
4. 陈垣：《元典章校补》，南京，1933 年版。
5. 沈家本主编：《明律集解附例》（1368—1644 年），1908 年版。
6. 《大清律例增修统纂集成》（1644—1912 年），文汇阁，上海，1878 年版。
7. 《大清会典》，1899 年版，上海，1908 年重印。
8. 《大清会典则例》，1886 年版，上海，1908 年重印。
9. 鲍书芸编：《刑案汇览》，上海，1893 年版。
10. 《中华民国法规汇编》（正式版）（第 8 卷），上海，1934 年版。
11. 郭卫编：《大理院判决例全书》（1912—1928 年），上海，1931 年版。
12. 郭卫编：《大理院解释例全文》，上海，1930 年版。
13. 《最高法院判决要旨》（正式版），上海，1946 年版。

14. 郭卫编:《最高法院法令解释总集》,上海,1934 年版。

15. 郭卫编:《司法院解释例汇编》,上海,1946 年版。

16. 郭卫编:《中华民国立法理由判解汇编》,上海,1933 年版。

(二) 参考和引用的主要著作

1.《书经》,古代著作,孔子作序。

2. 班固:《汉书》(公元前 206 年—公元 24 年)。

3. 范晔:《后汉书》(公元 25—220 年)。

4. 脱脱:《金史》(公元 1068—1234 年)。

5. 宋濂等:《元史》(公元 1262—1368 年)。

6.《论语》,孔子的弟子编写。

7.《孟子》,孟子的弟子编写。

8.《老子》,又称《道德经》,李耳(生于公元前 604 年)的文章。

9. 程树德编:《中国法制史》,上海,1931 年版。

10. 王世杰、钱端升:《比较宪法》(增补版),上海,1937 年版。

二、西文文献和著作

(一) 法律和判例汇编

1. Boulais(G),Menuel du code chinois,Shangai,1923.

2. Escarra (J), Recueil des sommaires de la jurisprudence de la Cour Suprême de la République de Chine en matière civile et commerciale, Pékin, 1925-1926.

3. Ho Tchong-chan, Code civil de la République de Chine, Shangaï, 1930-1931.

4. Grasserie(Raoul de),Code civil Allemand,trad. Française,dans Collection de codes étrangers,no. 19,Paris 1910.

5. Sirey, Recueil général des lois et des arrêts(Français).

(二) 参考和引用的主要著作

1. Alabaster (E), Notes and commentaries on Chinese criminel law, London,1899.

2. Berteaud(C),De la responsabilité personnelle des fonctionnaires administratifs envers les particuliers,Bordeaux,1922.

3. Bonnard(R),De la responsabilité civile des personnes publiques et des agents en Angleterre, aux Etats-unis et en Allemagne, Paris,1914.

4. Chen Tsen-l, De la responsabilité civil en droit chinois, thèse, Paris, 1934.

5. Cot, (P), La responsabilité civile des fonctionnaires publics, thèse, Grenoble, 1922.

6. Dicey(A. V.), Law of the constitution, 9th edition, with introduction and appendix by E. C. S. Wade, London, 1945.

7. Dicey(A. V.), Lectures on the relation between law and public opinion in England during the nineteenth century, London, 1905.

8. Divanch (y), La responsabilité civile des fonctionnaires en droit français, thèse, Rennes, 1935.

9. Dubarbier(G), la Chine contemporaine, Paris, 1926.

10. Duze(P), La responsabilité de la puissance publique, Prais, 1938.

11. Duguit(L), Traité de droit constitutionnel, 2ème et 3ème éditions, en 5 vol., Paris, 1923-1928.

12. Duguit(L), Les transformations du droit public, Paris 1913.

13. Dupeyroux (H), Faute personnelle et faute de service, thèse, Paris, 1922.

14. Escarra(J), Le droit chinois, Pékin et Paris, 1936.

15. Goodnow(F. J.), Comparative administrative law New-York, 1893.

16. Hauriou(M), Précis de droit administratif et public 12ème éd., Paris, 1933.

17. Hauriou(M), Précis élémentaire de droit administratif, 3ème éd., Paris, 1933.

18. Hoang(P), Mélange sur l'administratition, Shangaï, 1902.

19. Holdsworth(W. S.), A history of English law, 3ème éd., in 7 vol., London, 1922.

20. Jennings (W. I.), The law and the constitution, 2ème éd., London, 1928.

21. Jèze(G), Les principes généraux du droit administratif, 3ème éd., en 6 vol., Paris, 1925-1936.

22. Laferrière(E), Traité de la juridiction adminisitrative, 2ème éd., en 2 vol., Paris, 1896.

23. Lalou(H), Traité pratique de la responsabilité civile, 4ème éd., Par-

is,1948.

24. Li-Haing-fei, Les censeurs sous la dynastie mandchoue en Chine, thèse, Paris, 1936.

25. Liang J'en-kié, Etude sur la juridiction administrative en Chine, thèse, Paris, 1920.

26. Mazeaud(H. et L.), Traité théorique et pratique de la responsabilité civile, délictuelle et contractuelle, 4ème éd., en 3 vol., Paris, 1947-1950.

27. Olivier-Martin, Histoire du droit français, Paris, 1948.

28. Padous(G), Jurisprudence de la Cour Suprême, Pékin, 1925.

29. Pelliot(P), Notes de bibliographie chinoise II, le droit chinois, extr. du Bulletin de l'Ecole française d'Extrême-Orient, Hanoï, 1909.

30. Perreau(E. H.), De la responsabilité civile et pénale des fonctionnaires en droit romain, Bordeaux, 1894.

31. Plékhanov(G), De la conception matérialiste de l'histoire, Moscou, 1946. (éd. en langues étrangères).

32. Pound(R), Interprétation of legal history, Cambridge, 1923.

33. Ratchnesky(P), Un code des Yuan, Paris, 1937.

34. Robson(W. A.), Justice and administrative law, London, 1928.

35. Rousseau(Ch.), Cours de contentieux administratif, professé à la Faculté de Droit de Paris, 1947-1948.

36. Savatier(R), Traité de la responsabilité civile en droit français, en 2 vol., Paris, 1939.

37. Tchou Ven-fou, Etude sur la réforme de l'organisation judiciaire en Chine, thèse, Genève, 1920.

38. Tran Van-chuong, Essai sur l'esprit du droit sino-annamite, thèse, Paris, 1922.

39. Waline(M), Traité élémentaire de droit administratif, 6ème éd., Paris, 1951.

40. Wang Chung-hui, law reform in China, London, 1919.

(三) 杂志

Revue du droit public et de la science politique, trimestriel, depuis 1894.

(四)索引和工具书

1. Hoang(P), Concordance des chronologies néoméniques chinoises et européenne, Shangaï, 1910.

2. Couvreau(S), Dictionnaire chinois-français, Ho Kien Fou, 1890.

3. Gilles(H. A.), Chines-English dictionary, London, 1892.

期刊论文篇（1984—2005 年）

谈谈狄骥的实证主义社会法学

比较行政法的几个问题

比较行政法的几个问题（提纲）

法国的行政赔偿责任

法国公务员的行政赔偿责任

法国的行政赔偿责任（续）：公务员的行政赔偿责任

行政公开情报自由法

海牙国际私法会议

我国行政诉讼立法的几个问题

评《行政诉讼法（草案）》

论比例原则

谈谈狄骥的实证主义社会法学*

狄骥(Leon Duguit,1859—1928)是近代法国著名法学家之一。他毕生都在波尔多大学担任宪法学教授和法学院院长。他的全部精力都在于建立一个实证主义的社会法学学说。这个学说反对当时在法国法学界占支配地位的个人主义和形而上学方法,取消传统法学中的一些基本观念,例如主权、权利、法人等,企图以实证方法建立一个社会法学体系。这个学说对资产阶级公法理论,特别是法国的行政法学的发展曾经发生过巨大影响。现将狄骥学说的要点分析如下:

一、狄骥学说的时代背景

狄骥的权威著作《国家、客观法和实证法》①发表于 1901 年。这本书是狄骥全部思想的概要,这时,法国已经进入垄断资本主义阶段,但当时法国所实行的法律还是反映自由资本主义时期的思想,《法国民法典》是最显明的例子。同时,法国法学界中占主导地位的思想也是继承和发扬大革命时期的个人主义哲学。这种情况不能适应新时代的需要。在垄断资本时期,一方面,资本家要加强国家控制,抛弃自由资本主义时期的个人主义思想。另一方面,工人力量空前强大,共产主义思想已经广为传播,对资产阶级的统治构成了强大威胁。资产阶级为了保持政权,不得不在思想上对抗共产主义,同时在法律制度上作出一些让步,以缓和社会矛盾。这时已经出现一些社会立法,对传统的法律原则作出了一些修正。例如在劳工立法方面,允许工人和资本家签订集体协议;在损害赔偿方面

---

* 原载《法国研究》1986 年 7 月,第 59—65 页。
① 关于狄骥的国家与法学说的评论,读者可参考《武汉大学人文科学学报》1956 年第 1 期和 1957 年第 2 期中卢干东发表的两篇文章,借以和本文互相印证。——编者注

出现了一些无过失赔偿责任;传统的契约自由和当事人的意志自治原则受到了一些限制。同时,由于资产阶级专政的加强和政府职能的扩张,私人财产权的使用也受到了一些限制。在公法方面,自19世纪末期开始,法国行政法院的判例树立并逐渐扩大国家对行政上的不法行为的损害赔偿责任,因而动摇绝对主权观念。法国当时的政治情况也对传统的主权观念给予了极大的冲击。19世纪末的德雷福斯案件,大为削弱资产阶级国家的威信。法国公务员中流行的工会运动和法国工人当中的工团主义都对国家主权提出了挑战。

所有这些时代背景,全部反映在狄骥的实证主义社会法学当中。

二、思想渊源

狄骥的实证主义和当时流行的英国分析学派的实证主义以及维也纳学派的规范实证主义不一样。后二者都是从法律本身谈法律,不涉及法律以外的东西。他们分别以英国的功利主义和德国的新康德哲学为思想基础。狄骥与此不同,他反对把法律和社会事实割裂,企图替法律建立一个客观基础。狄骥的社会法学也和最有影响的美国的社会法学不一样。美国的社会法学以美国的实用主义哲学作为思想渊源,而狄骥的实证主义社会法学思想的直接渊源是法国奥·孔德的实证主义哲学和埃·杜尔克姆的社会学。

在法国,19世纪初年,首先提出用实证方法和从社会观点研究人文科学的是圣西门。圣西门认为,对政治社会和法律的研究不应从个人理性出发,而应当从个人与其所属社会集团的关系出发;研究政治问题也必须采取和研究其他科学同样的方法和态度。孔德采纳这个思想发展成为实证主义哲学,提出社会这一名称作为实证主义哲学的最高峰。孔德认为,人类社会和思想的发展分为三个阶段:一是神学阶段,在这一阶段中,人们把一切现象看成是超自然的神的活动的结果。二是形而上学阶段,在这一阶段中,人们用抽象的精神代替神去解释一切现象。三是科学阶段和实证阶段,在这一阶段中,人们用观察方法或实验方法去证实各种现象,找出其因果关系。研究社会现象的科学称为社会学。法律科学和政治科学是社会学中的一个部门。法是一种社会现象,要用观察方法去发现,不能从理性的原则中推演出来。

埃·杜尔克姆是狄骥在波尔多大学的同事。他应用孔德的理论研究社会现象,提出了社会连带学说,发展了孔德的实证主义社会学。杜尔克姆认为,人必须生活于社会中,社会的结合以两个原则为根据:一是人类有共同的需要,通过合作来满足这个需要,这就构成社会协作的一个基础,他称之为机械的社会连带关系或互相依赖关系。这是同求关系。二是人类有不同的能力和不同的需要,通过互相交换劳务或生产来满足这种需要。这就构成社会协作关系的另一个基础,他称之为有机的社会连带关系或互相依赖关系。这是分工关系。社会愈发展,分工关系愈重要,社会的结合也愈密切。一个社会的法律是该社会成员相互结合的连带关系的表现。

孔德和杜尔克姆的上述理论是狄骥学说的核心思想。

三、狄骥学说的主要内容

狄骥学说从内容上说是社会学思想,从方法上说是实证的科学方法,反对形而上学的虚构。然而个人主义学说和形而上学观点却是19世纪末期和20世纪初年法国法学界中占主导地位的思想。因此狄骥必须批判传统的学说,才能建立自己的学说。

法国的传统学说以大革命时期的理论为基础,把法律建筑在个人的主观权利之上。一方面,这个学说认为,人生而具有自主的意志,这个意志使人具有人的价值,权利是个人意志的一种支配力量,法律只是保护和规定个人权利行使的规则。个人的权利是先于国家并高于国家而存在的,以个人作为人的资格而享有的。另一方面,又认为国家和个人一样也是一个权利主体(法人),有自己的意志。这个意志高于个人的意志,不受其他意志的约束,是一个绝对的发布命令的权力,称为主权。

从实证主义社会学的观点来看,这样一种学说是不能成立的。个人意志本身具有支配力量是一种不能由观察证实的虚构。个人只有生活在社会中,作为社会的人才可能有合法的力量,作为个人不可能有合法的力量。建筑在个人意志自主之上的权利不能成立。"权利"这个词要从实证法学中取消。另一方面,国家也不能是一个具有最高意志的权利主体。国家是一个民族的政治组织,包括该民族的全体成员。每个成员都有一个独立人格,这是可以证实的。但各成员联合形成一个共同人格,这是不能证实的。尽管在各成员间可能有共同思想和感情存在,但并不因此就形成一个和各成员不同的人格。法人概念是一个不符合实际的虚构,在实证法学中没有地位。国家既然不具有独立人格,当然也不可能具有意志。所谓国家意志从实证观点来看,只是利用国家名义说话的人的意志,既然没有国家意志存在,作为国家意志的主权也就不存在了。

这种学说不能替公法建立一个基础。所谓公法就是规定国家活动的法律,就是宪法学上或行政法上所谓法治国或依法进行统治的思想。既然国家意志是最高的意志,不受其他意志的限制,国家怎样能够受法的拘束呢?不论从卢梭以来的公法学家绞尽多少脑汁,这个问题始终未能解决。

狄骥的实证主义社会法学就是在上述批判传统学说的基础上建立的。下文分别说明他的法学说、国家学说、国家和法的关系的学说。

狄骥法学说的出发点是社会协作学说。他认为,社会协作是一切社会赖以存在的客观事实。由于人必须生活于社会中,从此得出一个基本的社会规范,即每一个人的行为不得违反社会协作关系,他应当根据他的能力和地位来维持和促进社会协作关系。这个基本规范决定其他一切社会规范。每一个人不论其为统治者或被统治者,不论其能力大小,从事的职业如何,根据社会协作关系都负有上述两种义务:即不违反社会协作关系并促进社会协作关系的发展,但任何人不能由于他的意志作用而享有权利。每个人的法律地位根据其履行社会协作关系的职能而定,而其行为符合社会协作关系时受到法的保护,否则无效。

一切社会规范的基本目的相同,但其存在方式可以是多种多样的。根据狄骥的意见有三种主要的社会规范:即经济规范、道德规范和法的规范。经济规范和道德规范的区别在于内容不同。经济规范支配人们关于财富的生产、分配和消费方面的行为。道德规范支配没有经济性质的人类行为和社会风习。法的规范没有固定的内容,经济规范和道德规范都可成为法的规范。它和经济规范及道德规范的区别在于制裁的方式不同。违反经济规范和道德规范的制裁是自发的。违反经济规范时,经济规律自动地发生作用以恢复经济平衡。违反道德规范时,社会对不道德行为的责难就是一种制裁。违反法的规范的制裁就不是自发的,而是组成该社会集团的绝大多数人认为,应由社会进行有组织的制裁来加以保障。一个原来的经济规范或道德规范,在其被违反时,如果组成该社会集团的绝大多数人认为应对违反者进行有组织的制裁时,这个经济规范或道德规范就已转变成为法的规范。但是在1921年以后,狄骥在社会成员的社会协作关系的感觉以外,又加上一个正义的感觉作为形成法的规范的推动力，一个经济规范或者一个道德规范要成为法的规范，不仅根据该社会集团绝大部分人的社会协作感觉，认为应由社会进行有组织的制裁来加以保障，而且还必须根据他们的正义感觉认为进行有组织的制裁是正当时，才成为法的规范。为了不违背实证主义，狄骥声称，他所说的正义感觉不是一个形而上学的原则，而是一个可以证实的社会事实，随时代和环境不同而变迁的社会事实。

法的规范由两部分规则组成：规范性规则和技术性规则。规范性规则直接产生于社会协作关系，它不是由立法者制定的，它是客观存在的法。立法者的作用在于确认和实施这种客观法。技术性规则是维护和执行规范性规则的规则，由立法者和法院制定，它的效力来源于规范性规则。大部分法的规范都是属于技术性的规则。规范性规则只涉及少数普遍性原则。例如，狄骥认为全部《拿破仑法典》2 000多条，除了亲属法以外，只有三个规范性规则：即所有权的保障、契约的自由和对侵权行为的赔偿责任，其余都是技术性规则。由执政者制定的法称为实证法。实证法只是客观法的阐明或执行，它的效力不是来自统治者的意志，而是由于它符合客观法的规范，符合组成该社会集团的人们的社会协作意识和正义意识。

应用实证主义研究国家，狄骥认为，国家是在一定领土内的一定社会里区分为统治阶级和被统治阶级，而统治阶级独占了这个社会里的强制力时才产生。因此国家不是一个超乎统治者及被统治者之外的独立人格。国家的意志是统治者的意志。任何人的意志根据其本身的性质都不能产生权利，统治者的意志不可能作为主权而存在。统治者所掌握的力量只是一种事实的力量，往往不是合法产生的。但是这种事实的力量在其行使时，只是其符合客观法的规范的范围内才受到法的保护。

这样的国家学说为国家和法的关系问题，即国家受法的限制问题，开辟了一个新的视野。这是公法的根本问题。因为如果国家不受法的限制，全部公法体系都将是一纸废文。传统的法学理论由于坚持国家主权观念，始终未能说明国家如何能受法的限制，因而不能替公法建立一个法的基础。作为一位宪法教授，狄骥不能不解决这个问题。实证主义社会法学由于取消了主权观念，建立了客观法的规范，国家受法的限制问题便迎刃而解。上面已经指出，法的规范产生于社会协作关系这个客观事实，完全独立于统治者之外。根据法的规范本身的性质，它拘束社会中一切成员，包括统治者和被统治者在内，公法和私法的区别没有意义。统治者所掌握的事实力量只是按照法的规范行使时才成为法的力量。国家的行为实际上就是统治者的行为,既然统治者的行为必须受法的规范的拘束,因此,国家受法的限制问题,根据客观法的学说也就有了一个坚实的基础。法的规范为统治者规定两个基本任务:一是他们不能做任何事情妨碍个人活动的自由发展,因为个人活动的自由发展是促进社会分工所必要。这样,统治者就必须尊重个人的基本自由。二是他们必须进行干预,保障一切个人有自由发展其行动的手段。因此,统治者必须保障一切人享有某种程度的教育,保障公民的工作权利,享受社会生活安全的权利等。统治者为促进社会协作关系而进行干预的各种活动,狄骥称之为公务,它是统治者行使权力的基础,也是全部公法体系的基础。狄骥写道:"近代公法体系的基本原则可以概括如下:那些事实上掌握权力的人没有作为主观权利的公共权力,但是他们有义务使用他们的权力去组织公务,去保障和管理公务的发展。……统治者的意志就其本身而言没有力量,它的价值和力量只在它组织和实施公务的范围以内。因此,公务的观念代替了主权的观念。国家不再是一个发布命令的主权者,而只是一群掌握着力量的人。这些力量他们必须用来创设和管理公务,因此,公务观念成为近代公法的基本观念。"

四、评　　价

狄骥的学说在西方国家法学界引起很大的反响。他对传统法学上的基本观念,例如权利、法人、主权的批判,引起了学术界的广泛争论。他的著作已经译成许多国家文字。在法国,狄骥学说的影响是多方面的,特别表现在行政法学方面。许多著名的行政法学者,例如热兹、博纳尔、罗兰等都采纳狄骥的观点,形成了所谓波尔多学派。尽管反对这个学派的著名学者,例如埃斯曼、伯特勒米、热尼等也不少,但是毫无疑问,波尔多学派从20世纪初到50年代,在法国行政法学界占有主要地位。直至今天,这个学派还有不少的影响。

狄骥对法国行政法学的贡献是提出一个基本理论和一套法学技术。法国是一个区别公法和私法的国家,行政法属于公法,关于行政法的诉讼由行政法院管辖,普通法院不能受理。但行政机关的活动并不是全部都属于行政法的范畴,也还有些活动属于私法范畴,由普通法院管辖。究竟根据什么标准区别行政机关行为的公法性质或者私法性质?这个问题在法国特别重要,它不仅是个理论问题,也是决定法院管辖权的实际问题。法国传统的学说认为,行政机关行使公共权力的行为是公法行为,受行政法院管辖,非行使公共权力的事务管理行为属于私法行为,受普通法院管辖。这个学说的基础是主权观念,认为公法是规定主权行使的法律。但是这个学说和现代事实不相符合,行政机关有很多活动,例如关于文教、卫生、交通、救济等的管理行为,显然不是行使公共权力的行为,但也属于行政法的范畴。因此,主权观念不能说明现代行政法的问题。狄骥的实证法学,我们在上面已经看到,主张以公务观念代替主权观念作为行政法的基础,这是行政法学理论上的一大创举。这个理论在20世纪50年代以前大致符合法国的实际情况,所以在行政法学界得到很多人的赞同,形成一个很有影响的波尔多学派。但是自从第二次世界大战以后,由于政府的活动扩张,增加了许多新的公务,例如工商业公务、职业管理公务、社会安全公务等,主要受私法支配,所以公务观念显然超过了行政法的范畴。狄骥的公务学说在行政法的基础理论方面受到了很大的冲击。尽管如此,目前法国还有许多行政制度,如不用公务观念解释就难以说明。公务观念在法国行政法学上仍然占有一定的地位。

尽管狄骥的行政法学基本理论现在受到了冲击,但是他对行政法所提出的法学技术至今还享有盛誉。所谓法学技术是指在说明某一法学部门时所使用的基本概念而言。狄骥把法律行为(行政行为)分为规则行为、主观行为、条件行为。把法律地位分为客观地位、主观地位。把行政诉讼分为主观的诉讼和客观的诉讼。这些概念在波尔多学派以外也有人采用,甚至不赞成狄骥法学理论的人也不反对他的技术概念。

在国际法方面,同样看到狄骥学说的影响。法国著名的国际法学者塞尔认为,一切法的实际渊源都是社会协作关系。国际社会不是由并列的国家所组成,各国人民之间的交往产生了互相依赖关系并形成国际社会。这种关系是国际社会的基础也是国际法存在的理由。

狄骥的学说也对扩张国家的赔偿责任、扩大职业团体和地方团体的自治权提供了一个理论基础。

但是,在人类的思想史上经常看到,一个学说影响的大小并不代表它的正确程度。17世纪和18世纪的自然法学说和社会契约学说就是一个例证,狄骥学说也是一样。

批评狄骥学说的人很多,有些批评不涉及理论问题,不必讨论。例如,有人认为狄骥是无政府主义的鼓吹者,有人认为他是极权主义的提倡者,都不是讨论学术问题。在学术方面,批评狄骥的最主要的是这样一种见解:社会协作关系是一种事实关系,不是一个行为规则。前者属于"是"的范畴,后者属于"应当"的范畴,不能把两者等同起来。这种批评在"是"和"应当"之间划出了一条不能逾越的鸿沟,是受康德学派的影响。但是他们没有看到"应当"问题是一个价值判断,是人们思想意识的一种内容。人们的思想意识不是先天存在的,是从经验中产生的。人们的社会存在决定人们的思想意识,不可能设想完全脱离事实的价值规范。狄骥对这个批评已经作了回答。他写道:"根据法而行动是按照社会的标准而行动。……它(法)是一个规定我们符合事实的规则,不是其他东西。事实是法的规范的真正基础。"狄骥的学说的错误不在于行为规则不能以社会事实为基础,而在于认定社会协作关系是一个基本的社会事实。这点以后再谈。现在先就狄骥对传统学说的批评谈谈个人的看法。

总的说来,可以认为狄骥是一个卓越的批评家,但是在法学理论的建设方面成就很少。他对于传统法学基本观念的批判能够发人深省,促使人们对一些传统观念重新估价。然而正是因为狄骥受到实证主义思想的限制,他的结论往往不够全面。狄骥指出权利作为个人意志的一种力量是形而上学的个人主义信念,这个批评是正确的。但是如果我们从另一个观点来看权利,认为权利是法所保护的利益,就不能说它是形而上学和个人主义思想了。因为在社会生活中确实有许多利益需要保护。这些利益可以是个人的、社会的或公共的。每个社会、每个阶级都会根据自己的观点来调整这些利益。这里当然有阶级性存在,但不能说是形而上学的或完全个人主义的。狄骥自己也认为,每个人要根据他的能力和社会地位履行一定的社会职能。但是要履行社会职能必须首先发展个人的才能,并且具备必要的条件和权力,这就需要法律给予保护,并且自己能够主张。这种保护和主张就构成他的权利。当然,这个保护只能在符合社会利益的限度以内存在,但毕竟还是一种权利。不能因为反对个人主义就取消一切权利。权利是组织社会生活的一种手段,是法的一种技术,不是纯粹形而上学的东西。因此,波尔多学派的成员,在权利观念上并没有完全采纳狄骥的观点,而是在不同的解释下继续承认权利存在。

关于法人的观念也是如此,法人作为一个独立于成员之外的有自己独立意志的主体,当然是一个形而上学观念。但是每一个社会集团都有一些共同的利益和一个继续的存在,不会因为管理者的改变而消失。把这个共同性和继续性用一个概念统一起来,完全符合人类思想的规律。

当然，传统法学对于法人观念有时会出现一些偏差，不把法人看做只是一种法的技术，而把它看成为一个实体，并由此得出一些不正确的推论，妨害社会集团的利益。这些偏差必须纠正，但不能因此取消这个必要的技术概念。

主权问题是资产阶级法律和政治思想中争论最多而不能得出结论的问题。我们认为这个问题要从历史发展的角度来观察。主权观念随近代民族国家的兴起而出现，在资产阶级反对封建主义争取民族独立的斗争中曾经起过有益的作用，它也将随国家生活的改变和国际社会的发展而变化，最后必然伴随国家的消亡而消失。但是不能说在目前阶段主权观念已经完全失去了作用。有些资产阶级学说认为，主权是国家这个抽象人格者的主观权利，是一个无条件地发布命令的权力，当然是错误的。它掩盖了主权观念的阶级内容。狄骥认为国家的权力实际上就是统治阶级的权力，这是完全正确的。狄骥的错误在于脱离历史背景否认主权的作用，并且认为取消主权就可以使国家服从法律。我们必须承认这个事实：只要在某个社会中还有阶级和国家存在的时候，统治阶级就必然不能允许其他阶级在同一社会中和他一样享有最高权力，否则他的统治关系就不能建立。这就是说，一切国家都只能有一个最高权力，才能维持社会内部的秩序和统一。至于这个最高权力的归属，则视这个社会发展的类型而定。另一方面，我们承认主权是国家内部的最高权力，并不等于承认主权是一个可以不受任何制约而任意发布命令的权力。国家权力行使的方式随着国家制度的差别和阶级力量的变化而不同。一个不受任何制约的主权，在现代社会里必然归于消灭。从对外关系来说，主权这个概念，是保障国家独立不受外国干涉不可缺少的界限，否则国家间的侵略者就会任意妄为、无所顾忌。狄骥否认主权的主张在目前阶段是不现实的。国家主权观念对内代表国家的最高权力，对外代表国家的独立自主。没有主权的国家是不存在的。

关于法治国的问题，即国家活动能否受法律的制约问题，资产阶级学者曾提出过许多限制主权的理论，不论是天赋人权说或主权自限学都不能说明问题。从法律上说，可以设想，由于阶级力量对比的结果，有时在国家制度内部设置一些程序，使法律的制定要取得广泛的同意；而在一定情况下，国家活动也要依法办事，才能要求人民服从法律。但是这种制度能否成立、能否维持和采取何种形式，都决定于阶级力量的对比。法律只是统治阶级意志的表现，本身不具备力量。只有统治阶级感觉到依法办事才能有利于他所建立的社会秩序时，法律才会得到遵守。否认国家主权,不能解决国家受法限制的问题。

最后,归结到社会协作关系问题,这是狄骥全部学说的基础。狄骥主张社会协作关系是一个客观事实,不是一个先验原则,所以他的学说是一个实证科学的理论。事实并不像狄骥所说的那样。人类社会的基本事实是阶级斗争,不是阶级合作。没有阶级斗争就不会有国家和法律,就不会由封建社会进入资本主义社会。阶级斗争是历史发展的动力。社会协作学说抹杀阶级斗争,它本身就是阶级斗争的产物,是资产阶级为了保持政权对抗无产阶级的一种理论,不是客观真理。因此,狄骥的学说不是一个实证科学的理论。狄骥强烈地攻击自然法学说,认为它是形而上学的理论。然而狄骥所提出的由社会协作关系所产生的客观法也不过是自然法的变种。他强烈地攻击主观主义,然而,他以社会成员的正义感作为形成客观法的一个渊源。实际上,正义感反映着个人和阶级的利益,不可能没有个人和阶级的主观成分存在。狄骥根据社会分工理论,主张加强包括劳资在内的职业团体的组合和职能,法西斯政权正利用狄骥的社会协作、职业组合和取消个人权利等理论实行资产阶级独裁,这充分说明狄骥的学说是资产阶级唯心主义的理论。

狄骥看到国家是阶级分化的结果,是统治阶级独占强制力量的结果,但是他反对阶级斗争,主张社会协作,妄想用假科学的客观法来限制统治阶级的权力,这只是唯心主义者的空想。

社会协作理论是狄骥学说的基础。这个理论不能成立,因而狄骥所建立的法学大厦亦随之崩溃。但正如一个大厦崩颓之后,还可能留有一些砖瓦、木石还有用处。狄骥学说对于传统法的批判,在某些方面也有独创的见解,不愧为近代公法学大师。最低限度表明了资产阶级法学理论不符合实际情况。此外,他对行政学提出的某些技术概念至今仍有参考价值。

参考书目

1. 《国家、客观法和实证法》,1901年版。
2. 《国家、统治者和被统治者》,1903年版。
3. 《社会权利、个人权利和国家的变迁》,1908年版。
4. 《拿破仑法典以来私法的变迁》(1920年版,有中译本)。
5. 《公法的变迁》(1919年版,有中译本)。
6. 《公法讲义》(1926年版,在开罗大学讲演)。
7. 《宪法论》(1927年版,第3版分五卷,前两卷有中译本)。

比较行政法的几个问题[*]

研究比较行政法,可以作为我国行政立法的参考,可以扩大我们的视野,丰富我们的想象力,增加认识问题的广度和深度,对于我们分析中国材料,提出自己的理论,能够提供一些启发和帮助。本文就法国、英国、美国行政法方面的三个问题,作些简单的说明和比较。

一、行政法的意义和行政法学研究的对象

行政法是一门年轻的科学,很多基本概念和原则都还没有确定的意义。例如对行政法的意义和行政法学研究的对象,不仅在法、英、美三个国家有不同的看法,就是在同一国内,学者的意见也不完全一致,以下说的是三个国家中多数学者的意见。

(一) 法国

一般认为行政法是规定公共行政的公法。法国行政法学者在说明行政法的意义时,首先说明什么是公共行政,其次才说明什么是行政法。

首先,公共行政要和私人的企业管理相区别,因为"行政"一词在法文中可以指公共行政,也可以指私人的企业管理,行政法不研究私人的企业管理活动。这种区别可以从主体、目的和手段的不同来说明。公共行政的主体是公法人,以公共利益为目的,使用和私法不同的手段。私人的企业管理是个人或者私法人追求私人利益的活动,使用私法上的手段,这是原则。近来由于行政活动扩张的结果,在这方面引起不少的问题和讨论。

---

[*] 原载《法学评论》1985年12月,第5—9页。

其次，公共行政要和国家的某些其他活动相区别。法国学者一般把国家的权力分为三个方面，即立法权、行政权和司法权。只有规定行政权行使的规则才是行政法。什么是行政权呢？法国多数学者认为，应当从实质和形式两方面去观察，从实质方面观察就是根据权力的性质来说明什么是行政权。对于这个问题，众说纷纭，我们在此不必讨论。行政法学中所涉及的行政是指形式意义上的行政。什么是形式意义上的行政？法国学者把行政机关的活动称之为形式的行政，行政法就是规定行政机关的组织和活动的法律。但并不是规定行政机关活动的全部法律都是行政法，法国的实证法把法律分为公法和私法两大类，行政机关的活动只在受公法支配时才是行政法。

行政法学研究的对象，简单地说，是关于行政机关的组织和活动，包括成文法、判例和法的一般原则在内，具有下列内容：（1）行政主体；（2）行政机关的组织；（3）行政行为的理论（行政法规、行政措施、行政契约、法治原则、行政行为的效力等）；（4）行政诉讼（撤销之诉、行政责任）；（5）公务员制度；（6）公产和公共工程；（7）警察行政的一般原则；（8）公务管理的一般原则。这些内容主要是根据教育部的规定。此外，各大学可以根据各自特点增加其他内容。

（二）英国

英国关于行政法的意义长期以来有一种误解，这种误解是由英国学者戴西引起的。戴西在 1885 年的《宪法研究导论》一书中认为：行政法是法国的制度，是行政法院给予官吏特殊保护的制度，和英国的法治原则不相容。在英国，一切人受同一法院和同一法律管辖，没有行政法存在。但是由于英国在第一次世界大战以后，特别是在第二次世界大战后大量建立行政法庭，政府的委任立法权大大扩张，对法国的行政法和行政诉讼有了进一步的了解。一些著名学者开始批判戴西的见解，认为行政法是关于公共行政的全部法律，包括行政组织和行政活动在内，不只限于行政诉讼。而且法国的行政诉讼并不是保护官吏的特权，而是对公民的一种保护。但戴西的影响并未完全消失。正是由于这个缘故，英国行政法学著作所讨论的对象没有法国那样广泛，对于行政组织部分不大看重。例如在 H. 韦德的《行政法》一书中，行政组织部分篇幅很少。在 J. 加纳的《行政法》一书中，中央行政组织部分篇幅也很少。行政组织问题另在其他课程，例如各国政府、地方政府中讨论。对于行政行为的讨论也不完全。英国行政法学所着重讨论的问题是行政机关的权力和保护公民不受行政机关侵害问题,主要包括下列各项:(1)委任立法;(2)行政裁判;(3)司法审查;(4)行政责任;(5)议会行政专员等。

(三)美国

美国学者还没有完全摆脱英国过去对行政法的观念,主要是从行政机关的权力和人民的关系来理解行政法。例如,美国学者 K. 戴维斯认为,行政法是关于行政机关的权力和程序的法律。F. 戴维斯特认为,行政法是政府机关和官吏在其与人民和社会团体发生关系时的权力的法律。美国行政法学研究的对象主要包括:委任立法、行政审判、行政程序、司法审查、行政责任等。美国行政法学的一个特点是着重行政程序的研究,法国行政法学中所研究的某些问题,美国放在其他学科,例如政治制度、行政学中去研究。

尽管三国研究的范围广狭不同,但有一个共同点,就是行政法学中着重研究的是行政行为和行政诉讼。而对行政行为只研究能适用于一切行政部门的原则,各部门的行政不在一般行政法中研究,因为行政是一个复杂的现象,需要从法律方面、管理方面和专业方面去研究。各部门的行政牵涉到不同的专业知识,最能说明这方面法律问题的是各专门部门。

二、法国行政法和英、美行政法的主要特点

根据法治国的原则,行政机关的活动要受法律支配。但究竟受什么法律支配,由什么法院审判,各国在这方面所采取的不同制度,构成各国行政法的主要特点。在这方面,法国行政法和英、美行政法有明显的不同。这些不同是由各国的历史条件造成的,表现在两个重要方面:

1. 是否存在独立的行政法院体系

法国行政法的最大特点是行政诉讼不由普通法院审判,而由和普通法院分离,并自成一个体系的行政法院审判,这个制度产生的背景,渊源于法国在旧制度下法院和行政机关之间的对立。法院经常阻挠行政当局的改革措施。大革命后,为了排除法院对行政机关的干涉,制宪会议采取措施,1790 年 8 月 16 日—24 日法律第 13 条,禁止法院以任何方式干涉行政机关的活动。共和三年果月 16 日的命令重申了这一禁令。在大革命的最初几年里,人民对行政机关的申诉只能向行政当局提出。1799

年，拿破仑第一次在中央和地方成立国家参事院和省参事院，作为行政机关的咨询机关，同时受理人民对行政机关的控诉。但参事院对行政争议的决定，理论上说，是向行政当局建议，供后者采纳（保留的司法权）。1872年5月24日的法律对此作了重大改革，国家参事院的决定有确定的效力（委任的司法权），对行政机关有拘束力。从此，国家参事院成为法国的最高行政法院，但直到19世纪末，行政法院还只是上诉审的性质，所有争议必须先由各部决定，不服各部的决定才能向行政法院申诉。1889年12月13日，最高行政法院在卡多案件的判决中，确定了行政法院对争议案件的直接管辖权。从此，一切行政争议，如法律无特别规定时，都可直接向行政法院提出，法国现代的行政诉讼制度完全定型。法国除普通行政法院受理一般行政诉讼外，就某些特殊事项，还设有专门的行政法院。

英国行政法的特点是行政诉讼像一般民事、刑事诉讼一样，都由普通法院管辖，没有独立的行政法院体系。这个制度的产生和17世纪时英国的政治斗争有关。在17世纪英国资产阶级革命时国王和议会的权力斗争中，议会和普通法院法官结成联盟。斗争的结果是，议会胜利，国王的行政权力必须受到法律的拘束。国王为巩固专制权力而设立的特别法院被取消，全国只有单一的普通法院系统，受理人民相互间和由行政活动而产生的一切诉讼。但是自从第一次世界大战、特别是第二次世界大战以来，英国也成立了许多行政法庭，到20世纪70年代，数目已达2000多个。这些行政法庭受理关于特定事项的行政诉讼，法庭彼此独立，没有形成一个系统。而且英国普通法院对行政法庭的裁决具有司法审查权。有时法律还规定行政法庭的裁决，关于法律问题可向普通法院上诉。所以英国的行政诉讼基本上仍由普通法院管辖。

美国行政法的特点和英国一样，行政诉讼由普通法院控制，没有独立的行政法院系统。美国的许多独立管制机构具有行政裁判权，此外还有一些其他行政法庭。但行政法庭的裁决仍然处在普通法院的司法审查控制之下。

2. 行政法是否构成一个独立的法律体系

这个问题和上面所说的行政诉讼的管辖权密切联系。法国的行政诉讼既然由行政法院管辖，行政法院在裁决行政争端时，当然根据行政的需要而适用和一般私人关系不同的法律。因此，一般而言，在法国，支配行政机关和公民之间的关系的法律，不同于支配公民相互间的关系的法律，构成独立的法律体系,称为公法,而一般私人之间的法律关系称为私法或一般的法律。公法关系使行政机关多少处于优越地位,不如私法关系中当事人完全平等。但行政法是公法并不是指行政机关的一切行为都不受一般法律支配,而是指行政机关和公民之间的关系,如果没有法律特别规定必须适用一般法律时,就适用行政法。也就是说,适用行政法是原则,适用一般法律是例外,这一点和英、美的行政法关系不一样。在英、美,行政诉讼和民事、刑事诉讼都由同一法院受理,适用同样的法律规则。所以在英、美,行政法不构成一个独立的法律体系。但这并不表示,行政机关和公民之间的法律关系,在一切问题上都适用支配公民相互之间的关系的法律。在英、美,行政机关和公民之间的关系,只在法律有特别规定时才适用特别的法律,否则适用和公民之间关系同样的法律。因此,适用特殊的法律是例外,适用一般的法律是原则。

三、行政法学的基本观念

行政法学作为一门法律科学,必须对其所讨论的对象从理论上提出系统的说明,这些理论大都是关于某一方面或某一问题的。但各国行政法学往往根据各国行政法的特点,提出一个或几个重要观念作为全部理论的基础,这种情况在法国行政法学中讨论较多,但意见分歧。在英、美行政法学著作中表现不太明显,但英、美行政法既然有其特点,行政法对这些特点的说明也就构成了基本的概念。

(一)法国

法国行政法的特点,如前所述,行政法作为公法体系,和调整一般私人相互间的关系的私法体系不同,有关行政法的诉讼由行政法院管辖,而有关私法关系的诉讼则由普通法院管辖。因此,法国行政法学所要解决的基本问题是如何区别公法和私法,如何划分行政法院管辖和普通法院管辖。在法国,没有一条法律规定行政法和民法的区别,这个区别是由行政法院和权限争议法庭在受理具体案件的判例中形成的,由学说加以系统化而成为一般理论。

在19世纪时,法国的行政法学根据行政法院判例,以公共权力作为区别公法和私法的标准。行政机关行使公共权力的行为是行政法关系,由行政法院管辖;不行使公共权力的行为是事务管理活动,由普通法院管辖,适用私法规则。这种区别在19世纪的大部分时间里,大致符合当时的情况。当时政府的职能主要是国防、司法、警察、税收等行使权力的行为,不行使权力的行为主要是国有财产的管理。按照这个标准,行政机关的活动主要是在行政法院管辖之下,但是到了19世纪末期,行政机关活动的范围逐渐扩大,包括许多不是行使权力,而是为了满足某些公共利益的需要而提供服务的行为。例如教育、卫生、救济、交通、公用事业等。这些活动以一般利益为目的,和私人的行为不同,也不受民法规则支配,而是适用行政法。公共权力学说不能说明这种情况,于是行政法院的判例开始改变,采取以公务观念作为适用行政法和决定行政法院管辖权的标准。所谓公务,根据某些学者的说明,是指为了满足某些公共利益的需要,必须由行政主体加以组织或者管理的活动,这是实质意义的公务观念,此外还有其他意义的公务观念。最初在理论上对公务观念进行系统说明的是波尔多大学教授狄骥。所以赞成这种理论的人一般被称为波尔多学派。尽管当时有些地位的法学家反对这个理论,仍然维护公共权力学说,但是公务学说在第一次世界大战前后,比公共权力学说更能说明行政法的性质,公务观念在20世纪50年代以前可以说是法国行政法学的基本观念。但是自从第一次世界大战开始,特别是从第二次世界大战以后,法国的行政活动出现一些新情况,又使公务观念不再能够说明行政法的性质和作为决定行政法院管辖权的基础,这些新的情况表现在以下几个方面:

(1) 国家大量从事经济活动或者把私人企业国有化。这些经济活动称为经济公务或工商业公务。工商业公务过去只是少量的例外的现象,第二次世界大战以后成为大量的正常的现象,而且越来越有增加的趋势。工商业公务和传统的行政公务不同,不适用行政法,而是适用民商法。不由行政法院管辖,而由普通法院管辖。

(2) 出现了大量的社会公务。社会问题随着经济发展而发展,早在第二次世界大战以前,法国资产阶级政府为了缓和阶级矛盾,也曾实施过一些社会救济活动,但只是少量的活动。第二次世界大战以后,法国资产阶级政府迫于形势需要,推行了社会安全保险,社会公务成为政府的重要职务。这些公务也受私法和普通法院管辖。

(3) 自由职业者组织同业公会,负责审查会员的开业资格和维持业道德纪律,这些活动称为职业公务,主要受私法支配和普通法院管辖。

以上种种发展说明,一方面,公务的观念超过行政法的范围,动摇了公务观念作为行政法和行政法院管辖权的基础。另一方面,近代行政又大量出现了另一现象,即政府鼓励私人从事公益事业,私人的公益活动虽然不是公务,也往往能得到某些行政法的地位。因而,行政法的适用也超过了公务活动的范围。

自从 20 世纪 50 年代以后,公务学说在法国受到极大的打击,已经不能说明行政法的基础和行政法院的管辖范围。但是法国行政法的特点是区别公法和私法,区别行政法院管辖和普通法院管辖,公务观念虽已经过时,但能够提出什么代替观念呢?法国学者提出了不少意见:

(1) 有人提出公共利益观念作为法国行政法的基础。公共利益观念和公务观念一样,是一个意义不太确定的概念,但其适用范围较广。正因为如此,不能作为行政法的基础。行政机关活动,不论受公法支配或受私法支配,都以公共利益为指导,公共利益观念不能区别支配行政活动的两种法律和两个管辖。

(2) 有人提出新的公共权力观念,作为区别公法和私法的标准,即公共权力不限于行使命令权的行为,而是包括行政机关不受私法支配的一切行为在内。但在行政法不适用私法原则是行政法的表现,不是行政法的原因,有时这种表现不易判断,究竟根据什么标准决定行政机关的活动不适用一般的法律呢?新的公共权力观念没有说明这个问题。

(3) 有人根本拒绝探讨行政法的基本观念,认为行政法的内容非常复杂,应当就每项法律决定其性质,每个问题决定其管辖,探讨一个基本原则绝不可能,这样的研究徒劳无功。这种观点只是回避问题不是解决问题。为了使公民知道向哪个法院对行政机关提起诉讼,必须对行政法的性质和行政法院的管辖范围有一个指导原则,逻辑上的混乱,必然产生实际的困难。

(4) 有人认为,这个研究所以困难,在于没有区别行政法的基本观念和行政法院管辖权的标准。应当认为,行政法的基本观念是公务,而行政法院管辖权的标准是公共权力。这种观点和法国的现实制度不符。法国现实的制度是行为的实质决定法院的管辖权,两者密切联系,只有改变现行制度有关法院管辖权的标准以后,才能分别决定二者的基础。

(5) 有人认为,行政机关的活动有时受公法支配,有时受私法支配,应当把行政法分为广义和狭义两种。广义的行政法,指支配行政机关活动的一切法律;狭义的行政法指公法而言。这种主张没有说明区别公法和私法的标准,不能解决管辖权问题,而且行政机关并不是哪种活动只受公法支配,哪种活动只受私法支配,往往是一种活动同时受公法和私法支配。公法和私法在不同的情况下以不同的程度结合在一起,区别广义的行政法和狭义的行政法,在理论上和实用上都很困难。

总之,由于行政活动的最新发展,过去的理论基础已经不能适应新的情况,建立新的理论基础困难重重,除因行政法的内容复杂外,也还因为法国行政法的性质和行政法院管辖权联系在一起。目前,法国有人主张改变现行行政法院的管辖范围,使它包括行政机关的一切活动在内,这对于新理论的建立会有一定的帮助,但如此重大的改革,并非朝夕可待。在目前阶段,公务观念虽然不能作为适用法律和决定管辖权的标准,但它在法国行政法学中仍然占有重要地位。

(二) 英国

英国行政法的特点是行政诉讼由普通法院管辖,因而不发生行政法和一般法律的区别问题。但英国行政法学必须说明英国普通法院根据什么标准管辖行政诉讼和决定行政机关的行为是否合法,这正是英国一般行政法学著作中所着重讨论的问题。英国法院的权力不能违背英国的宪法,但英国没有一部形式完整、效力高于一切法律的成文宪法存在,对于英国宪法的叙述只是根据英国学者研究的结果,根据英国某些法学家的意见。英国宪法中有两个重要原则对英国的行政法起支配作用:一是议会主权原则;二是法治原则。法治原则在英国的主要表现是一切人受同一法院管辖和同一法律支配,因为不能有特殊的行政法院和特殊的行政法体系存在,行政诉讼即使原来已由行政法庭裁决,在一般情况下,仍可由普通法院审查其是否合法。根据议会主权原则,法院必须适用议会所通过的一切法律,不能审查议会所通过的法律是否合法。因此,行政机关和行政法庭的行为如果在法律规定的权限范围以内时,法院就无权过问,英国法院对行政诉讼的管辖权,只在行政机关行为超越其法律权限时才会发生。越权原则是英国普通法院受理行政诉讼的基础,英国行政法学家 H. 韦德写道:"公共权力机关的活动不能超过权限以外(越权),这句简单的陈述也许可以称为行政法的核心原则。"由于越权原则如此重要,所以英国行政法学上对于越权这个观念的理解非常广泛,根据英国法院的判例和英国学者的意见,下列情况都是越权行为:(1)破坏自然的公平原则;(2)超越权限(实质的越权);(3)程序的错误(程序的越权);(4)不履行义务;(5)权力滥用;(6)其他理由;(7)记录中所表现的法律错误;(8) 禁止翻供。

(三) 美国

美国行政法的特点和英国一样,行政诉讼由普通法院管辖,美国也和英国一样存在一些行政法庭,裁决行政争议。但在法律问题上最后仍然可由普通法院审查。美国与英国的不同在于有一部成文宪法存在,宪法的效力高于行政机关的决定,也高于国会所制定的法律。美国法院有权审查国会所通过的法律是否符合宪法,因此美国法院在受理行政诉讼时,其最后根据往往就是宪法所规定的原则。在早期阶段,美国法院往往根据宪法上的分权原则决定行政机关权力的范围。但自从 20 世纪 30 年代以后,迫于形势的需要,美国法院逐渐放宽了对分权原则的解释,而更多地根据宪法修正案第 5 条和第 14 条中关于合法程序的规定以审查行政机关权力的行使是否合法。合法程序观念可以认为是美国行政诉讼和行政法的基本观念。合法程序的概念可能适用的范围非常广泛,上面已经提到美国在 60 年代和 70 年代通过了《情报自由法》《私生活秘密法》和《阳光下的政府法》对行政程序法作了补充和修改,加强公民对行政机关的信任,所以合法程序观念,不只包含行政机关的行为、不能违背法律的规定和必须履行必要的手续和方式,而且着眼于改善行政机关和公众的关系。

比较行政法的几个问题（提纲）*

一、研究比较行政法的目的

研究比较行政法有两个目的：(1) 实用目的。研究其他国家的行政法，可以作为我国行政立法的参考，对于同样的问题，由于各国的具体情况不同，就有不同的理论和不同的解决方法。我们可以从别人的经验中吸取教训，对有用的东西加以改造，使之适合我国的国情，对有害的东西进行批判。(2) 学术目的。研究外国行政法，当然要研究比较行政法，就是研究中国行政法，对研究比较行政法也有帮助。研究比较行政法，可以扩大我们的视野，丰富我们的想象力，增加认识问题的广度和深度，对于我们分析中国材料，提出自己的理论，能够提供一些启发和帮助。

以下分别就法国、英国、美国行政法方面的四个问题，作些简单的说明和比较：(1) 行政法的意义和行政法学研究的对象；(2) 行政法学的发展；(3) 法国行政法和英、美行政法的主要特点；(4) 行政法学的基本概念。

二、行政法的意义和行政法学研究的对象

行政法是一门年轻的科学，很多基本概念和原则都还没有确定的意义，例如对行政法的意义和行政法学研究的对象。不仅在法、英、美三个国家有不同的看法，就是在同一国内，学者之间意见也不完全一致。以下说的是三个国家中多数学者的意见。

---

* 原载中国政法大学行政法研究资料编写组编：《行政法研究资料》（下），1985年5月印制，内部资料，第149—264页。

（一）法国

一般认为，行政法是规定公共行政的公法。法国行政法学者在说明行政法的意义时，首先说明什么是公共行政，其次才说明什么是行政法。

首先，公共行政要和私人的企业管理相区别，因为"行政"一词在法文中可以指公共行政，也可以指私人的企业管理。行政法不研究私人的企业管理活动。这种区别可以从主体、目的和手段的不同来说明，公共行政的主体是公法人，以公共利益为目的，使用和私法不同的手段。私人的企业管理是个人或者私法人追求私人利益的活动。使用私法上的手段，这是原则。近来由于行政活动扩张的结果，这方面引起不少的问题和讨论。

其次，公共行政要和国家的某些其他活动相区别。法国学者一般把国家的权力分为三个方面，即立法权、行政权和司法权，只有规定行政权行使的规则才是行政法。什么是行政权呢？法国多数学者认为，应当从实质和形式两方面去观察，从实质方面观察，就是根据权力的性质来说明什么是行政权。对于这个问题，众说纷纭，我们在此不必讨论，行政法学中所涉及的行政是指形式意义上的行政。什么是形式意义上的行政？法国学者把行政机关的活动称为形式的行政，行政法就是规定行政机关的组织和活动的法律，但并不是规定行政机关活动的全部法律都是行政法，法国的实证法把法律分为公法和私法两大类，行政机关的活动只在受公法支配时才是行政法，至于如何划分公法和私法，以后再谈。

行政法学研究的对象，简单地说，是关于行政机关的组织和活动的法律，包括成文法、判例和法的一般原则在内，具有下列内容：（1）行政主体；（2）行政机关的组织；（3）行政行为的理论（行政法规、行政措施、行政契约、法治原则、行政行为的效力等）；（4）行政诉讼（撤销之诉、行政责任）；（5）公务员制度；（6）公产和公共工程；（7）警察行政的一般原则；（8）公务管理的一般原则。这些内容主要是根据教育部的规定。此外，各大学可以根据各自的特点增加其他内容。

（二）英国

英国关于行政法的意义长期以来人们有一种误解，这种误解是由英国学者戴西引起的。戴西在1885年的《宪法研究导论》一书中认为：行政法是法国的制度，是行政法院给予官吏特殊保护的制度，和英国的法治原则不相容。在英国,一切人受同一法院和同一法律管辖,没有行政法存在。但是由于英国在第一次世界大战后,特别是在第二次世界大战后大量成立行政法庭,政府的委任立法权大大扩张。以及英国学者对法国的行政法和行政诉讼有进一步的了解,一些著名学者开始批判戴西的见解,认为行政法是关于公共行政的全部法律,包括行政组织和行政活动在内,不只限于行政诉讼。而且法国的行政诉讼并不是保护官吏的特权,而是对公民的一种保护,但戴西的影响并未完全消失。正是由于这个缘故,英国行政法学著作所讨论的对象没有法国那样广泛,对于行政组织部分不大看重,例如在 H. 韦德的《行政法》一书中,行政组织部分篇幅很少。在 J. 加纳的《行政法》一书中,中央行政组织部分篇幅也很少。行政组织问题另在其他课程,例如各国政府、地方政府中讨论。对于行政行为的讨论也不完全。英国行政法学所着重讨论的问题是行政机关的权力和保护公民不受行政机关侵害的问题,主要包括下列各项:(1) 委任立法;(2) 行政裁判;(3) 司法审查;(4) 行政责任;(5) 议会行政专员等。

(三) 美国

美国学者还没有完全摆脱英国过去对行政法的观念,主要是从行政机关的权力和人民的关系来理解行政法。例如美国学者 K. 戴维斯认为,行政法是关于行政机关的权力和程序的法律。F. 戴维斯特认为,行政法是政府机关和官吏在其与人民和社会团体发生关系时的权力的法律。美国行政法学研究的对象主要包括:委任立法、行政审判、行政程序、司法审查、行政责任等。美国行政法学的一个特点是着重行政程序的研究,法国行政法学中所研究的某些问题,美国放在其他学科例如政治制度、行政学中去研究。

尽管三国研究的范围广狭不同,但有一个共同点,就是行政法学中着重研究的是行政行为和行政诉讼。而对行政行为只研究能适用于一切行政部门的原则,各部门的行政不在一般行政法学中研究,因为行政是一个复杂的现象,需要从法律方面、管理方面和专业方面去研究。各部门的行政牵涉到不同的专业知识,最能说明这方面法律问题的是各专门部门。

三、行政法学的发展

(一) 法国

法国行政法学的研究比英、美早一些,也比较发达一些,尽管如此,法国行政法学的研究还是相当晚的事情。最初的行政法学著作在 19 世纪 70 年代以后才出现,这是因为,行政法的根据是法治国,即国家机关的活动必须遵守法律,而法律要由人民或其代表机关所制定。这种思想是 1789 年法国大革命的产物。但是从资产阶级提出这种思想,到把这种思想变成一种制度,还得经历一个曲折的过程。在这个过程中,法国资产阶级最初注意的是宪法问题。到 19 世纪 70 年代以后,资产阶级政权已经巩固,国家权力日益扩张,才注意到行政法的问题。

法国行政法学研究要到 19 世纪 70 年代以后才发达,还有另外一个原因,就是在法国,行政法的发展是和法国最高行政法院的发展密切配合的,法国行政法上最主要的原则几乎都是由最高行政法院的判例产生的,而法国最高行政法院自从 1799 年成立以来,逐步改进直到 19 世纪 70 年代以后才完全定型,成为现代的行政法院,作出有影响的判决。法国的经典行政法理论都是在 19 世纪末和 20 世纪初根据最高行政法院判例所作出的。这个时期著名的行政法学家有 E. 拉弗里耶尔、L. 狄骥、M. 奥里乌、G. 热兹、H. 伯特勒米等。

第二次世界大战以后,出现了许多新情况,例如国家大量从事工商事业,开展社会安全保险,加强对自由职业的管理,等等,许多传统的理论和观念已经不能符合近代情况,而新的理论又尚未完全建立,因而现在法国行政法学理论方面出现了一种不安定的情况。

(二) 英国

英国的行政法学研究较晚。英国是实行普通法的国家,普通法不区分公法和私法,全国公民原则上受同一法院管辖,同一法律支配,没有独立的行政法体系存在。英国学者戴西称赞这种制度是法律面前人人平等原则,是英国的法治制度,但是到第一次世界大战前后,由于推行社会立法,成立一些行政法庭,传统的原则已经不能维持。同时,政府为了应付经济问题和社会问题,委任立法迅速增加,这种情况引起英国法学界的注意。20世纪20年代末期,出现了一些讨论行政法问题的书籍,主要是关于委任立法权和行政裁判权。例如 W. A. 罗布森的《司法和行政法》、F. 波特的《行政法》等著作。当时英国法学界中极端维护传统制度的学者,对委任立法和行政审判权大加攻击,认为行政机关侵夺了议会和法院的权力。1929年,英国高等法院首席法官 G. 休厄特发表的《新专制》一书,集中代表了这种思潮。在这种情况下,1929年,英国政府成立了一个部长权力委员会,调查和研究委任立法和行政裁判权问题。委员会于1932年提出报告,承认委任立法和行政裁判权是当代行政所必需的,但是提出了一些改良意见,这个报告对英国行政法学研究的发展有影响。1947年,英国议会通过《王权诉讼法》,对传统的中央政府的行政责任制度作了较大的改革,这个法律在英国行政法的发展史上非常重要。由于第二次世界大战后英国行政法庭的大量出现,又重新引起了法学界的讨论,1955年,政府任命一个行政法庭和调查委员会(一般称为弗兰克斯委员会)研究行政裁判和公开调查问题。委员会于1957年提出了报告,根据这个报告,英国于1958年制定《行政法庭和调查法》(最近一次的修正是1971年),对行政裁判和公开调查的程序作了一些规定,并成立了一个行政法庭委员会,指导行政法庭的工作。弗兰克斯委员会的报告对英国行政法的发展有很大影响。50年代以后,英国对行政法学的研究发展很快,行政法的观念不只限于权力委任问题,还涉及行政机关的一切权力和义务,以及司法审查和行政监督等问题。

(三) 美国

美国关于行政法的研究可以追溯到19世纪末和20世纪初期,例如美国学者 F. 古德诺在1893年就写出有名的《比较行政法》,1900年写出《政治和行政》,1905年出版了《美国行政法》等书,但是这种研究在当时并未引起广泛注意。古德诺的著作采取欧洲大陆体系,和美国以后的行政法学著作的体系也不相同。美国法学界对行政法学有较大注意,是在20世纪20年代以后,由于美国的独立管制机构的发展引起的。独立管制机构是公务分权的一种方式,这种机构本身具有法律人格,在其权限范围以内可以独立作出决定,对政府保持相当大的独立性,权力由法律规定,不仅具有行政权力,而且具有立法权,即制定行政法规,以及司法权,即作出行政裁判的权力。这样的权力不符合美国传统的三权分立原则,引起法学界的讨论,促进美国对行政法的研究。这种机构在美国之所以存在,是由于美国的垄断资本主义高度发达的结果。垄断组织力量强大,传统的分权原则不能控制它们,必须设立强有力的管制机构。美国最初的独立管制机构是1887年设立的洲际商业委员会。第一次世界大战前后有新发展,特别是在30年代,为了应付经济恐慌,独立管制机构有了更大的发展,并引起了广泛的讨论。为了研究舆论界对独立管制机构的批评和提出改良建议,罗斯福总统于1939年命令司法部长成立一个委员会对行政程序的改革提出意见,结果是1946年《行政程序法》的产生。第二次世界大战以后,美国在行政法方面有很多重要的发展:1946年制定了《联邦侵权行为赔偿法》,对国家赔偿制度作了一些改革。1966年的《情报自由法》增进了人民对政府的了解,规定行政机关的各项记录,除属于规定的保密文件外,公民有权查阅和复制。1974年的《私生活秘密法》,规定行政机关所掌握的公民档案材料可以对外公开的条件,允许公民有权查阅关于他自己的材料,并要求补充和改正错误。1976年的《阳光下的政府法》,规定委员会行政机构的会议,除符合法定的保密条件外,必须公开,允许公众查阅。这几项法律都是对行政程序法的重要修改和补充。美国行政法学的研究大致可以分为三个阶段:(1)在20年代到30年代初期,以宪法上的分权原则为背景,主要讨论权力委任问题;(2)30年代中期主要讨论司法审查问题;(3)30年代末期以后,着重讨论行政程序问题。

四、法国行政法和英、美行政法的主要特点

根据法治国的原则,行政机关的活动要受法律支配。但究竟受什么法律支配,由什么法院审判,各国在这方面所采取什么制度不同,构成各国行政法的主要特点。在这方面,法国行政法和英美行政法有明显的不同。这些不同是由各国的历史条件造成的,表现在两个重要方面:

1. 是否存在独立的行政法院体系

法国行政法的最大特点,是行政诉讼不由普通法院审判,而由和普通法院分离,并自成一个体系的行政法院审判。这个制度产生的背景,渊源于法国在旧制度下法院和行政机关之间的对立。法院经常阻挠行政当局的改革措施。大革命后,为了排除法院对行政机关的干涉,制宪会议采取措施,1790年8月16日—24日法律第13条,禁止法院以任何方式干涉行政机关的活动。共和三年果月16日的命令重申了这一禁止。在大革

命最初几年里，人民对于行政机关的申诉只能向行政当局提出。1799年，拿破仑第一次在中央和地方成立国家参事院和省参事院，作为行政机关的咨询机关，同时受理人民对行政机关的控诉。但参事院对行政争议的决定，理论上说，是向行政当局建议，供后者采纳（保留的司法权）。1872年5月24日的法律对此作了重大改革，国家参事院的决定有确定的效力（委任的司法权），对行政机关有拘束力。从此，国家参事院成为法国的最高行政法院，但直到19世纪末，行政法院还只是上诉审的性质。所有争议必须先由各部决定，不服部的决定才能向行政法院申诉。1889年12月13日，最高行政法院在卡多案件的判决中，确定了行政法院对争议案件的直接管辖权。从此，一切行政争议，如法律无特别规定时，都可直接向行政法院提出，法国现代的行政诉讼制度完全定型。法国除普通行政法院受理一般行政诉讼外，就某些特殊事项，还设有专门的行政法院。

英国行政法的特点是行政诉讼像一般民事、刑事诉讼一样，都由普通法院管辖，没有独立的行政法院体系。这个制度的产生和17世纪时英国的政治斗争有关。在17世纪英国资产阶级革命时国王和议会的权力斗争中，议会和普通法院的法官结成联盟，斗争的结果是议会胜利了，国王的行政权力必须受到法律拘束。国王为巩固专制权力而设立的特别法院被取消，全国除衡平法院外只有单一的普通法院系统，受理人民相互间和由行政活动而产生的一切诉讼。但是自从第一次世界大战，特别是第二次世界大战以来，英国也成立了许多行政法庭。到20世纪70年代，数目已达2 000多个。这些行政法庭受理关于特定事项的行政诉讼，法庭彼此独立，没有形成一个系统。而且英国普通法院对行政法庭的裁决具有司法审查权。有时法律还规定行政法庭的裁决，关于法律问题可向普通法院上诉，所以英国的行政诉讼基本上仍由普通法院管辖。

美国行政法的特点和英国一样，行政诉讼由普通法院管辖，没有独立的行政法院系统。美国的许多独立管制机构具有行政裁判权，此外还有一些其他行政法庭，但行政法庭的裁决仍然处在普通法院的司法审查控制之下。

2. 行政法是否构成一个独立的法律体系

这个问题和上面所说的行政诉讼的管辖权密切联系。法国的行政诉讼既然由行政法院管辖，行政法院在裁决行政争端时，当然根据行政的需要而适用和一般私人关系不同的法律。因此，在法国支配行政机关和公民之间的关系的法律,一般而言,不同于支配公民相互间的关系的法律,即独立的法律体系,称为公法,而一般私人之间的法律关系称为私法或一般的法律。公法关系使行政机关多少处于优越地位,不如私法关系中当事人完全平等。但行政法是公法并不是指行政机关的一切行为都不受一般法律支配,而是指行政机关和公民之间的关系,如果没有法律特别规定必须适用一般法律时,就适用行政法。也就是说,适用行政法是原则,适用一般法律是例外,这一点和英、美的行政法关系不一样。在英、美,行政诉讼和民事、刑事诉讼都由同一法院受理,适用同样的法律规则,所以在英、美,行政法不构成一个和一般法律独立的法律体系。但这并不表示,行政机关和公民之间的法律关系,在一切问题上都适用支配公民相互之间的关系的法律,任何国家都不可能如此。在英、美,行政机关和公民之间的关系,只在法律有特别规定时才适用特别的法律,否则适用和公民之间关系同样的法律。因此,适用特殊的法律是例外,适用一般的法律是原则。

五、行政法学的基本观念

行政法学作为一门法律科学,必须对其所讨论的对象从理论上提出系统的说明。这些理论大都是关于某一方面或某一问题的。但各国行政法学往往根据各国行政法的特点,提出一个或几个重要观念作为全部理论的基础,这种情况在法国行政法学中讨论较多,但意见分歧。在英、美行政法学著作中表现不太明显,但英、美行政法既然有其特点,行政法学对这些特点的说明也就构成了基本的概念。

(一) 法国

法国行政法的特点,如前所述,是行政法作为公法体系,和规范一般私人相互间的关系的私法体系不同,关于行政法的诉讼由行政法院管辖,而关于私法关系的诉讼则由普通法院管辖。因此,法国行政法学所要解决的基本问题是如何区别公法和私法,如何划分行政法院管辖和普通法院管辖。在法国,没有一条法律规定行政法和民法的区别,这个区别是由行政法院和权限争议法庭在受理具体案件的判例中形成的,由学说加以系统化而成为一般理论。

在 19 世纪时,法国的行政法学根据行政法院的判例,以公共权力作为区别公法和私法的标准。行政机关行使公共权力的行为是行政法关系,由行政法院管辖。不行使公共权力的行为是事务管理活动,由普通法院管辖,适用私法规则。这种区别在19世纪的大部分时间以内,大致符合当时的情况。当时政府的职务主要是国防、司法、警察、税收等行使权力的行为,不行使权力的行为主要是国有财产的管理。按照这个标准,行政机关的活动主要是在行政法和行政法院管辖之下。但是到了19世纪末期,行政机关活动的范围逐渐扩大,包括许多不是行使权力,而是为了满足某些公共利益的需要而提供服务的行为,例如教育、卫生、救济、交通、公用事业等。这些活动以一般利益为目的,和私人的行为不同,也不受民法规则支配,而是适用行政法。公共权力学说不能说明这种情况,于是行政法院的判例开始改变,采取以公务观念作为适用行政法和决定行政法院管辖权的标准。所谓公务,根据某些学者的说明,是指为了满足某些公共利益的需要,必须由行政主体加以组织或者管理的活动而言,这是实质意义的公务观念。此外,还有其他意义的公务观念,最初在理论上对公务观念作有系统说明的是波尔多大学教授狄骥,所以赞成这种理论的人一般称为波尔多学派。尽管当时有些有地位的法学家反对这个理论,仍然维护公共权力学说,但是公务学说在第一次世界大战前后比公共权力学说更能说明行政法的性质,公务观念在20世纪50年代以前可以说是法国行政法学的基本观念。但是自从第一次世界大战开始,特别是从第二次世界大战以后,法国的行政活动出现了一些新情况,又使公务观念不再能够说明行政法的性质和作为决定行政法院管辖权的基础,这些新的情况表现在以下几个方面:

(1)国家大量从事经济活动或者把私人企业国有化。这些经济活动称为经济公务或工商业公务。工商业公务过去只是少量的例外现象,第二次世界大战以后成为大量的正常现象,而且越来越有增加的趋势。工商业公务和传统的行政公务不同,不适用行政法,而是适用民商法。不由行政法院管辖,而由普通法院管辖。

(2)出现大量的社会公务。社会问题随着经济发展而发展,早在第二次世界大战以前,法国资产阶级政府为了缓和阶级矛盾,也曾实施了一些社会救济活动,但只是少量的活动。第二次世界大战以后,法国资产阶级政府迫于形势需要,推行社会安全保险,社会公务成为政府的重要职务。这些公务主要受私法和普通法院管辖。

(3)自由职业者组织同业公会,负责审查会员的开业资格和维持职业的道德纪律,这些活动称为职业公务,主要受私法支配和普通法院管辖。

以上种种发展说明,一方面,公务的观念超过了行政法的范围,动摇公务观念作为行政法和行政法院管辖权的基础。另一方面,近代行政又大量出现另一现象,即政府鼓励私人从事公益事业,私人的公益活动虽然不是公务,也往往能得到某些行政法上的地位,因而,行政法的适用也超过了公务活动的范围。

自从50年代以后,公务学说在法国受到极大的打击,已经不能说明行政法的基础和行政法院的管辖范围。但是法国行政法的特点是区别公法和私法,区别行政法院管辖和普通法院管辖。公务观念虽然已经过时,但能够提出什么代替观念呢? 法国学者提出了不少意见:

(1)有人提出公共利益观念作为法国行政法的基础。公共利益观念和公务观念一样,是一个意义不太确定的概念,但其适用范围较广。正因为如此,不能作为行政法的基础。行政机关的一切活动,不论受公法支配或受私法支配,都以公共利益为指导,公共利益观念不能区别支配行政活动的两种法律和两个管辖。

(2)有人提出新的公共权力观念,作为区别公法和私法的标准,即公共权力不限于行使命令权的行为,而是包括行政机关不受私法支配的一切行为在内。但行政法不适用私法原则是行政法的表现,不是行政法的原因,有时这种表现不易判断,究竟根据什么标准决定行政机关的活动不适用一般的法律呢? 新的公共权力观念没有说明这个问题。

(3)有人根本否认探讨行政法的基本观念。行政法的内容非常复杂,应当就每项法律决定其性质,每个问题决定其管辖,探讨一个基本原则绝不可能,这样的研究徒劳无功。这种观点只是回避问题不是解决问题。为了使法国公民知道向哪个法院对行政机关提起诉讼,必须对法国行政法的性质和法国行政法院的管辖范围有一个指导原则,逻辑上的混乱,必然产生实践上的困难。

(4)有人认为这个研究所以困难,在于没有区别行政法的基本观念和行政法院管辖权的标准。应当认为,行政法的基本观念是公务,而行政法院管辖权的标准是公共权力。这样的观点和法国的现实制度不符合。法国现实的制度是行为的实质决定法院的管辖权,两者密切联系,只有改变现行制度关于法院管辖权的标准以后,才能分别决定二者的基础。

(5)有人认为,行政机关的活动有时受公法支配,有时受私法支配,应当把行政法分为广义和狭义两种。广义的行政法,指支配行政机关活动的一切法律;狭义的行政法专指公法而言。这种主张没有说明区别公法和私法的标准,不能解决管辖权问题,而且行政机关并不确定哪种活动只受公法支配,哪种活动只受私法支配,往往是一种活动同时受公法和私法支配,公法和私法在不同的情况下以不同的程度结合在一起,区别广义的行政法和狭义的行政法在理论上和实用上都很困难。

总之,由于行政活动的最新发展,过去的理论基础已经不能适应新的情况,建立新的理论基础困难重重,除因行政法的内容复杂外,也还因为法国行政法的性质和行政法院管辖权联系在一起。这种制度在法国所以能够运用,一是由于在多数法律中可以明确管辖问题;二是因为在发生争议的情况下有权限争议法庭可以裁决。但是法国的制度过于复杂,引起理论上的困难和实用上的不便。目前,法国有人主张改变现行行政法院管辖范围,使它包括行政机关的一切活动在内,这对于新理论的建立会有一定帮助,但如此重大的改革,并非朝夕可待。在目前阶段,公务观念虽然不能作为适用法律和决定管辖权的标准,但它在法国行政法学中仍然占有重要地位:

(1) 法国有许多行政法制度,例如公务员制度、行政契约、公产、公共工程等都以公务观念作为基础。

(2) 政府把某些公共利益组织成为公务,表示这些活动对当时的统治阶级具有重要意义,因此,不论哪种公务都受下面几个基本原则的支配:一是公务的连续性原则,即公务的实施不能中断,例如公产在公用期间不能出卖就是应用这个原则。二是公务的适应性原则,即公务的实施必须适应可能改变的情况,因而行政行为原则上不具备实质上的确定力,以及政府可以单方面改变行政契约等。三是公共负担平等原则,私人因公务的实施而受到特殊的、例外的损害时,可以得到赔偿或补偿。四是公务实施平等原则,即公务的实施不能因为信仰、宗派的不同而区别对待。五是公务优先原则,公务中的一般利益和私人利益相冲突时,优先照顾一般利益。公务的这些基本原则,并不要求适用哪种固定的法律,但可以作为不适用私人间一般法律的原因,即可以引起行政法作为特殊法的原因,这种特殊法可能和私法非常接近,可能相隔很远,可能按公务的具体内容,和一般的法律以不同的程度结合,同时适用。公务观念的法律效果经过这样修改以后,仍然可以成为作为特殊法的行政法的理论基础,作为立法和解释法律时的指导原则,尽管它没有解决全部的困难问题。

（二）英国

英国行政法的特点是行政诉讼由普通法院管辖,因而不发生行政法和一般法律的区别问题。但英国行政法学必须说明英国普通法院根据什么标准管辖行政诉讼和决定行政机关的行为是否合法,这正是英国一般行政法学著作中所着重讨论的问题。英国法院的权力不能违背英国的宪法,但英国没有一部形式完整、效力高于一切法律的成文宪法存在,对于英国宪法的叙述只是根据英国学者研究的结果。根据英国某些法学家的意见,英国宪法中有两个重要原则对英国的行政法起支配作用:一是议会主权原则;二是法治原则。法治原则在英国的主要表现是一切人受同一法院管辖和同一法律支配,因而不能有特殊的行政法院和特殊的行政法体系存在,行政诉讼即使原来已由行政法庭裁决,在一般情况下,仍可由普通法院审查其是否合法。根据议会主权原则,法院必须适用议会所通过的一切法律,不能审查议会所通过的法律是否合法。因此。行政机关和行政法庭的行为如果在法律规定的权限范围以内时,法院就无权过问,英国法院对于行政诉讼的管辖权,只在行政机关行为超越其法律权限时才会发生,越权原则是英国普通法院受理行政诉讼的基础。英国行政法学家 H. 韦德写道:"公共权力机关的活动不能超过权限以外（越权),这句简单的陈述也许可以称为行政法的核心原则。"

由于越权原则如此重要,所以英国行政法学上对于越权这个观念的理解非常广泛,根据英国法院的判例和英国学者的意见,下列情况都是越权行为:一是破坏自然的公平原则;二是超越权限（实质的越权);三是程序的错误（程序的越权);四是不履行义务;五是权力滥用;六是其他理由;七是记录中所表现的法律错误;八是禁止翻供。

（三）美国

美国行政法的特点和英国一样,行政诉讼由普通法院管辖,美国也和英国一样存在一些行政法庭,裁决行政争议。但在法律问题上最后仍然可由普通法院审查。美国和英国的不同在于有一部成文宪法存在,宪法的效力高于行政机关的决定,也高于国会所制定的法律。美国法院有权审查国会所通过的法律是否符合宪法,因此美国法院在受理行政诉讼时,其最后的根据往往就是宪法所规定的原则。在早期阶段,美国法院往往根据宪法上的分权原则决定行政机关权力的范围。但自从20世纪30年代以后，迫于形势的需要，美国法院逐渐放宽了对分权原则的解释，而更多地根据宪法修正案第5条和第14条中关于合法程序的规定以审查行政机关权力的行使是否合法。合法程序观念可以认为是美国行政诉讼和行政法的基本观念。合法程序的概念可能适用的范围非常广泛，上面已经提到美国在60年代和70年代通过了《情报自由法》《私生活秘密法》和《阳光下的政府法》，对行政程序法作了补充和修改，加强公民对行政机关的信任，所以合法程序观念，不只包含行政机关的行为、不能违背法律的规定及必须履行必要的手续和方式，而且着眼于改善行政机关和公众的关系。

法国的行政赔偿责任

一、法国行政主体赔偿责任的特点

法国行政主体的赔偿责任和其他西方国家相比,有一些明显的不同,主要的特点如下:

(一)赔偿责任的原则由判例产生

法国民法典中规定民事赔偿的一般原则,适用于全部民事关系。法国没有一部总的行政法典,也没有制定单行法律以规定行政主体赔偿责任的一般原则,成文法中所规定的赔偿责任只适用于特定事项。行政上总的赔偿责任原则,由行政法院和权限争议法庭的判例所产生,不适用判例中的原则是例外情况。法国不是判例法国家,而行政赔偿责任原则由判例产生,显示出法国行政法的特点。

(二)行政赔偿是独立的法律制度

行政赔偿责任原则由行政法院的判例产生,因此不适用民法的赔偿规则,在一般的损害赔偿制度以外,构成独立的损害赔偿制度,和其他西方国家不同,其他西方国家的行政赔偿由普通法院管辖,适用和私人关系相同的规则。法国区分行政机关的赔偿责任为公法关系的赔偿和私法关系的赔偿。后者适用民法规则,由普通法院管辖,称为行政主体的民事赔偿责任;前者由行政法院管辖,适用由行政法院判例所创立的规则,称为行政主体的行政赔偿责任。法国的行政赔偿制度比其他西方国家的制度更能适应行政上的需要,对公民权利的保护更为完善。

---

* 原载《法学杂志》1989年12月第4期,第36—39页。

(三) 行政赔偿是一种客观责任

法国行政赔偿制度和其他西方国家比较,最大的不同是行政赔偿的根据是由于公务本身有过错,而不是由于执行公务的人员有过错,这是一种客观的过错,虽然由执行公务的人员所产生,但不是执行公务人员的过错,而是由于公务的组织和运行不良的过错。其他西方国家的行政赔偿责任,都是以公务员在执行公务中有过错为根据的,是一种主观的过错。

(四) 行政赔偿责任发展迅速

法国现代的行政赔偿责任建立于19世纪70年代。20世纪以来,行政法院的判例在三个方面发展了国家的赔偿责任:

(1) 赔偿对象。今天法国的行政机关,除极少数具有高度政治性质称为政府行为的活动以外,其余各种活动都负赔偿责任。行政法院判例,进一步将行政赔偿的原则,扩张适用于议会的活动,甚至在特定情况下,适用于法律本身所产生的损害。从20世纪70年代以后,议会立法把行政赔偿责任的原则,扩张适用于司法职能。

(2) 责任的根据。行政赔偿责任的根据为公务过错和无过错责任,关于这两个概念的意义,后面另有说明,这里仅仅指出行政法院的判例把公务过错和无过错责任的范围逐渐扩张。现在的公务过错甚至包括公务员本人的过错在内,无过错责任已经超过危险责任以外。

(3) 损害赔偿的范围。行政法院最初只对能以金钱计算的物质损害,判决行政主体赔偿。至于精神损害,例如对名誉和感情的侵害,不能用金钱计算,行政主体不负赔偿责任,后来对精神损害逐渐判决由行政主体赔偿。首先,对某些能够产生物质后果的精神损害判决赔偿。例如行政机关泄露它所掌握的业务秘密,损害某公司的信誉,公司的营业受到损失,因此得到赔偿。又如警察在执行职务中,误伤某女演员的面部,该演员不仅得到物质损害的赔偿,而且得到美观损害的赔偿,因为演员的美观可能会影响其收入。其次,对于不产生物质效果,但引起巨大的精神痛苦,或破坏个人尊严或宗教信仰的损害,也开始赔偿,而对于感情上的损害,长期以来拒绝判给赔偿。例如对于近亲属的死亡,只判决赔偿医药费、殡葬费、抚养费以及由此而引起的生活上的不方便。不赔偿死者近亲属感情上的痛苦,因为眼泪不能以金钱计算。自从20世纪60年代以后,感情上的损害也能得到赔偿。

(五) 行政赔偿的方法限于金钱赔偿

民法上的损害赔偿方法有恢复原状和金钱赔偿两种方式。在行政法上,由于法国的行政法院不能命令行政机关为一定的行为,或不为一定的行为,只能判决行政主体负金钱赔偿责任,但行政法院可以采取间接方法达到恢复原状的目的。例如在判决行政主体赔偿的同时,可以指出如果行政机关自愿恢复某种状态,可以免缴赔偿金,或判决行政主体每天赔偿金额若干,直到损害停止时为止。

二、行政主体赔偿责任的成立

一切损害赔偿责任的成立,不论是公法上的或私法上的赔偿责任,必须具备三个条件:

(一) 损害的存在

损害赔偿责任的首要条件是有损害存在,否则谈不上赔偿。但是不是任何损害都能得到赔偿,损害必须具备下述性质,才能产生法律上的赔偿责任:

(1) 损害必须是已经发生的、确实存在的损害。将来的损害如其发生不可避免,也视为已经发生的现实损害,将来可能发生的不确定的损害,不是现实的损害,不引起赔偿责任。

(2) 损害必须是特定的损害,即为一个人或少数人所特有,而非一般人所共有的损害,后面这种情况,没有人由于行政活动而比其他人承担更多的负担,行政主体不负赔偿责任。

(3) 损害必须是异常的损害。一切享受公共利益的人,必须承受某种合理的负担,正常的损失不能认为是必须赔偿的损害。因此,法院根据不同的情况、不同的行政活动和受害人不同的地位而判断。

(4) 损害只能发生于受法律保护的利益。符合上述条件的损害,不论是物质损害或精神损害,包括感情上的损害在内,都可能产生赔偿责任。

(二) 因果关系

损害的发生必须是由行政主体的行为或物体所引起,即损害是结果,行政主体的行为或物体是原因，有因果关系存在才引起行政主体的赔偿责任，因果关系是一个法律概念。从自然规律而言，一个损害的产生必然包含许多原因，从法律的观点而言，只有和损害有直接联系的原因，即直接原因，才是因果关系中的原因。例如，对于超过法定高度的建筑物颁发许可证所产生的损害，颁发许可证的行为是直接原因。又如用飞机喷洒杀虫药造成农作物的损害，直接原因是农药，不是飞机。

下列事实由于缺乏因果关系，行政主体不负赔偿责任：

（1）由于不可抗力，例如战争、天灾等所引起的损害。

（2）由于受害人的过错，促使损害的发生成为不可避免或加重时，行政主体可能完全不负赔偿责任，或者部分免除赔偿责任。

（3）行政主体的行为通过第三者的介入才产生损害。这种损害对行政主体而言是间接损害，行政主体不负赔偿责任。

在一般情况下，一切执行公务的人员，包括公务员、其他公职人员、合同雇用人员、征用人员、事实上的公务员、志愿工作人员，在执行公务中造成的损害，符合上述因果关系条件时，都能引起行政主体的赔偿责任。就物体而言，行政主体对由它所使用和保管的物体所产生的损害，负赔偿责任。在特别情况下，一个公务员代表两个行政主体活动时，按其所执行的公务属于哪个行政主体，就由有关的主体负责，一个行政主体对其他行政主体行使监督权的行为所产生的损害，由监督的主体负责。但如果监督的行为是代替受监督主体执行公务时，这种行为所产生的损害，由受监督主体负责。如果监督主体在代执行行为中有重过错时，受监督主体在赔偿后，对监督主体有求偿权。几个行政主体共同实施公务所产生的损害，在能够确定损害行为的主体时，由实施损害行为的主体负责，否则共同负责。

（三）产生损害的事实

损害的存在，大多数情况是由某种行为所引起的。但法律不认为一切产生损害的行为都会产生赔偿责任。只有当引起损害的行为具备能够产生责任的性质时，行为者才负赔偿责任。在法国，行政主体在公法上通常只对有过错的执行公务的行为负责，这种过错称为公务过错，和民法上的过错不一样。在例外情况下，行政主体对无过错执行公务的行为所产生的损害，只要行为和损害之间有因果关系时，也负赔偿责任。

行政主体的公务过错和无过错的损害行为，是两种不同的产生损害的事实。下面分别说明法国行政赔偿责任中这两个最重要的概念。

1. 公务过错

公务过错是指公务活动欠缺正常的标准，这种过错来源于行政人员，但不能归责于行政人员。这个定义包含以下几层含义：

（1）公务活动欠缺正常标准。公务过错是公务本身的过错，不是执行公务人员的过错，这是客观事情的过错，不是人员的主观过错。在这种意义上，公务过错和民法上的过错观念不同。民法上的过错不是事情本身的过错，而是某人做错了事，某人犯了过错。由于法国行政赔偿责任以公务过错为标准，所以和其他西方国家不同。公务过错实际上是指公务的组织和运行不好，等于说一个热水瓶的质量不好一样，对事情本身的评价和对做事情的人的评价是可以分开的。

（2）过错来源于行政人员，但不要求指出过错人的姓名。行政主体是一个抽象的实体，本身不能活动。公务中的过错必然来源于行政人员。有些过错容易发现过错者的姓名，有些过错不容易发现来源，仍然出自行政人员。不论是否知悉产生过错人员的姓名，不影响受害人的赔偿权利。受害人请求行政主体赔偿，无须指出过错人员的姓名。因为行政机关的决定以机关长官的名义作出，办案人员姓名不对外公开，法律不要求受害人指出其有过错人员的姓名。

（3）公务过错不能归责于行政人员本人。公务过错虽然出自行政人员，但不能归责于行政人员本人。如果能归责于行政人员本人，在某些情况下没有公务过错责任，这是公务过错和公务员本人过错的最大区别。在公务过错中，受害人只能追诉行政主体的责任。

公务过错可以分为三种形式：

（1）公务的实施不良。这是行政机关积极活动中的过错。例如，警察追捕犯人，误伤行人；卫生当局误将良兽作为病兽，下令捕杀。

（2）不执行公务。行政机关有义务采取行为而不作为，因而引起当事人的损失，这是消极的过错。例如，海港当局不维修航行标志，造成船舶损伤。

（3）公务的实施迟延。行政机关和行政人员由于不忠实执行职务，而致疏忽、怠惰、无故迟延。

行政法院不采取抽象标准判断公务过错，而是根据具体情况决定是否有公务过错存在。行政法院根据公务的难易程度、执行的时间、地点和行政机关所具备的人力、物力等不同情况，决定行政机关执行公务时所应达到的标准,对同一事实在不同的情况下,可以认为具有过错或不具有过错。行政法院的判例认为,公务过错按其严重程度的不同,可以分为一般过错和重过错。欠缺中等水平的注意和勤奋是一般过错;超过一般标准的欠缺,以及明显而严重的欠缺或故意行为是重过错。当然,这种区别必须结合具体情况判断。一个平常时期认为是重过错的行为,在特殊时期可能认为是一般过错。区别一般过错和重过错的作用,在于决定行政主体负责的程度。行政主体按重过错负责时,负责的程度小。大部分公务按一般过错负责,某些公务活动由于特别困难或特别重要,为了减轻行政主体的责任,只对重过错负责,主要有下面这些公务:国家对地方团体行使监督权所造成的损害;医疗事故中的损害;消防活动中的损害;税收公务所产生的损害;警察公务原则上只对重过错负责。

公务过错和违法行为既有联系,又有区别,是两个互相独立的概念。就其区别而言,公务过错的作用在于决定行政主体的赔偿责任,目的在于保护当事人的主观权利。违法行为的作用在于审查行政行为的合法性,目的在于保障法治原则的实现,维持某一特定社会的公共利益。公务过错的制裁是损害赔偿之诉,违法行为的制裁是撤销之诉。就其相互关系而言,公务过错和违法行为有重叠部分,又有互相超过部分。行政机关有依法实施公务的义务,实施公务的一切违法行为都构成公务过错,但不一定产生赔偿责任。公务过错只是赔偿责任的必要条件,不是充足条件。行政机关的违法行为对当事人的权利没有造成损害时,当事人只能提起撤销之诉,不能提起损害赔偿之诉。在某些活动上,行政机关只对重公务过错负责,违法的行为不一定构成重公务过错,例如,困难的公务活动,违法的行为往往不构成重公务过错,不产生行政主体的赔偿责任。此外,违法行为由于受害人的过错引起时,公务过错和受害人的过错互相抵消,行政主体可能全部或部分免除赔偿责任。

2. 无过错责任

行政主体原则上只对公务过错所产生的损害负赔偿责任,对于没有过错行为所产生的损害不负赔偿责任。严格贯彻这个原则,必然对受害人带来极大的不公平。首先,因为现代科技高度发展,会带来很多危险。这种危险所造成的损害,不一定由任何人的过错所产生,但它不能由受害人独自负担。其次,行政主体具有特权,容易对相对人造成损害,而这种损害的产生,有时可能出于公共利益的需要,不构成行政主体的过错。基于以上考虑,法国关于无过错理论有两种学说:

（1）"危险责任说"。这是参照民法上的传统理论，应用于行政事项。这个理论认为，任何人由于某种行为而得到利益时，必须对由该行为所产生的危险负责，不能只得利益而不承担责任。

（2）"公共负担平等说"。这个理论认为，公民由于行政活动而受到损害，是一种为了公共利益而承受的负担，必须平等分配于全体，不能由一人或少数人负担。行政主体的赔偿责任是公共负担平等的一种形式。行政法院在不能适用公务过错和危险责任的时候，而且认为根据公平正义的感觉或公共利益的需要必须给予受害人补偿的时候，才适用公共负担平等理论。

无过错赔偿责任具有下列几个特点：

（1）无过错赔偿的范围非常广大，必须限制在一定范围以内，否则会超过公共财政负担能力。所以行政法院对无过错责任，只适用于某些特定事项，不是普遍适用。

（2）受害人请求损害赔偿，只需证明损害的发生和行政机关的行为或物体之间有因果关系，无须证明行政主体有过错。

（3）行政主体只在不可抗力，以及受害人的过错两种情况下，才能全部或部分免除赔偿责任。对于原因不明的意外事件所造成的损失，不能免除责任。

（4）受害人的损失必须达到一定严重的程度，才能得到赔偿。而在确定过错赔偿责任时，不要求受害人的损失达到严重程度。

根据行政法院的判例，基于危险的无过错责任，主要有以下事项：

（1）行政人员的工伤事故。行政机关的工作人员，不论是正式的或非正式的，永久的或临时的，因公受伤或死亡时，行政主体不论是否有过错都负赔偿责任。在当代对伤残抚恤金有详细规定，而行政机关中临时工作人员、征调人员、自愿服务人员的工伤事故，不能依立法规定获得赔偿时，仍然可以援用以上判例中的原则。

（2）危险物体所产生的损害。行政执行的物件如果构成特殊危险时，由此产生的损害，不论行政主体是否有过错，都应负赔偿责任。例如对军火库爆炸、高压电线失火等负危险责任。警察使用火器，对第三者造成损害，负危险责任，对参加者造成损害负一般过错责任。

（3）危险行为或危险技术所产生的损害。行政机关所使用的技术或所采取的行为，如其本身具有危险，由此而产生的损害，不问是否有过错，必须负赔偿责任。例如精神病院对病人进行院外治疗，病人借机对他人造成了损害,行政主体负无过错的危险责任。

基于公共负担平等的无过错责任,主要有以下事项:

(1) 公共工程的损害。一个本身没有危险的公共建筑物,如果对周围产生永久性的损害,行政主体负无过错责任。例如由于水库的修建,加剧了附近低洼地带的潮湿,对居民和农作物造成不利的影响,行政主体应负赔偿责任。

(2) 不执行法院判决的损害。有时,因执行一个判决可能引起社会骚乱,行政机关拒绝执行,公民由此受到的损害。行政机关的拒绝行为是为了公共利益,不是公务过错。最高法院为了公平起见,判决国家赔偿受害人的损失。

(3) 社会经济措施的损害。政府执行社会经济政策,如果只对特定人产生巨大损害,行政法院可能判决国家负赔偿责任。例如,某一企业为了减少亏损,计划裁减人员,劳工视察员为了避免骚乱,拒绝同意,企业蒙受巨大损失。最高行政法院为了公平起见,判决由国家赔偿损失。

法国公务员的行政赔偿责任*

一、公务员行政赔偿责任的意义和性质

公务员的行政赔偿责任是指公务员由于执行职务造成损害所负的赔偿责任。这种责任的特点和执行职务密切相关。公务员和执行职务无关的赔偿责任不是行政上的赔偿责任。后面这种责任是一般的赔偿责任,没有单独说明的必要。

公务员执行职务造成损害的受害人可能是任用公务员的国家或其他公法人,也可能是人民。这两种责任在法国法律上的地位不一样,前者是行政法上的责任,受行政法院管辖,后者是民法责任,受普通法院管辖。这种赔偿责任就其为侵权行为的损害赔偿而言,和一般的损害赔偿有相同之处,适用一般的损害赔偿规则。就其为行政上的损害赔偿而言,和行政职务密切相关。要考虑行政上的特殊情况和公共利益的需要,不能完全适用一般的损害赔偿规则。所以在公务员的行政赔偿责任中,一方面适用一般的损害赔偿规则,一方面适用特殊的损害赔偿规则。本文从行政法学的角度出发,只说明特殊规则。至于一般的损害赔偿规则,可参看民法学中的说明。

公务员的行政赔偿责任是一个普遍存在的问题。任何国家的公务员在执行职务的时候都可能侵害人民的权利。各国法律对于如何弥补这种损害都得提出一个解决办法。法国法律由于受到行政法院判例的影响,行政法的研究比其他西方国家开展较早,解决公务员行政赔偿责任的规则很早就已建立,并在以后逐渐发展成为比较完整的体系。许多西方国家在解决这个问题时大都受到法国的影响,有的国家甚至在成文法中完

---

* 原载《比较法研究》1989年第1期,第1—5页。

全接受了法国行政法院判例所建立的规则。

我国《宪法》第41条第3款规定:"由于国家机关和国家工作人员侵犯公民权利而受到损失的人,有依照法律规定取得赔偿的权利。"明确承认公务员行政赔偿责任的存在,同时要求制定法律规定实行这个责任的办法。我国《民法通则》第121条规定:"国家机关或者国家机关工作人员在执行职务中,侵犯公民、法人的合法权益造成损害的,应当承担民事责任。"内容基本上和《宪法》中的规定相同,对宪法原则没有发展,公民根据什么法律标准取得赔偿权利?国家机关和国家机关工作人员之间的损害赔偿责任关系如何?《民法通则》没有回答这个问题,只能由以后的判例或由其他立法提出解决办法。法国解决这个问题的经验作为一种法律技术,也许可供我们参考。当然,我们根据具体情况,不一定全部采纳法国判例中的观点。

二、法国现代公务员行政赔偿责任原则的建立

法国现代公务员的行政赔偿责任原则是19世纪70年代建立的。这个原则的核心内容是对行政上的赔偿责任划分为行政主体(行政机关)的赔偿责任和公务员本人的赔偿责任。在19世纪70年代以前,公务员在法律上承担执行职务所产生的全部损害赔偿责任。因为公务员的赔偿责任和行政主体的赔偿责任密切联系,在19世纪70年代以前,法国国家除法律有特别规定外,或作为私人资格活动外,不负赔偿责任,行政上的损害赔偿责任由执行职务的公务员负担,适用民法上的规则,由普通法院管辖。

公务员执行职务是为公办事,如果必须负担行政上的全部赔偿责任,显然太不公平。所以公务员法律上的赔偿责任实际上很少实现。法国法律在承认公务员赔偿责任的同时,又限制这种责任的实行。1799年《宪法》第75条规定,对公务员的追诉事先要得到国家参事院的同意。国家参事院是拿破仑第一所建立的,规定在1799年《宪法》第25条。这个机构后来发展成为最高行政法院。在最初阶段,它主要是作为最高行政首脑的咨询机关。当时称这种同意为对公务员的行政保护,目的在于保护公务员的权力不受干扰,同时防止司法机关侵犯行政机关的权力。在行政保护制度下,公务员很少受到追诉。公务员的责任徒有虚名,引起舆论界的强烈不满。特别是在行政职务日益扩张的情况下,人民的权益受到

行政机关侵犯的机会增加，需要能够有效地利用法律所给予的救济手段。1870年，法国在普法战争中失败，同年9月2日，拿破仑第三投降普鲁士。9月4日，法国资产阶级在工人和小资产阶级群众的压力下成立了国防政府。国防政府为了笼络民心，9月19日发布命令，废除了1799年《宪法》第75条。从此以后，对公务员的追诉完全自由。

取消对公务员追诉的行政保护，似乎必然导致公务员负担全部行政赔偿责任。然而事实上并非如此。1799年《宪法》第75条的废除，只是为法国近代行政赔偿责任的建立扫清了道路。此后，1873年7月30日，法国权限争议法庭在佩尔蒂埃(Pelletier)案件的裁决中，建立了现代的法国行政赔偿制度。

为了彻底了解佩尔蒂埃案件裁决的意义，有必要简单说明一下法国的司法制度。在法国，有两套法院系统存在，一是普通法院系统，受理私人之间的诉讼，适用民法规则。二是行政法院系统，受理私人和行政机关之间的诉讼，适用行政法规则。两个法院系统之间管辖权限的抵触，由权限争议法庭裁决。就行政赔偿责任问题而言，公务员对人民的行政赔偿责任属于一般的诉讼，由普通法院受理。行政机关对人民的赔偿诉讼属于行政诉讼，由行政法院受理。某一具体行政赔偿案件究竟属于哪个系统法院管辖有争议时，权限争议法庭关于管辖权的裁决，实际上是划分公法和私法损害赔偿责任的界限，也就是划分公务员个人赔偿责任和行政机关赔偿责任的界限。

佩尔蒂埃案件发生在1799年《宪法》第75条废除不久，人民对公务员可以自由追诉以后，原告佩尔蒂埃为报馆主编，因报纸被扣留，在普通法院中追诉军事司令官、省长和警察长官，请求损害赔偿。行政机关认为这个案件属于行政诉讼，不由普通法院管辖。后者认为，公务员赔偿责任案件属于自己的管辖范围。权限争议法庭在这个案件的裁决中认为，该案属于行政法院管辖。法庭认为1799年《宪法》第75条的废除只是对公务员追诉程序上的改变，不再需要行政法院(国家参事院)的同意。但是1799年《宪法》第75条所保障的司法机关不能侵犯行政机关权力这个原则并未取消。如果认为由于1799年《宪法》第75条的废除，全部行政上的损害赔偿都由公务员负担，由普通法院管辖，势必造成司法机关侵犯行政机关的权力。因此，权限争议法庭认为必须在行政活动引起损害的事实中，区别哪些事实应由公务员负责，由普通法院管辖，适用民法规则；哪些事实应由行政机关负责，由行政法院管辖，适用行政法规则。权限争议法庭认为,这个标准应当根据产生损害事实的性质而定,如果产生损害的事实可以和行政职务分离,它就不属于公务活动,而是公务员本人的事实,构成公务员本人的过失;如果产生损害的事实不能和行政职务分离,它就包含在公务之中,构成公务过失,公务员本人过失和公务过失的区别是决定公务员赔偿责任和行政机关赔偿责任的标准,也是划分普通法院和行政法院管辖权的标准。这个判决明确区分行政机关的赔偿责任和公务员本人的赔偿责任,建立了法国现代行政赔偿责任的基础。它是法国现代公务员赔偿责任的基本原则。

三、公务员本人过失的意义

上面的说明中指出,公务员行政赔偿责任的基本原则是公务员的本人过失。公务员本人过失根据权限争议法庭的判决是指可以和行政职务分离的过失,所以公务员赔偿责任的基本问题是:根据什么标准决定过失是否可以分离?对于这个问题的回答,权限争议法庭只就具体案件提供一些材料,理论上的系统说明由学说提出。

法国流行最广区别公务员本人过失的标准是拉弗里耶尔在担任最高行政法院副院长时,于1877年所提出的理论。他认为如果引起损害的事实表现出是公务员本人的缺陷、情绪和鲁莽时,是公务员本人的过失,如果引起损害的事实是非个人的、具有一定普遍性的、表现一个行政者多多少少容易触犯的过失时,是公务的过失。用一个形象的比喻说,公务员本人的过失是经过本人签字的过失,表现为公务员本人人格的过失。近代学者用比较通俗的语言说明了公务员本人的过失,有人强调公务员的意图,认为公务员故意不遵守法律和公务习惯而产生的损害是公务员本人过失;有人强调过失严重的程度,认为公务员所犯的严重过失是公务员本人的过失。

根据行政法院和权限争议法庭的判例,公务员本人过失有下列三种情况:

(1) 公务员在执行职务以外和执行职务无关的过失,例如公务员在私生活中的过失是和职务无关的过失。

(2) 公务员的故意行为。例如公务员在执行职务中实行打击报复,或为自己的利益假公济私是公务员本人的过失。公务员故意的行为有时不符合法律规定但仍然是为公共利益的目的时,由此而产生的损害是和职务不可分离的公务过失。

（3）严重过失。公务员在执行职务时所犯的过失，如果不是出于故意，一般属于公务过失。只在极少数情况下，公务员表现出极端粗暴和疏忽时才产生本人过失，例如警官在没有必要的情况下命令使用武器，是本人的严重过失。

公务员的刑事责任虽然经常和公务员本人过失有联系，但不一定都构成公务员的本人过失。刑事责任和公务员本人过失是两个不同的概念。前者着眼于有关的行为是否应当受到处罚，后者着眼于有关的行为是否可和行政职务分离。权限争议法庭1935年1月14日在一个判决中首先区别了这两个概念。在一个汽车事故中，司机受到刑事处罚。但司机所犯过失不是出于故意和严重过失，不符合本人过失条件，属于公务过失。

以上叙述说明了公务员本人过失。公务过失虽然也是公务员所犯的过失，但不是公务员本人过失，为了便于理解下面的叙述，不妨简单认为凡是由于公务的组织不良和管理不良而产生的损害，都是公务过失。

四、公务过失和公务员本人过失并存

（一）两种过失密切联系

1873年权限争议法庭在佩尔蒂埃案件中划分了行政主体的赔偿责任和公务员的赔偿责任，二者互相独立。引起损害的事实如果属于公务过失，由行政主体赔偿；如果属于公务员本人过失，由公务员赔偿。两种赔偿责任不能同时并存。

这种人为地把过失截然划分的方法，往往不符合实际情况。在实际生活中，公务过失和公务员本人过失经常密切联系，共同引起损害的发生，简单的二分法，一方面，对受害人不公平，因为公务员往往无力赔偿由于本人过失所产生的损害。而且行政机关很难说和公务员的过失完全无关。另一方面，在行政主体的赔偿责任中完全排除公务员的过失，可能降低公务员执行职务时的注意程度。法国行政法学对公务过失和公务员本人过失不能同时存在的制度提出了严厉批评，最高行政法院的判例开始改变。承认两种过失可以并存和两种赔偿责任可以同时存在，并逐渐扩大了两种责任并存的范围。

这种基于公务过失和公务员本人过失并存的行政赔偿责任理论是行政法上的理论,和民法上雇用人对受雇人的行为负责的理论无关。根据后一理论,如果雇用人对受雇人的选任和监督没有过失时,雇用人可以不负责任,这种观点显然不符合行政上的需要,不能保护人民的利益和公务员的利益。在这方面,法国的制度和英国不同。英国的行政赔偿责任适用私法原则,行政主体可以援用受雇人的免责条件,所以英国行政主体的赔偿责任低于法国。但是行政上的法律关系不同于私人之间的关系,行政上的赔偿责任也不能硬搬私法上的损害赔偿责任理论,英国的理论在英国国内也受到了批评。

(二)两种过失同时存在的方式

公务过失和公务员本人过失同时并存可以表现为三种情况:

(1)损害的发生由于公务过失和公务员本人过失共同促成,在这种情况下,有两个引起损害的事实存在,分别代表行政机关的过失和公务员的过失,共同促成损害的发生。最典型的案例是最高行政法院在1911年2月3日的一个判决。邮局在正常下班时间以前关门,一名寄信人从专供邮局内部人员使用的侧门出去,受到两位邮局职员怀疑,被殴伤。在这个案件中,邮局的过失(不遵守作息时间)和邮局职员的过失彼此独立,共同促成损害的发生。公务过失和公务员本人过失同时存在。

(2)公务执行中的过失同时构成公务员本人过失和公务过失,这种情况和第一种情况不同。在第一种情况下有两个过失存在,行政机关和公务员分别对各自的过失负责。在第二种情况下只有一个过失。这个过失发生在公务执行中,同时构成公务员本人过失和公务过失。最典型的案例是最高行政法院在1918年7月26日的一个判决。在一个市镇节日的集会中有射击游戏,因安全措施不够周到,有人向市长提出注意,市长未做重大改进,结果造成一人死亡。这个损害同时构成市长本人的过失和市镇的公务过失。

(3)公务员执行职务外的过失同时构成公务员本人过失和公务过失。公务员在执行职务外的过失,如果和执行职务没有联系,不能产生公务过失;如果和职务有联系,可以构成公务过失。例如一军车司机在任务完成后回队途中,离开正常路线私自回家,在路上撞坏一幢房屋(最高行政法院1949年11月18日的判决);又如一个治安警察因玩弄手枪不幸击毙同室同伴(最高行政法院1973年10月26日的判决)。在这两个案件中,造成损害的事实是公务员本人过失,发生在执行职务以外,但产生过失的机会和工具与公务有联系。公务机关给予了造成过失的机会和工具,行政机关因此同时负有过失。

根据行政法院判例发展的趋势,公务员本人过失除和公务完全无关以外,都同时构成公务过失。现在可以说公务员本人过失已经成为引起行政主体赔偿责任的一个新因素,包含在公务过失范围内。

(三) 两种过失并存的结果

两种过失并存的结果是公务员的赔偿责任和行政机关的赔偿责任同时存在。受害人可以选择,或者向普通法院起诉要求公务员赔偿全部损失,这时,适用民法上的赔偿规则。或者向行政法院起诉,要求行政机关赔偿全部损失,这时,适用行政法的规则。但受害人不能得到双倍赔偿。通常行政法院在判决行政机关赔偿时,同时规定受害人对公务员的赔偿请求权移转予行政机关。如果受害人已从普通法院得到全部赔偿,再向行政法院追诉行政机关责任,行政法院可以拒绝受理,或驳回起诉。

不论公务员或行政机关,在赔偿全部损害后,都可请求他方的共同责任人偿还其应当负担的赔偿部分。在损害的发生是由于两个不同的过失所引起时,行政机关和公务员按各自的过失程度分担赔偿金额。损害的发生是由于一个过失引起时,即上述第二种和第三种共同过失时,行政机关在赔偿后,可以请求有本人过失的公务员偿还全部金额。

上面的情况说明,行政机关或公务员在履行全部赔偿责任后,对共同赔偿责任人有求偿权。这个求偿权的根据是什么?对于这个问题的回答理论上有过演变。最初的理论认为,国家或公务员在负担全部赔偿后要求共同责任人偿还其应负担的赔偿部分,是行使代位请求权,就是说,履行全部赔偿责任的一方取得受害人对共同赔偿责任人的损害赔偿请求权。由于在行政主体和公务员共负赔偿责任的案件中,受害人经常向行政机关请求全部赔偿,结果有代位请求权的经常是行政机关。事实上,行政机关很少对公务员行使代位请求权。这时,公务员的过失转变成为对行政机关造成的一种损害。

代位请求权理论实际上不承认行政机关由于公务员的过失所受到的损害有直接请求损害赔偿的权利。主要理由是为了维持公务员的积极性和创造精神,除法律有明文规定的情况以外,行政主体不对公务员要求赔偿。但是这种制度既不利于国家财政,也不利于提高行政效率。因为公务员在执行职务时可能放松应有的注意程度,因此最高行政法院在1951年7月28日的一个判决中,放弃了公务员在这种情况下对行政机关不负直接赔偿责任的原则。法院认为,行政机关由于公务员过失所受到的损害,不需要法律特别规定,可以根据损害赔偿的一般原则,直接要求公务员赔偿,双方有争议时由行政法院管辖。

五、结束语

公务员的行政赔偿责任涉及人民权利的保障、公务员本人利益的承认和行政主体公共利益的需要,各种利益必须统筹兼顾,不可偏废。法国在19世纪70年代以前的公务员行政赔偿责任制度,过分忽视了人民的利益,同时也不符合行政机关的利益。因为在人民所受到的损害不能得到赔偿的情况下,很难期望行政效率提高。自从19世纪70年代以后,由于划分公务员本人过失和公务过失,区别两种不同的责任标准,公务员的利益得到了应有的保障。后来由于公务过失和公务员本人过失并存理论的发展,行政主体的赔偿责任加重。人民的权利得到充分的保障,行政机关在履行公务员的赔偿责任以后所受到的损害,对公务员没有直接的损害赔偿请求权,只能代位行使受害人的权利。这种制度对公务员的保障太多,不符合行政主体利益。20世纪50年代以后,由于承认行政主体在这种情况下对公务员有直接的损害赔偿请求权,因而人民的利益、公务员的利益和行政主体的利益得到了平衡,这是一个比较适当的制度。法国在这方面所走过的漫长道路,对后来各国在制定公务员的行政赔偿责任法时,曾经发挥过有益的启发作用。法国公务员行政赔偿制度的发展,完全是行政法院判例和行政法学理论在不同的历史阶段,根据当时情况提出不同的解决方案的结果。从法国的经验中,我们看到行政法院和行政法学对行政立法的发展可能作出了有益的贡献。

法国的行政赔偿责任（续）：公务员的行政赔偿责任[*]

一、关于现代公务员行政赔偿制度的建立

公务员的行政赔偿责任是指公务员由于执行职务造成损害所负的赔偿责任。这种责任的特点是和执行职务密切联系的。公务员和执行职务无关的赔偿责任，不是行政上的赔偿责任。法国现代公务员的行政赔偿责任制度，是19世纪70年代建立的。这个制度的核心内容是把行政上的赔偿责任划分为行政主体的赔偿责任和公务员本人的赔偿责任。在19世纪70年代以前，公务员在法律上承担执行职务的全部赔偿责任。因为在70年代以前，国家除法律有特别规定外，或以私人资格活动外，不负赔偿责任，行政上的赔偿责任由执行职务的公务员负担，适用民法上的规则，由普通法院管辖。众所周知，公务员执行职务是为公办事，如果必须负担行政上的全部责任，显然太不公平。法国法律在承认公务员赔偿责任的同时，又限制这种责任的实行。1799年《宪法》第75条规定，对公务员的追诉必须事先取得国家参事院的同意。当时称这种同意为对公务员的行政保护，目的在于保护公务员的权力不受干扰，同时防止司法机关侵犯行政权力。在行政保护制度下，公务员很少受到追诉，引起舆论界的强烈不满，1870年，法国废除了行政保护制度，对公务员的追诉完全自由了。1873年2月8日，权限争议法庭在一个判决中承认国家对公法上的行为按公法规则负赔偿责任，因此发生了公务员责任和行政主体责任如何划分的问题。1873年7月30日，由权限争议法庭在有名的佩尔蒂埃案件中，对这个问题作出了回答。法庭认为，必须在行政活动引起损害的事

---

[*] 原载《法学杂志》1990年3月第1期，第34—35页。

实中,区别哪些事实应由公务员负责,由普通法院管辖,适用民法规则;哪些事实应由行政机关负责,由行政法院管辖,适用行政法规则。法庭认为这种区别应当以产生损害的事实的性质为标准。如果产生损害的事实可以和行政职务分离,它就不属于公务活动,而是公务员本人的事实,构成公务员本人的过错,由公务员负责赔偿;如果产生损害的事实不能和行政职务分离,它就包含在公务之中,构成公务过错,由行政主体赔偿。这个判决明确区别了行政机关的赔偿责任和公务员本人的赔偿责任,建立了法国现代行政赔偿责任的基础,是法国现代公务员赔偿责任的基本原则。

二、公务员本人过错的意义和法律效果

1. 关于公务员本人过错的意义

公务员赔偿责任的基本原则是公务员本人的过错。法国流行最广的区别公务员本人过错的标准,是最高行政法院副院长拉弗里耶尔于1887年提出的理论。他认为,如果引起损害的事实表现出公务员本人的缺陷、情绪和鲁莽时,是公务员本人的过错;如果引起损害的事实是非个人的、具有一定普遍性的、表现出一个行政者多多少少容易触犯的过错时,是公务过错。在近代学者中,有人强调公务员的意图,认为故意不遵守法律和公务习惯而产生的损害,是公务员本人的过错。根据行政法院和权限争议法庭的判决,下列三种情况是公务员本人的过错:

(1) 公务员在执行职务以外和职务无关的过错,例如私生活的过错。

(2) 公务员的故意行为,例如公务员在执行职务时实行打击报复,或者假公济私,是公务员本人的过错。

(3) 重过错,只在极少数情况下公务员表现出极端粗暴和疏忽时,才产生本人过错。例如警官在没有必要的情况下命令使用枪械,是本人的重过错。

2. 关于公务员本人过错的法律效果

公务员本人过错的主要法律效果是公务员必须以自己的财产赔偿受害人的损失,赔偿责任因受害人为其他人或为公务员、所属行政主体而不同。公务员对其他人的赔偿责任由普通法院管辖,适用民法上的规则,这种诉讼是两个私人之间的诉讼。

公务员本人过错对国家所造成的损害,可以发生在两种情况下:

(1) 公务员执行职务损害了国家的财产。

（2）由于公务过错和公务员本人过错并存的结果，行政主体赔偿了受害人的全部损失，包括公务员本人过错所造成的损失在内。

在1951年以前，除法律明文规定公务员的赔偿责任，或者和执行职务无关的损害赔偿以外，公务员原则上不对行政主体负赔偿责任。1951年，行政法院在一个判决中，放弃了公务员对行政主体不负赔偿责任的原则。法院认为，行政主体由于公务员本人过错所受到的损害，不需要法律特别规定，可以根据损害赔偿的一般原则，直接要求公务员赔偿。双方有争议时，由行政法院管辖。

三、公务员赔偿责任和行政主体赔偿责任的并存

1873年，权限争议法庭在佩尔蒂埃案中，划分了行政主体的赔偿责任和公务员的赔偿责任，二者互相独立，两种责任不能同时存在。这种人为地把过错截然划分的方法，往往不符合实际情况。在实际生活中，公务过错和公务员本人过错经常密切相关，共同引起损害的发生。简单的二分法，一方面，对受害人不利，因为公务员往往无力赔偿由其本人过错所产生的损害；另一方面，在行政主体的赔偿责任中，完全排除公务员的过错可能降低公务员执行职务的注意程度。法国行政法学对公务过错和公务员本人过错不能并存的理论，提出了严厉批评。最高行政法院的判例开始改变，承认两种过错可以并存，两种赔偿责任可以同时存在，并逐渐扩大了两种责任并存的范围。

1. 关于两种过错并存的方式问题

公务过错和公务员本人过错同时并存，可以出现在三种情况下：

（1）损害的发生由公务过错和公务员本人过错共同促成。在这种情况下，有两个引起损害的事实存在，分别代表行政机关和公务员的过错，共同促成损害的发生。例如邮局在正常下班时间以前关门，一名寄信人从专供内部人员使用的侧门出去，受到两名职员的怀疑，被殴伤。在这个案件中，邮局的过错（不遵守作息时间）和邮局职员的过错互相独立，共同促成损害的发生。

（2）公务执行中的过错同时构成公务员本人过错和公务过错。这种情况和第一种情况不同，第一种情况有两个过错存在，行政机关和公务员分别对各自的过错负责。第二种情况只有一个过错，这个过错发生在公

务执行中，同时构成公务员本人过错和公务过错。例如在一个市镇节日的集会中，有射击游戏，因安全措施不够完善，有人提请市长注意，市长未做重大改进，结果造成一人死亡，这个损害同时构成市长本人的过错和公务过错。

（3）公务员执行职务外的过错同时构成公务员本人的过错和公务过错。公务员在执行职务外的过错，如果和执行职务没有联系，不能产生公务过错；如果和职务有联系，可以构成公务过错。例如，军车司机在完成任务后归队途中，离开正常路线私自回家，在路上撞坏一幢房屋；又如，一治安警察因玩弄手枪，不幸击毙同室同伴。在这两个案件中，造成损害的事实是公务员本人过错，发生在执行职务外。但产生过错的机会和工具与公务有联系，是公务机关给予了造成过错的机会和工具，行政机关因此同时负有责任。

2. 关于两种过错并存的结果

两种过错并存的结果是公务员的赔偿责任和行政主体的赔偿责任同时存在。受害人可以向普通法院起诉，要求公务员赔偿全部损失，这时适用民法上的赔偿规则，或者向行政法院起诉，要求行政机关赔偿全部损失，这时适用行政法规则，但受害人不能得到双倍赔偿。通常行政法院在判决行政机关赔偿时，同时规定受害人对公务员的赔偿请求权移转予行政机关，如果受害人已从普通法院得到全部赔偿，再向行政法院追诉行政主体责任时，行政法院可以拒绝受理，或驳回起诉。公务员或行政机关赔偿全部损害后，都可请求他方共同责任人偿还其应当负担的赔偿份额，在损害由两个不同的过错引起时，行政主体和公务员按各自的过错分担赔偿金额，损害的发生由一个过错引起时，即上述第二种和第三种情况，行政主体在赔偿后，可以请求有本人过错的公务员偿还全部赔偿金额。行政主体和公务员关于赔偿金额的分担和实施有争议时，由行政法院管辖。

在当代行政职能不断扩张、行政机关权力不断加强的情况下，私法上的赔偿制度很难适应行政上的情况而给予公民充分的保护。法国行政法院建立了一套完整的行政赔偿制度，这是一个伟大的贡献。这个制度的最大特点是行政赔偿的客观态度，国家是否赔偿不取决于公务员是否具有过错，而取决于公务的组织和运行是否达到一定的水平。对行政机关不苛求，不放纵，平衡行政机关和公民双方的利益。对其他国家来说，法国的制度难以实行。法国的行政赔偿制度是行政法院判例长期发展的结果。行政法官主要来源于国家行政学院,同时具有法律和行政知识。其他西方国家的行政赔偿由普通法院管辖。普通法院的法官是法律专家,缺乏行政经验。但在行政赔偿上适用民法规则,可以从民事赔偿中吸取丰富经验。只要加以必要的改变,民事赔偿规则也能适用于行政方面。各国的制度最后取决于各国的具体环境,没有抽象的理想制度。

行政公开情报自由法*

一、行政公开的法律

行政公开是第二次世界大战后行政发展的一个新趋势,我国称这种趋势为加强行政的透明度。行政公开有不同的含义,本文讨论的行政公开是指个人或团体有权知悉并取得行政机关的档案资料和其他信息而言,通常称这种权利为"了解权"(the right to know)。当然,了解权不是完全没有限制,政府为了国家安全、行政活动能够有效率地进行,以及不妨碍个人的隐私权起见,也有可以不公开行政机关掌握的某些信息的保密权。公众的了解权和对了解权的限制构成行政公开的主要内容。美国在行政公开方面的立法比其他西方国家早,而且更为完备,在一定程度上对其他西方国家起了示范作用。美国关于行政公开最重要的法律是1966年的《情报自由法》(Freedom of Information Act)和1976年的《阳光下的政府法》(The Federal Government in the Sunshine Act)。1972年的《联邦咨询委员会法》(The Federal Advisory Committee Act)也在广泛的范围内规定了会议和文件的公开和保密,它和《情报自由法》及《阳光下的政府法》有密切联系。除了这几个法律以外,1974年的《联邦隐私权法》(The federal Privacy Act)规定,行政机关保持的个人记录必须对本人公开。从这个意义上说,也属于行政公开的法律,但隐私权法的主要目的在于保护个人的隐私权和关于个人的记录的正确性,不以促进行政公开为主要目的,所以把隐私权法放在最后讨论。

除了一般性的行政公开和保密的法律以外,美国还有一些法律或法

---

* 原载王名扬:《美国行政法》,中国法制出版社1995年1月版,第953—963页;转载《宪法与行政法论文选萃》,中国法制出版社2004年12月版,第449—458页。

律中的某某条款,规定了特定的行政事项的公开和保密。例如《联邦贸易委员会法》中规定,委员会必须以适当的方式公布它的报告和决定,以便公众知悉和取得。《公共卫生和幸福法》中规定,关于年轻人的记录不得泄露其姓名等。关于特定事项的规定,有的和一般性法律重复。例如工商秘密和个人隐私权的保密在特别法中和《情报自由法》中都有规定。据众议院1966年关于《情报自由法》的报告,规定特定事项的公开和保密的法律,在当时有100个左右。《情报自由法》中规定了该法和特别法律的关系,本文说明的对象限于《情报自由法》。

二、《情报自由法》的制定和修改

(一)《情报自由法》的制定

1. 1966年以前的制度

《情报自由法》制定于1966年。为了认识这个法律对当代行政带来的变更,有必要简单回顾一下1966年以前的制度。

政府文件的公开和保密,一向是个难以决定的问题。如何调和公众了解的利益和政府保密的利益,这个问题在各个时代的政府中都存在。不同的政体和不同的时代有不同的解决办法,美国联邦政府从其成立之日起就需要解决这个问题。美国早期的《管家法》(Housekeeping Act)授权行政机关长官控制其所主管机关的文件的散布,这个传统一直延续到了当代。《美国法典》第五篇第301节规定:"行政部门或军事部门的机关长官可以制定法规管理该机关……以及机关的记录、公文、财产的保管、使用和维持。"行政文件是否公开,在没有其他法律规定时,由机关长官自由决定。私人通常只在诉讼程序中,为了弄清案情,在搜集证据的程序中,可以请求使用行政机关的文件。但行政机关可以主张行政特权,拒绝提供大量的行政文件。主要的行政特权有:国家的安全、法律规定的保密、特别的信任关系、机关内部的谈话或意见等。根据这些特权,大量的行政文件或者绝对不能公布,或者需事先经过法官的审查才能公布。法律除承认行政机关的特权以外,没有规定私人对行政文件了解的权利。

首先冲击传统制度企图保障私人了解行政文件的立法,是1946年的《行政程序法》。该法律第三节的标题是"公共情报",其中规定公众可以得到政府的文件,同时规定了非常广泛的限制。行政机关为了公共利益可以拒绝,公共利益是一个非常不确定的、使用范围极广的概念。行政机关认为有"正当理由"时也可以拒绝,正当理由和公共利益一样,是一个模糊而广泛的概念。即使行政机关不能主张公共利益和正当理由而必须提供文件时,只对和文件直接有关的人提供,不对一般公众提供。最后,这个法律还有一个严重的缺点,没有规定救济手段。在行政机关拒绝提供时,要求了解或得到文件的人不具有法律上的强制手段。在这样广泛的限制和对行政机关缺乏强制手段的情况下,1946年的立法实际上很少触动传统的制度。行政机关仍然和过去一样,大量拒绝公众要求得到的政府文件。

修改1946年法律的运动开始于1955年,但是受到了行政机关极大的反对。国会议员也没有普遍支持修改1946年法律的意见,国会只有1958年时,对《美国法典》第五编第301节作了一个表态的修改。在原来规定行政机关有权制定法规管理机关的记录、公文、财产的保管、使用和维持以后,加上一句:"本节的规定不是授权对公众拒绝提供,或者限制使用[政府]信息"。这样的规定对行政机关拒绝提供政府文件而言,不产生任何影响。

2.《情报自由法》的制定

美国社会舆论对行政文件保密的传统,普遍持反对态度。有三种社会力量强烈要求修改1946年的法律:第一,律师界由于政府文件保密而得不到证据,强烈要求改革;第二,行政改良人士认为,行政公开是改良行政的需要,符合当代社会的公共利益;第三,新闻界由于行政文件保密而得不到有新闻价值的信息和文件,强烈要求改革现行制度。在1966年法律的制定中,新闻界的鼓动发生了极大的影响。国会从1955年以来,经过多次听证以后,认识到修改1946法律的重要性。在各种力量的配合下,国会制定了1966年的《情报自由法》,以代替1946年《行政程序法》第三节的规定。1967年,这个法律的主要条款编入《美国法典》,成为法典第五编第552节,从1967年起开始实施。

1966年法律对政府文件的态度和1946年法律完全相反。取消了原来法律中公共利益、正当理由等模糊而广泛的拒绝公开的理由,列举了九项免除公开的情况。除该法列举的九项免除公开的情况以外,一切政府文件必须对公众公开,允许公众按照行政机关规定的程序得到政府文件。行政机关对法律规定免除公开的文件,还可自由决定是否公开。法律只强制行政机关公开政府的文件,不强制行政机关拒绝公开政府的文件。

公开的对象不限于和文件直接有关的当事人,任何人不需要说明任何理由,只要能够指明所要求的文件,按照行政机关规定的手续和费用,都能得到政府的文件。特别重要的是法律规定了救济手段,行政机关拒绝公开时,当事人可以提起诉讼,请求法院命令行政机关公开当事人所要求的文件。个人和团体对行政机关的了解权已经不是一个愿望,而是一个具有司法保障的权利。第一次在成文法中保障了私人取得政府文件的权利,这在美国历史上是一次革命,在世界行政的发展上也是一个重要的里程碑。

(二)《情报自由法》的修改

1966 年的《情报自由法》虽然是美国行政的一个重大发展,然而要达到该法预定的目标,保障公民的了解权尽量扩大,并且迅速地公开政府文件,仍然存在不少障碍。批评意见认为,这个法律存在不少缺点:起草工作拙劣,有些规定不够确切,有些词语意义模糊。行政机关利用这种不确切性,充分引用该法规定的九项免除公开情况,采取极广义的解释,拒绝向公众提供大量的文件。由于法律的某些规定不够明确,法院的解释也不一致。行政机关还可利用法律中同时包含必须公开的信息和免除公开的信息,拒绝提供全部文件。行政机关在按法律规定必须提供文件的时候,仍然可以采取拖延手法。因为法律只规定行政机关必须"及时地""迅速地"提供公众要求的文件,没有其他限制,以致申请人取得文件时,可能已经失去利用的意义。法律虽然规定行政机关拒绝提供文件时,申请人可以提起诉讼救济,但是诉讼的费用昂贵。法律对于情报自由法的诉讼费用,没有特别的规定,一般人不愿提起诉讼。法律对提供文件收费的规定过于笼统,以致同一机关内部各单位收费的标准不一样。法律对违法拒绝提供文件的官员没有处罚的规定,不足以激发官员守法的责任心。由于这些缺点的存在,和由于要取消最高法院的某些限制公开的判例,国会对 1966 年的《情报自由法》,在 70 年代和 80 年代进行了几次修改。本文以后对法律的内容还要详细说明,下面对各次修改的内容不详细说明,仅仅指出法律发展的情况。

1. 1974 年的修改

这是最重要的一次修改。在这次修改中,限制了国防文件和外交文件免除公开的范围,也限制了为执行法律目的而制作的文件免除公开的范围。除了这两项修改以外,其他实体法的规则没有变动。这次修改的重点在程序方面:规定了行政机关对公众请求回答的期限;法院对行政机关主张保密的文件可以秘密审查,决定是否可以公开;行政机关对可以公开的信息和免除公开的信息同时规定在一个文件中时,在删除不公开的部分以后,应公开其余部分;公众对行政机关拒绝提供文件提起诉讼,法院在判决公众胜诉时,可以判决政府负担诉讼费用;对违法拒绝提供文件的官员规定了行政处分;机关内部各单位的收费标准必须一致。

2. 1976年的修改

这次修改的内容是增加情报自由第三项免除公开必须具备的条件,限制其他法律中规定不公开的文件,能够适用于《情报自由法》。

3. 1986年的修改

这次修改对收费标准作了一些变更。规定行政机关对提供文件,在一定条件下可以放弃收费;对以执行法律为目的而制作的文件免除公开,在文字上作了一些变动,放宽限制。这次修改最重要的一项是增加第552节第3款,规定政府对非常敏感的文件,不仅可以不公开,甚至可以回避承认它的存在。因为在有的情况下,承认文件的存在,同时声明它属于免除公开的范围,这种承认本身可能已经暴露关键性的问题。所以1986年的修改增加了一个条款,使行政机关可以回避承认文件是否存在。但只适用于违反刑法、涉及国家间间谍和反间谍的事项,以及恐怖主义的活动,而且只在一定的条件之下。

三、《情报自由法》的目的和私人对《情报自由法》的利用

(一)《情报自由法》的目的

为什么要制定《情报自由法》,这个法律的主要目的是什么? 概括的回答是:《情报自由法》的主要宗旨是公开行政程序,供新闻界及公众检查。主要达到两个目的:强化民主政治和防止行政腐败。

1. 强化民主政治

约翰逊总统在1966年7月4日签署《情报自由法》时发表的声明中宣称:"今天我所签署的这个法律修改《行政程序法》第三节……对公众取得联邦各部和行政机关的文件,规定了指导方针。这个法律发源于我们所信仰的一个重要原则:在国家安全许可的范围内,人民能够得到全部信息时,民主政治才能最好地运行。任何人不可能对可以公开的决定蒙

上一个秘密的屏蔽而不损害公共利益……我们怀着这样一个深刻的自豪感而签署了这个法律:美国是一个开放的社会。在这个社会里,人民知道的权利受到重视和保护。"

《情报自由法》于1967年7月4日开始实施。在法律即将实施前夕,司法部在1967年6月发表一份说明书,介绍法律的主要内容,作为联邦行政机关适用法律时的指导和参考。司法部长克拉克(Ramsey Clark)在说明书的序言中,说明《情报自由法》的目的,这样写道:"如果一个政府真正是民有、民治、民享的政府的话,人民必须能够详细地知道政府的活动。没有任何东西比秘密更能损害民主,公众没有了解情况,所谓自治,所谓公民最大限度地参与国家事务只是一句空话。如果我们不知道我们怎样受管理,怎么能够管理自己呢?在当前群众时代的社会中,当政府在很多方面影响每个人的时候,保障人民了解政府活动的权利,比任何其他时代都更为重要。"

总统和司法部长的谈话,清楚地指明了《情报自由法》和民主政治的关系,以及制定《情报自由法》的目的。特别值得注意的是,这个法律的签署日期和实施日期都选择7月4日。美国总统在1966年7月4日签署这个法律,这个法律的实施日期是1976年7月4日。选择7月4日是因为这一天是美国的国庆日,美国人把《情报自由法》看成是国家的荣誉和开放社会的象征。

2. 防止行政腐败

美国人有一种特别的政治观念,认为公开可以作为限制行政的一种手段。阳光是最好的消毒剂,一切见不得人的事情都是在阴暗的角落里干出来的。行政机关为公共利益而活动,光明磊落,欢迎公众检查。当然,公共利益也有需要保密的时候,那是例外,应由法律规定;在没有法律的特别规定时,行政文件必须公开。历史的经验证明,保密多的政府行政腐败也多,受到公众监督的政府为公众服务的精神也较好。《情报自由法》的制定,不仅为了达到一个健全的政治目的,同时也为了达到一个健全的行政目的。

(二)私人对《情报自由法》的利用

私人要求行政机关提供文件,通常出于下述几方面的目的:

1. 监督政府的活动

新闻界、政治家和公民寻求得到政府机关掌握的信息,以便了解政府做了些什么，为什么这样做，这样做是否正确。例如私人寻求得到食品和药物管理局掌握的某种药物的试验报告，可以判断管理局批准制造某种新药或某种新的医疗器械的决定是否正确，是否有某些不周到的遗漏。

2. 学术研究

学术研究有时需要利用政府资料，不仅利用已经发表的资料，而且可能需要利用没有发表的资料，或者法律没有规定保密而政府通常不愿意公开的资料。

3. 商业目的

工商企业寻求得到政府掌握的信息，可以不用太多的花费而得到对他有经济效果的资料。例如某一厂商寻求得到环保局掌握的资料，以判断和他处于竞争地位的厂商的产品的性能，决定自己应当采取的商业措施。

4. 诉讼目的

私人在和政府进行诉讼或者和其他人进行诉讼的时候，有时需要利用政府所掌握的文件作为证据。私人首先当然根据诉讼程序法的规定，要求行政机关提供他所需要的文件。但是根据诉讼程序法要求行政机关提供某项政府文件，只能在提起诉讼以后。当事人在起诉以前要想得到某项政府文件，作为决定是否起诉的参考，只能利用《情报自由法》。此外，行政机关在进行正式程序裁决时，有的机关规定当事人可以要求裁决的机关提供有关的文件，有的机关没有规定。在后面这种情况下，当事人可以根据《情报自由法》要求行政机关提供有关的政府文件。

四、《情报自由法》的主要原则

在对《情报自由法》进行详细说明以前，首先指出它的主要原则，以便对这个法律有一个概括性的了解。《情报自由法》的基本原则有以下几项：

（一）政府文件公开是原则，不公开是例外

《情报自由法》的制定是行政法上一次革命性的变更，改变过去行政机关对政府文件的态度，限制行政机关自由决定不公开政府文件的权力。全部政府文件在申请人要求时，都必须公开。不公开的文件限于该法规定的九项免除公开的情况，即使属于免除公开的文件，行政机关仍然可以

自由决定公开。

（二）一切人具有同等得到政府文件的权利

政府文件具有公共财产性质，一切人具有同等享受的权利。不仅和文件有关的直接当事人可以申请得利，其他任何人都可申请，没有申请人资格的限制。个人申请得到文件不需要说明任何理由，只要能够指明辨别文件的标志，以便行政机关寻找，并且按照行政机关规定的手续，缴纳规定的费用，都可得到所要求的文件。

（三）政府拒绝提供文件负举证责任

政府拒绝提供申请人要求的文件，必须负责证明拒绝所根据的理由。这种证明责任和通常的情况不同。在通常情况之下，政府的行为被假定为合法，申诉人必须首先证明政府行为的违法性，然后政府才必须采取行动。《情报自由法》规定政府拒绝提供文件时，政府首先负证明责任，例如证明文件属于免除公开的情况之一。政府不能证明拒绝的理由时，必须按照申请人的要求提供文件，申请人不负证明责任。

（四）法院具有重新审理的权力

在一般的司法审查中，法院对行政机关的事实裁定不进行第一次审查，只审查行政机关的裁决是否合理，法院必须接受行政机关的合理证据支持的事实裁定。在行政机关拒绝提供政府文件，申请人请求司法救济时，法院对行政决定所根据的事实可以重新审理，按照法院的观点裁定事实，好像没有行政机关的事实裁定一样。法院对事实问题的重新审理权力只在法律有规定时为限，法律规定重新审理的情况不多。《情报自由法》中规定了法院重新审理的权限，除事实问题以外，法院还可以不公开审查行政机关拒绝提供的文件是否属于免除公开的情况。

海牙国际私法会议[*]

一、产生的背景和经过

海牙国际私法会议(La Conference de la Haye de Droit International Prive)是以逐渐统一国际私法为目的的政府间组织,成立于19世纪末期,是当时西欧大陆国家政治经济发展的产物。

19世纪70年代以后,西欧资本主义国家开始进入垄断阶段。垄断组织的活动遍及全球,国际经济活动增加,国家间私人的日常交往也随之增加,个别国家的立法已经不能适应这种情况。于是在私法方面出现了一些国际公约,如1883年在巴黎签订的《保护工业产权巴黎公约》、1886年在伯尔尼签订的《保护文学和艺术作品伯尔尼公约》等,以保护资产阶级工商业的国际利益。但是,单是关于民法方面的公约,还不足以保护资产阶级工商业的发展及一般人民日常交往的需要,因而,必须在国际私法各方面也定立国际公约,以统一或协调各国的国际私法规则。否则,同一具有国际因素的法律关系,由于各国的规定不同,适用的法律不同,效果也会不一致;或者同一法院判决,在有的国家能得到承认及执行,而在另外的国家则得不到承认及执行,这会妨碍法律关系的确定,影响交易的安全及人民的交往。

首先致力于国际私法统一工作的是意大利法学家兼政治活动家马志尼。1867年,他得到意大利政府的允许,非正式地和法国、比利时及北德意志邦联磋商统一各国国际私法问题,后因1870年普法战争爆发而停止。1873年9月,欧洲几个国际法学者在比利时根特城成立了国际法学会,由马志尼任会长,瑞士法学家布隆契里任副会长。在马志尼的影响

---

[*] 原载中国政法大学国际法教研室编:《国际私法论文集》1984年8月,第179—189页。

下,学会大力宣传国际私法的统一立法。1874年学会于日内瓦举行第二届年会时,马志尼与荷兰法学家阿塞尔提出报告,论述以国际协定统一各国国际私法的必要,并联合提出决议案,经学会一致通过,其中声称:"学会认为以条约制定统一的国际私法规则是有益的,对某些事项甚至是必要的。"与此同时,又有一部分法学家在美国人菲尔德的倡议下,于1873年10月在比利时首都布鲁塞尔成立国际法改革及编纂协会(1895年以后改称国际法协会),也赞成以国际协定统一某些国际私法规则。在此期间,一些国际法杂志也大力宣传国际私法的统一立法,特别是1869年创办的《国际法及比较立法评论》及1874年创办的《国际私法及比较判例学报》(后来改称为《国际法学报》)影响较大。

1874年,荷兰政府继意大利政府之后,倡议召开国际会议,准备制定法院管辖及外国判决的执行的统一规则。由于法国表示对他国司法制度缺乏完全信任,会议未能召开。1881年马志尼出任意大利外交部长,曾计划召开国际会议讨论统一国际私法问题。1883年,国际法改革及编纂协会年会,讨论承认外国判决问题,要求意大利政府就这个问题召集国际会议,制定共同规则。意大利政府接受这个要求,但1885年马志尼辞去外长职务,召开会议的计划未能实现。

统一国际私法问题在欧洲提出后,立即影响到了拉丁美洲各国。1878年11月9日,秘鲁、阿根廷、玻利维亚、哥斯达黎加、智利、厄瓜多尔及委内瑞拉7国,在利马签订了《建立国际私法统一规则条约》,共60条,但因大多数国家没有批准,未能生效。1888年8月到1889年2月,阿根廷、玻利维亚、巴西、智利、巴拉圭、秘鲁及乌拉圭7国,于蒙得维的亚举行南美国际私法会议,签订了9个条约,其中《国际民法条约》及《国际商法条约》为阿根廷、玻利维亚、巴拉圭、秘鲁及乌拉圭5国所批准。

蒙得维的亚会议的成功,鼓舞了欧洲国际私法学界。1892年,荷兰政府在该国法学家、国际法学会会员阿塞尔的建议下,向各国政府发出邀请,召开国际会议制定统一的国际私法规则。1893年9月13日,在荷兰海牙召开了第一届海牙国际私法会议。

二、组织和会员情况

根据组织的变动情况,海牙国际私法会议可分为两个阶段:从1893年第一届会议到第二次世界大战前(共举行了六届会议)为第一阶段。

这时的会员国主要限于继承罗马法体系的欧洲大陆国家，会议没有固定组织，而由荷兰政府邀请参加。参加的国家先后有21个欧洲国家，日本于1904年参加，而俄国则于1917年十月革命后不再参加，另外，英国曾以观察员身份参加。

第二次世界大战以后，海牙国际私法会议进入第二阶段，在会员成分及组织机构上发生了重大变化。英国和美国先后于1951年和1964年成为正式会员。以后，会员国范围继续扩大，分布于世界各大洲，包括所有主要资本主义国家。1980年会议，出席的正式会员有29个国家。此外，还有苏联等7国以观察员身份参加。

海牙国际私法会议在第二阶段的最大变化，是在1951年第七届会议上制定了组织章程，于1955年生效。从此，海牙国际私法会议成为永久性的政府间组织，设有常设机关以保证会议工作的正常进行。根据章程的规定，海牙国际私法会议的机构有四个：

1. 大会

由全体会员国组成，凡曾参加海牙国际私法会议并愿意接受会议章程的国家都可以成为会员。其他国家可由一个或几个会员国建议，经多数会员国同意后成为会员国。大会的职权为通过公约草案、提出建议和决定会议的工作计划。每四年举行一次常会，由会议的常设机关向荷兰政府提出，通知会员国参加。必要时得举行特别会议。

2. 荷兰国家委员会

国家委员会是会议的执行和指导机构，是根据1897年2月20日荷兰国王敕令成立的。当时海牙国际私法会议不是固定的组织，委员会协助政府组织会议。1951年的章程承认委员会的历史作用，规定由委员会与会员国磋商，安排大会议程。海牙国际私法会议大会主席，习惯上由荷兰国家委员会主席或成员担任。

3. 常设事务局

常设事务局是会议的秘书处，在荷兰国家委员会的领导下工作。设秘书长一人，秘书若干人。秘书由不同国家的人担任，由荷兰政府根据国家委员会提名任命。常设事务局负责大会及特别委员会的准备和组织工作，对特别委员会所讨论的问题提供材料，可以起草公约草案，并直接与会员国的国际私法团体或机构联系，享有某些外交特权。

4. 特别委员会

大会和荷兰国家委员会可以根据需要，决定设立特别委员会，进行研究工作和起草公约草案。

常设事务局、特别委员会及特别会议的经费,由会员国分摊,常会的经费由荷兰政府负担。

三、工作方法及成绩

海牙国际私法会议不企图制定一部全面的国际私法法典,而是就一些具体问题制定了具体公约,逐渐达到统一国际私法的目的。公约的内容主要在于制定及协调各国的抵触规则,包括法律抵触、管辖抵触及与抵触规则密切相关的民事程序规则,其范围不限于荷兰政府及其他会员国政府所提出的事项。海牙国际私法会议与有关的国际组织及学术团体都有联系,主要有:欧洲理事会、欧洲经济共同体、国际法学会、国际法协会、联合国法律顾问办公室、联合国贸易法委员会、国际统一私法学会、美洲国家组织、亚非法律协商委员会等。它们当中有些团体与海牙国际私法会议订有合作协定,可以向海牙国际私法会议提出建议或意见,或派观察员参加讨论。海牙国际私法会议也可对它们工作中的国际私法问题提供意见。

公约的制定通常包括下列几个阶段:

1. 选定项目

公约规定的项目,通常由会员国代表或常设事务局成员提出,有时由其他团体建议。项目提出后,由特别委员会审查,提交大会讨论,大会接受后,即作为未来工作的建议,向荷兰国家委员会提出,由该委员会与常设事务局安排工作进度。

2. 研究

常设事务局对已确定的项目,指定秘书处进行研究。每一题目研究时间为1年左右,然后作成报告及调查表,征求会员国意见或搜集资料。秘书长及荷兰国家委员会对调查表有权审查和修改。

3. 讨论

特别委员会根据研究报告、调查表及会员国的答复进行讨论。讨论结论作成记录,供第二次特别委员会讨论。

4. 起草

第二次特别委员会就第一次特别委员会的结论进行讨论,成立起草小组草拟条文(1964年以前条文用法文起草,1964年以后用法文及英文起草)。

5. 通过

特别委员会的草案提交大会讨论。大会就每一问题成立专门委员会,对草案进行讨论和修改,向大会报告,由大会通过。每一项公约草案从研究阶段到通过为止大约为4年时间。如问题复杂,大会不能通过时,则成立特别委员会完成大会工作;或召集特别大会,或继续研究提交以后大会讨论。

6. 签字

通常在公约制定后1年左右开放签字。在此期间由常设事务局就公约作成报告,分送各会员国。

公约签订后,一般需要3到5个国家批准才能生效,没有参加会议的国家,可以根据公约规定的条件申请加入。

海牙国际私法会议在第一阶段共制定了7个公约:(1) 1896年《民事诉讼程序公约》;(2) 1902年《关于婚姻的法律抵触公约》;(3) 1902年《离婚及分居的法律与管辖抵触公约》;(4) 1902年《未成年人监护公约》;(5) 1905年《婚姻效果关于对夫妻身份和财产关系效力的法律冲突公约》;(6) 1905年《关于禁治产及类似保护处分公约》;(7) 1905年《民事诉讼程序公约》(代替1896年公约)。此外,会议还讨论了继承、遗嘱、外国判决的承认和执行、司法救助、破产、国际动产买卖和修改1902年及1905年公约等问题。

会议的第二阶段制定了28个公约:

关于反致的公约:1955年《解决本国法与住所地法冲突公约》(尚未生效)。

关于外贸的公约:(1) 1955年《国际有体动产买卖法律适用公约》;(2) 1956年《承认外国公司、社团和财团法律人格公约》(尚未生效);(3) 1958年《国际有体动产买卖所有权转移法律适用公约》(尚未生效);(4) 1958年《国际有体动产买卖协议管辖权公约》(尚未生效);(5) 1965年《选择法院协议公约》(尚未生效);(6) 1978年《居间合同及代理法律适用公约》(尚未生效)。

关于保护儿童的公约:(1) 1956年《儿童抚养义务法律适用公约》;(2) 1958年《儿童抚养义务决定的承认和执行公约》;(3) 1961年《保护未成年人管辖权和法律适用公约》(代替1902年《未成年人监护公约》);(4) 1965年《收养管辖权、法律适用和决定承认公约》;(5)《非法扣留儿童民事方面的国际公约》(第十四届会议通过)。

关于婚姻及家庭的公约:(1) 1970 年《承认离婚和分居公约》;(2) 1973 年《扶养义务决定的承认和执行公约》;(3) 1973 年《扶养义务法律适用公约》;(4) 1978 年《结婚仪式和承认婚姻有效公约》(尚未生效,代替 1902 年《婚姻法律抵触公约》);(5) 1978 年《夫妻财产制法律适用公约》(尚未生效)。

关于遗嘱及遗产的公约:(1) 1961 年《遗嘱方式法律抵触公约》;(2) 1973 年《遗产国际管理公约》(尚未生效)。

关于侵权行为的公约:(1) 1971 年《公路交通事故法律适用公约》;(2) 1973 年《产品责任法律适用公约》。

关于民事程序的公约:(1) 1954 年《民事诉讼程序公约》(代替 1905 年《民事诉讼程序公约》);(2) 1965 年《民商事件司法和司法外文件的国外通知和送达公约》(代替 1905 年及 1954 年《民事诉讼程序公约》第 1—7 条);(3) 1970 年《民商事件国外调取证据公约》(代替 1905 年及 1954 年《民事诉讼程序公约》第 8—16 条);(4) 1961 年《取消要求外国公文书的认证公约》;(5) 1971 年《民商事件外国判决的承认与执行公约》;(6)《民商事件外国判决的承认和执行公约附带议定书》;(7)《国际诉讼程序公约》(第十四届会议通过,代替 1905 年《民事诉讼程序公约》第 17—24 条,及 1954 年《民事诉讼程序公约》第 17—26 条)。

海牙国际私法会议第一阶段及第二阶段所通过的公约有明显的不同趋势:(1) 第一阶段的公约,内容限于亲属法及程序法问题,第二阶段的公约则趋向于解决经济问题及社会问题。海牙国际私法会议还准备制定商业票据法律适用公约、仲裁公约、技术转让法律适用公约、雇佣合同法律适用公约等。(2) 第二阶段的公约中大量使用惯常居所地法作为准据法,而在第一阶段的公约中,则当事人的本国法占主导地位。(3) 第二阶段的公约中,几乎普遍地限制公共秩序的保留,外国法只在"明显地"违反法院地公共秩序时才不适用。(4) 第二阶段的许多公约,对于法律适用不要求对等条件,非缔约国的法律只要符合公约规定的条件,同样可以适用,在国际私法的统一方面,比以前进了一步。

四、评 价

海牙国际私法会议在统一国际私法方面,作出了一些成绩。会议在第一阶段制定7个公约,其中1905年的《民事诉讼程序公约》,在1951年时,还在西德、苏联等20个国家有效。

但是这种成功只是相对的。第一,第一阶段会议的参加国主要是大陆法系国家,普通法系国家及拉丁美洲国家都未参加,亚洲国家除日本外也未参加。第二,参加会议的国家并未对7个公约全部签字或批准,例如丹麦、挪威、俄国,除接受1905年《民事诉讼程序公约》外,未接受其他公约。第三,原来接受公约的国家,后来由于对公约的解释不同或政策的变更,有些退出了公约。例如,法国在其所签订的7个公约中废除了6个,只维持1905年的《民事诉讼程序公约》,而且就是这个公约也因为第一次世界大战爆发,在敌对国之间失效,而《凡尔赛和约》也没有加以恢复。瑞典和法国一样,在1902年及1905年的各公约中,只保留1905年的《民事诉讼程序公约》,而该公约已为1954年的公约及以后的其他公约所代替。比利时退出了1902年的结婚公约、离婚公约及1905年的婚姻效力公约。德国及瑞士都退出了1902年的离婚公约。第四,第一阶段所制定的公约过分强调当事人本国法的作用,而现在国家对私法的干涉越来越多,本国法主义不能适应这种情况。因此,第一阶段所通过的公约,大都为第二阶段的公约所代替。

就海牙国际私法会议第二阶段而言,会员国比以前增加,这是一个进展。但就世界范围来看还很不普遍。海牙会议的宗旨原不以特定地区为限,但会员仍然以欧洲国家为主,与其所标榜的宗旨不相称。根据《海牙国际私法会议章程》第2条的规定,新会员的加入,必须对会议的工作具有"法律上的利益",并且经原有会员国多数的同意。这表明,海牙国际私法会议无意对所有国家开放。海牙国际私法会议可以说主要是发达的资本主义国家之间的"共同市场"。

就第二阶段的成绩来看,海牙国际私法会议的成功仍然是有限的。从第七届会议到最近的第十四届会议期间,共制定了28个公约,其中11个公约截至1981年1月尚未生效(第十四届会议所通过的公约目前尚未开放签字)。在已经生效的17个公约中,批准及加入国达10国以上的只有7个。这7个公约是:《民事诉讼程序公约》《儿童抚养义务法律适用公约》《儿童抚养义务决定的承认和执行公约》《遗嘱方式法律抵触公约》《取消要求外国公文书的认证公约》《民商事件司法和司法外文件的国外通知和送达公约》《民商事件国外调取证据公约》。足见资本主义国家之间利害冲突是不易调和的,因而妨碍了对公约的接受。

在技术方面,海牙国际私法会议在实现统一国际私法的方法上,过于划一,不能适应复杂的情况。海牙国际私法会议迄今为止,主要是制定公约,规定各国必须遵守的共同国际私法规则。会员国由于考虑要负担国际义务,因而不愿意批准公约,特别当公约所规定的事项不在某些联邦国家、联邦政府权限之内时,这些国家更无法批准或加入公约。但是为了达到统一法律的目的,也可以采取比较灵活的方式,例如示范法的方式,即由会议通过示范性的条款,供各国自由采用,或根据本国情况加以变更。这样,有些原来不愿全部接受或不能批准公约的国家,可能自愿采取公约中的规定,从而达到逐渐统一法律的目的。这种方式最低限度对于在法律适用上不要求对等条件的事项是可行的。第八届海牙国际私法会议时,美国代表团根据其国内统一商法的经验,提出示范性条款问题,但海牙国际私法会议至今仍只采用传统的制定公约的方式。

然而评价海牙国际私法会议的成绩,不应单凭公约批准国及加入国的数目,而忽视公约的影响。海牙国际私法公约的制定,经过充分准备,常设事务局发挥了有益的作用。公约草案在提出前对有关的实体法及抵触规则作过比较研究;讨论及起草公约草案的特别委员会,以及各国参加大会的代表团,均由著名的国际私法专家组成;草案在制定的过程中,征求过会员国政府的意见。因此,会议所通过的公约是在当时情况下可能被接受的最好方案,不论批准与否,都有参考价值。未被批准的公约,其中某些规定,有时也为一些国家的立法及法院所采用,有的公约也为苏联等国家所批准或加入。因此,海牙国际私法会议对促进国际私法的逐渐统一,能在一定限度内作出有益的贡献。

我国行政诉讼立法的几个问题[*]

自从党的十一届三中全会以来,我国建设的重点是发展生产力加快经济建设,健全社会主义民主与法制。这两项建设互相联系,生产力和经济建设的发展只有在健全法制的保障和促进下才能顺利进行。社会主义法制建设,首先要求制定各种必要的法律,使各项活动有法可依。但立法工作只是法制建设的一个侧面,如果有法不依、执法不严、违法不究,立法工作就毫无实际意义。因此,贯彻执行法律,依法办事是法制建设的另一侧面。依法办事首先是政府依法办事,只有政府依法办事才能带动全体公民遵法守纪。政府依法办事的中心是依法行政,而依法行政的有效保障是行政诉讼制度:即公民对于违法的行政行为,可以请求一个独立的司法机关对它进行审查和撤销,使它不能发生效果,而且在受到损害时还可请求赔偿。有了这样一种制度,行政机关不依法办事实际上不可能。因此,一个有效的行政诉讼制度是健全社会主义法制的有力支柱。

我国《行政诉讼法(草案)》经人大常委会审议通过。本文就以下几个有分歧的问题,提出笔者的看法。

一、行政诉讼的范围

行政诉讼的范围问题是与行政诉讼的目的,以及法律规定行政诉讼的方式有关。行政诉讼的目的有两个方面:一是保障国家的法律得到遵守,维护统治阶级所建立的法律秩序;二是保护公民的权利不受行政机关侵害,促进安定团结的局面。前一目的是行政诉讼所追求的客观效益,是行政诉讼的主要目的;后一目的是行政诉讼满足公民保护本身权利的主

---

[*] 原载《法学杂志》1984年第1期,第3—4页。

观愿望,是行政诉讼的次要目的。因为公民权利的保护,除可以通过行政诉讼以外,还可以通过普通诉讼得到。从行政诉讼所要达到的客观效益而言,行政诉讼的范围要广,对一切侵犯公民利益和公共利益的违法行为都可提起行政诉讼,这样才能保障国家的全部法律得到遵守。从保护公民的权利不受行政机关的侵害而言,行政诉讼的范围较窄,因为公民从行政活动所得到的各种利益,并不全都构成公民的权利。公民权利的范围根据各时代和各个社会中流行的观念,以及各个社会中经济发展的程度而定。目前世界各国实施行政诉讼的目的,大都着重于维护该国的法律秩序,所以行政诉讼的范围较广,不限于侵害公民权利的违法行为,而且包括侵害公民利益和公共利益的违法行为在内。

行政诉讼的目的从法律技术的观点着眼,表现于能够提起行政诉讼的当事人的资格。任何诉讼只在当事人具备一定的资格以后,才能起诉。如果认为行政诉讼的目的在于保障客观的法律秩序,则凡是公民的利益和公共利益受到侵犯的时候,公民、公民团体以及包括国家在内的公共团体都应具有起诉资格。如果认为行政诉讼的目的是保护公民的主观权利,则只有权利受到侵犯的公民和公民团体,才具有起诉资格。

法律对行政诉讼规定的方式也会影响行政诉讼的范围。如果法律对于行政诉讼采取列举的方式,没有列举的事项不在行政诉讼范围以内,行政诉讼的范围就较窄。如果法律对于行政诉讼采取概括规定的方式,凡是符合法定标准的事项都可被诉、不能被诉的事项采取列举的方式,行政诉讼的范围就较广。这两种方式的选择,取决于立法者的意图究竟采取广范围的或窄范围的行政诉讼。世界各国对于政治性质浓厚的事项,大都认为不能被诉。这些事项的名称和种类,各国不一样。有的称为国家行为,有的称为政府行为,有的称为政治行为。有的国家这些事项较多,有的国家这些事项较少。就各国发展的趋势而言,这些事项的数量越来越少。除了政治性质浓厚的事项排除行政诉讼以外,有时为了某种公共利益的需要,法律也可暂时规定某些事项不能被诉。对于这些事项的种类,各国根据自己的情况决定。

二、法院对于行政机关自由裁量权的监督范围

自由裁量权是指法律赋予行政机关可以根据自己的判断,作出最符合公共利益的决定的权力,行政机关对于所要采取的措施,具有选择的自

由。自由裁量权在很多情况下是提高行政效率所必要的权力,近代行政发展的趋势是授予行政机关广泛的自由裁量权。因为行政机关所面临的情况复杂,变更迅速,法律不能对行政机关预先规定一种决定,只能授权行政机关根据情况决定。自由裁量权的行使产生两个问题:一是权力的行使是否妥当的问题;二是权力的行使是否合法的问题。权力的行使是否妥当,取决于行使权力者的专业知识、行政经验、对于政策的理解和具体情况掌握的程度。而这些条件,只有行政人员才能具备,法官作为法律专家,不具备这些条件。所以自由裁量权的行使是否妥当,应由行政机关及其上级机关判断。法官即使不赞成行政机关的决定,也不能用自己对行政决定妥当性的判断,代替行政机关的判断。另外,法院对于行政机关自由裁量权的行使,也不能不闻不问。任何权力的行使如果不受外界的监督,必将流于专横。法官作为法律专家,必须对自由裁量权的行使是否合法进行监督。所谓自由裁量权的行使是否合法,包括审查行政机关的决定是否滥用权力,是否超越法定的范围以外,是否严重地缺乏事实根据等法律问题。当然,合法性和妥当性的区别,不是绝对隔离、水火不容的。有时,法律规定行政机关作出某种决定,只能在必要的范围和合理的程度内才是合法的,特别是行政机关在作出强制性的决定时会受到这种限制。根据这样的规定,法官在审查行政决定的合法性时,必须审查行政决定的必要性或合理性。而必要性和合理性的审查,在很大程度上接近于妥当性的判断。即使在这种规定下,也不能认为法院在监督行政决定的妥当性,法院审查的对象仍是行政决定的合法性。法院在审查行政决定的必要性时,原则上要尊重行政专家的意见,只有在后者的意见缺乏实质性的证据支持时,才能认定为违法。

三、司法变更问题

司法变更是指法院对行政机关的决定,不是维持或者撤销,而是加以变更。在讨论这个问题时,必须首先弄清楚司法监督的性质。法院对行政机关的监督,不同于上级行政机关对下级行政机关的监督,也不同于上级法院对下级法院的监督。上级机关对下级机关的监督属于层级监督,上级机关对下级机关的决定,具有维持、撤销或变更的权力,除非法律另有规定时例外。法院对行政机关的监督是两个互相独立的系统的机关之间的关系。正如行政机关应当尊重法院的独立,不能干涉法院的职权一样，法院也应当尊重行政机关职权的范围。法院监督行政机关行使职权，不是代替行政机关行使职权。因此，法院对行政机关的决定，只能或者维持，或者撤销。在后一种情况下，要由行政机关得出结论，作出合理的安排。法院在撤销行政机关的决定时，也可以发回行政机关另作处理。法院在判决中还可以命令行政机关执行法律所规定的职务。有时，法院对行政机关的决定认为结果合法，应予维持，但认为支持决定的理由不合法时，可以在判决书中说明理由部分，用正确的理由矫正行政机关的理由。这种情况不是变更行政机关的决定，而是维持行政机关的决定。法院不能变更行政机关的决定，是尊重行政职权和司法职权互相独立的需要，也是职务分工发挥各自专长的需要。如果立法者认为在某种行政事项上，授权法院变更行政机关的决定更为合理时，法律可以作出特别的规定。在法律没有特别规定时，不能认为行政诉讼中有所谓司法变更权。立法者在作出这种特别规定时必须特别慎重。

四、行政规章可否作为审理行政案件的依据问题

行政规章在我国的法律秩序中，是指除国务院以外，其他行政机关所制定的普遍适用的法的规范。行政规章不同于行政组织所采取的内部行政措施。内部行政措施没有经过公布程序，不规定外部关系，对外部不产生执行力，法院不予适用，但在一定情况下可以作为执行人员免除责任的证明。行政规章经过正式公布，对外发生效力。法院如果拒绝适用，必然破坏法律秩序的完整体系。一个国家的法律秩序，由不同层次的法的规范所构成，好像一座金字塔，基础部分的规范较多，比较具体，适用的范围较小，效力也较低。中层和上层的规范数量逐渐减少，内容较抽象，适用的范围较广，效力逐级上升。就我国法律秩序的结构而言，金字塔的顶端是宪法，主要是规定最一般性的原则。这些原则在执行中逐级具体化，发展成为基本法律、一般法律、全国性的行政法规和行政规章、地方性的行政法规和规章。在这个结构中，下级规范的效力来源于上级规范，是上级规范在较低一级范围内的执行和具体化。如果没有这个层级结构，一个国家的法律不可能既有统一性，又有适应性，成为一个和谐一致的整体。如果否认规章的法律效力，等于减少法律秩序的发展层级，结果导致国务院以下的行政机关在执行法律和行政法规时，只有作出具体处理的手段，不能采取普遍性的措施，这在现代行政上是不可能的事情。现代行政机

关必须同时具有这两种法律手段,才能进行活动。行政规章是行政机关在其管辖范围内落实上级规定的手段,也是保障本机关的具体处理和谐一致的措施。法院必须从法律秩序的整体结构观察行政规章的效力,理解行政上的需要。

法院必须适用行政规章,并不表示法院必须适用任何行政规章。法院对于规章的效力必须审查,只在规章有效范围以内才能适用。规章的内容不能违背法律、法规和上级规章的规定。除了纯粹的执行规章以外,补充性的规章必须根据法律或法规的授权。制定规章的程序必须符合法律和法规的规定。

评《行政诉讼法（草案）》*

一、《行政诉讼法（草案）》公布的重大意义

1988年11月10日，北京各大报刊全文登载《行政诉讼法（草案）》全文（以下简称《行诉法草案》或《草案》），在全国范围内广泛征求意见。草案的公布以及这种征求意见的方式，其重要性超过了立法工作本身，具有深远的政治意义和历史意义。

（一）讨论《行诉法草案》是公民参与政治的一种方式

我国《宪法》规定，一切权力属于人民，人民行使权力的机关是全国人民代表大会和地方各级人民代表大会。因此，公民参与立法活动的正常方式是通过人大代表进行，然而这次公布《行诉法草案》征求意见，是公民直接参与立法活动。过去我国在立法工作中也经常听取公民意见，但这次征求意见和以往相比，范围更广泛，方式更直接。这标志着我国从十一届三中全会以来，政治民主化又前进了一步。

（二）公布《行诉法草案》是依法行政发展的里程碑

依法行政是我国《宪法》所规定的基本原则。《宪法》第5条第3款规定："一切国家机关和武装力量、各政党和各社会团体、各企业事业组织都必须遵守宪法和法律。一切违反宪法和法律的行为，必须予以追究。"这是依法行政的庄严宣示。我国人民吸取"文化大革命"破坏法制的十年痛苦教训以后，对依法行政的重要性认识是极为深刻的。因此，从十一届三中全会以后，特别重视法制建设。从1979年到1987年期间，全国人

---

* 原载《政法论坛》1989年第1期，第64—69页。

大和人大常委会审议通过、修改、补充法律87件,通过有关法律问题的决定34件,为依法行政提供了必要的法律依据。在此期间,对《行诉法草案》的制定也做了一些准备工作,但没有来得及制定,这是行政立法中的最大缺陷。因为法律的意义在于实施,不实施的法律再多也没有用处。保证行政法的实施最有效的手段是建立行政诉讼。有了行政诉讼制度以后,行政机关不合法的决定才有可能被法院撤销;行政机关除依法办事以外,没有其他的可能。行诉法是其他行政法的保障,是行政法律中的基本法。所以说,《行诉法草案》的公布,是我国依法行政发展的重要里程碑。

(三) 公布《行诉法草案》具有政治教育意义

法院活动的原则是不告不理,只在公民有决心以行诉法作为维护法制和自己权益的手段时,行诉法才会发挥作用。在我国的社会发展史中,封建主义时期太长,我国人民至今未能完全摆脱封建思想的影响,很多人头脑中还有官贵民贱的等级观念,不敢约束和监督政府依法行政。这次公布《行诉法草案》广泛征求意见,公开讨论,是对公民的一种政治教育;宣传政府和人民一样有守法义务,政府机关不守法时,公民可以去法院控诉。这种宣传是为行诉法的实施准备一个社会基础。

二、《行诉法草案》的特点

《行诉法草案》的特点是从我国的实际情况出发,制定一个符合国情、能为各方面接受的法律。草案中的条文是在调查研究的基础上规定的,其特点主要表现在以下几个几面:

(一) 行政条例不能作为诉讼标的(《草案》第2条、第10条)

我国的行政诉讼处于初创阶段,行政机关接受诉讼有一个心理过程,在最初阶段,诉讼的范围不宜太宽,所以《行诉法草案》规定行政条例不能作为诉讼标的。公民的权益只在行政机关根据条例作出具体决定时才直接受到影响。公民对行政机关的具体决定已经可以提起行政诉讼,法院不能审理行政条例案件,公民的权益也不会因此而缺乏保护。公民认为行政条例违法时,可以请求制定条例的上级行政机关或同级人大常委会采取措施,并不是毫无救济手段。这条规定是从我国当前的实际情况出发制定的。

（二）行政诉讼所保护的权益限于法律所列举的重要事项(《草案》第9条)

这条规定的立法理由和上款相同,行政诉讼的范围在最初阶段不宜太宽,公民不能对任何违法侵害权益的行政行为都提起行政诉讼,行政诉讼所保护的权益以法律和法规中有规定者为限。在其他法律和法规中无规定时,《行诉法草案》第9条列举5类事项可以提起行政诉讼:(1)行政机关的处罚决定;(2)剥夺或限制人身自由的强制措施;(3)侵犯合法的承包经营权;(4)拒绝或拖延公民应有的许可证或证明;(5)行政机关工作人员滥用职权侵害公民和组织的合法权益的行为。在这5项规定中,最主要的诉讼为第(1)项所规定的行政机关的处罚决定。第(2)、(3)、(4)项所规定的范围比较具体。第(5)项规定的范围较广,包括侵害公民一切合法权益的行为在内。但这项规定的适用限于行政人员滥用职权的行为,即行政人员故意的侵害行为,不包括行政人员其他的侵害行为在内,也不包括行政机关由于组织和管理混乱而作出的侵害行为在内。从这5项规定来看,行诉法所规定的诉讼范围不广。除行诉法以外,其他法律和法规中关于行政诉讼的规定有120多个(根据任建新主编的《行政诉讼常用法规总览》)。在这些法律和法规中,最主要的事项仍然是关于行政处罚的决定。目前阶段我国行政诉讼事项以行政处罚为主的原因,是由于公民权益中最需要保护的是不受行政机关违法的处罚,至于公民和行政主体的其他方面利益,例如环保、卫生、自然资源、财政补助、社会福利、劳动服务、文教体育、出国护照、宗教信仰、公民权利,大都暂时没有列入诉讼法保护的范围。这种规定反映出我国的行政诉讼范围采取逐渐发展的做法。

（三）社会团体可以接受成员委托,提起行政诉讼(《草案》第24条)

社会团体在其本身利益受到侵害时,可以提起诉讼,也可为了保护成员利益参与成员的诉讼,这些都属于团体的正常活动。但团体接受成员的委托,代理成员提起诉讼,必须有法律的规定。《行诉法草案》从我国的实际情况出发,作出了这样的规定。在我国,有些人由于受封建思想的束缚,不敢控诉行政机关;有些人由于知识缺乏或经济困难,无力提起诉讼。在这种情况下,委托团体代理起诉,可以充分保障公民的合法权益,监督行政机关依法行使职权。

（四）陪审员参加行政诉讼（《草案》第 29 条）

我国的民事诉讼和刑事诉讼，在第一审程序中都有陪审员参加。《行诉法草案》把陪审制度推广适用于行政诉讼，这是我国在诉讼方面贯彻群众路线的表现，也是我国人民作为国家主人，有权参加包括审判工作在内的国家事务管理的表现。和其他诉讼相比，陪审员在行政诉讼中所能发挥的作用更大。因为审理行政诉讼需要专业知识，由专家、群众代表或有管理经验的人作为陪审员参加诉讼，和法官结合审理行政案件，能够提高行政诉讼的质量。

（五）被诉人必须证明作出行政决定的事实和法律依据（《草案》第 31 条）

举证责任在刑事诉讼中和民事诉讼中不同：在刑事诉讼中由追诉人员负证明责任，在民事诉讼中由主张自己利益的人员负举证责任。行政诉讼有时类似刑事诉讼，例如行政处罚的决定；有时类似民事诉讼，例如当事人申请某项利益的诉讼。在当事人不服行政处罚之诉中，行政机关处于被追诉人的地位，应负举证责任。在当事人申请某项利益时，由当事人首先负举证责任。考虑到行政诉讼过程中，行政机关处于优越地位，掌握和案件有关的大量材料，所以在当事人能够证明其请求相当合理时，行政机关有义务证明其作出决定的事实和法律依据。在我国行政机关中，有人认为，《行诉法草案》关于举证责任的规定，明确行政机关所作决定必须以事实为根据，以法律为准绳，很有现实意义。

（六）行政处罚畸轻畸重显失公平的，法院可以变更（《草案》第 36 条第 4 项）

《行诉法草案》原则上不承认法院有权变更行政机关的决定，但是对显然不公正的行政处罚法院可以变更。这条规定是慎重考虑的结果。一方面，法院只能监督行政机关行使职权，不能代替行政机关作出决定，所以法院原则上没有变更行政决定的权力；另一方面，行政机关一切权力的行使，必须符合公正原则。显然不公正的处罚，不论是轻犯重惩，或者是徇私宽纵，本身就是一种越权，行政机关不可能具有作出显然不公正处罚的权力。行政处罚作为一种制裁手段，严重影响公民的自由和权利。法院具有保障公民不受违法处罚的职责,为了避免行政机关在其处罚决定撤销以后,再次作出同样的或类似的决定,法律授权法院对于显失公平的处罚可以变更,不是授权法院代替行政机关作出决定,而是授权法院能够更有效地履行其保障公民自由和权利的职责和维护行政公平的原则。

(七)规定执行法院判决的强制措施(《草案》第44条)

对于有些行政诉讼的判决,行政机关在执行中可能会遇到某些困难。为了发挥行政诉讼的实效,必须针对行政机关执行法院判决,规定某些强制执行措施,在其他国家如此,我国也不例外。《行诉法草案》中关于强制执行法院判决的措施,是其显著的特点。

三、对《行诉法草案》的几点看法

(一)行政条例作为诉讼标的问题

以上已经说明行政条例不能作为行政诉讼标的的理由。另外,也不应当忽视条例不能作为诉讼标的的缺点。行政条例虽然不直接影响公民的权益,但是毫无疑问,它能够而且一定会影响公民的权益。因为行政机关可以根据条例作出具体的处理,如果公民只能对根据条例作出的具体处理提出申诉,这样的申诉一定很多,会加重法院的负担。不如允许公民直接请求法院撤销违法的行政条例,避免可能重复发生的行政诉讼。在承认行政诉讼的国家,大都承认法院有权撤销违法的行政条例。如果法院没有这种权力,则行政诉讼的作用就减少了一半。行政机关对于法院撤销条例的判决不服,可以上诉。经过法院两次审查以后,判决必定达到一定的质量。行政机关对于上诉后的判决仍然不服时,鉴于我国的具体情况,法律还可规定再给行政机关一次申诉的机会。行政机关可以把案件提交给和上诉法院同级的人大常委会,由后者决定条例是否合法或作出其他规定。这种解决办法符合我国的体制,因为法院和行政机关都要接受权力机关的监督和执行权力机关的决定。这种解决办法的好处在于:(1)可以避免法院审理由于行政条例违法而引起的多次诉讼;(2)维持法院对行政诉讼的完整的管辖权;(3)行政机关对法院判决不服有申诉的机会;(4)强化权力机关对行政机关和法院的监督。

(二) 检察官的起诉资格

《行诉法草案》第 7 条规定，人民检察院有权对行政诉讼实行法律监督。第 2 条规定，公民和组织在其合法权益受到行政权力的侵犯时，有权向人民法院起诉。结合这两条观察，检察官对行政诉讼的监督不包括起诉权力，行政机关的违法行为不仅可能侵犯公民和组织的合法权益，也可能侵害国家利益。在后一种情况下，公民和组织没有起诉资格，只能由检察官作为公共利益的代表，请求法院审查行政行为的合法性，并撤销违法行为。

(三) 行政诉讼的级别管辖

《行诉法草案》第 15 条规定，行政诉讼原则上由基层人民法院作为初审法院。第 16 条规定，专利、海关、重大和复杂的案件以中级人民法院作为初审法院。因此，就我国行政诉讼的级别管辖而言，大部分诉讼以中级人民法院作为终审法院。这样的规定是否符合我国法官的水平？《草案》第 20 条规定，上级法院有权提审下级法院初审的案件，下级法院就其初审的案件也有权报请上级法院审判，这是对级别管辖的例外调整，这种调整，没有改变行政诉讼以基层人民法院作为初审法院的原则。

《行诉法草案》关于级别管辖的规定，基本上和民事诉讼相同。但民事诉讼发生在地位平等的私人之间，判决的效力只涉及私人的权利；而行政诉讼发生在地位不相等的行政机关和公民之间，判决的效力涉及政府权力的行使和公民权益的保护。这两种诉讼的性质、重要程度和作用不一样，行政诉讼是否可以完全采用民事诉讼的级别管辖原则，值得讨论。为了适应行政诉讼当事人地位的特点，是否可以考虑公民和组织不服县政府作出的决定和复议的案件，原则上以基层人民法院作为初审法院；不服省政府作出的决定和复议的案件，原则上以中级人民法院作为初审法院；中央各部的地位和省相同，但各部的重要案件可由高级人民法院作为初审法院；不服国务院的决定，原则上以最高人民法院作为初审和终审法院。这样规定的好处在于便利当事人的申诉和法院的调查。因为基层人民法院大都设在县城或普通市内，中级和高级人民法院大都设在省会和大城市内。而且由和行政机关同级的法院作出初审判决，由行政机关级别较高的法院受理上诉，这样的判决易为行政机关接受，便于执行。

（四）复议机关作为被告的问题

《行诉法草案》第22条第2款规定,经复议机关裁决的案件,复议机关是被诉人。复议机关通常是作出原行政决定机关的上级监督机关,公民对其监督权的行使不服,法律规定它作为被告,有利于敦促上级机关在行使监督权时认真负责。但是就诉讼法的理论来看,原告和被告是诉讼的当事人。当事人是指权利和义务发生争执,以自己的名义起诉和应诉并受法院判决拘束的人。在行政诉讼中,公民所控告的行为属于原来行政机关的决定,只有原来的行政机关是争执中的权利和义务主体。法院判决的结果需要采取其他行政行为时,由原行政机关采取,复议机关不能代替。法院判决赔偿时,由原行政机关赔偿,复议机关不能代赔。行政机关败诉需要交纳诉讼费时,由原机关交纳,不由复议机关负担。从各种诉讼关系来看,都应以原行政机关作为被告,不能由复议机关作为被告。级别较高的行政机关所复议的案件必然很多,如果都要作为被告,单是应诉就已经应接不暇,更不用说诉讼费用的负担了。这一点民事诉讼的实践可以作为行政诉讼的参考。在复议的案件中,复议机关的裁决只是行使监督权力,它本身不是所争执的行政权力的主体,不因为行使裁决权而成为当事人。公民不服复议机关的裁决提起诉讼时,仍应以原来作出决定的机关作为被告,请求法院同时撤销原机关和复议机关所作出的两个行政决定。

（五）行政机关代替私人和组织作为被告的问题

《行诉法草案》第22条第3款规定,行政机关授权个人或者组织实施行政行为时,由授权的行政机关作为被告。这样的规定过于笼统。一切在法律上有独立存在的人都应对自己的行为负责,这是原则;代替别人负责只是例外。私人被授权实施行政行为时,不能因为是执行行政职务而可以对相对人一概不负责任;行政机关也不能因为私人所执行的职务属于行政职务,而必须完全负责。行政机关对授权实施的行政行为,首先应对授权行为的合法性负责,其次应对监督权的行使负责。因此,行政机关授权公民或组织实施行为时的责任,应区别不同的情况。如果被授权人毫无决定的权力,只是按照行政机关的指示办事,这时行为人只是行政机关执行职务时的工具,行政机关应当对其行为负责。如果行为人具有一定的决定权力,行政机关原则上只能就监督行为负责,当事人在追诉行政机关以前，应先请求行政机关对被授权者的行为加以矫正。只在行政机关不行使监督权，或者当事人对监督权的行使不满意时，才能对行政机关提起诉讼。当然，行政机关在被授权人有决定权时，也不是在监督权外完全没有其他责任。例如，被授权人和组织需要赔偿而无力负担时，为了弥补公民的损失，应由行政机关赔偿。这是例外情况，不是行为人对相对人不负责任。

（六）当事人的诉状交换问题

《行诉法草案》第28条规定，行政诉讼原则上应开庭审理，但法院认为事实清楚的案件可以实行书面审理。行政诉讼实行书面审理比民事诉讼容易，因为行政机关办案的过程，大都见于书面材料，通过原告和被告的诉状交换，以及双方所提供的证据材料，法院大致可以澄清事实。《行诉法草案》第26条对当事人的诉状交换只规定一次，立法理由可能认为多次诉状交换会迟延开庭时间，事实情况应在开庭时澄清。然而为了加速诉讼的进程，法院必须在开庭审理以前，对案件的事实基本上已经澄清，庭审在法院的指导下进行，才能节省时间。如果在没有准备的情况下匆匆开庭，不仅不能加速判决，反而浪费时间，为了在开庭前有充分的准备，原告和被告之间的诉状交换不应以一次为限，承办案件的法官认为必要时，可以在开庭前指定时间，命令当事人为第二次和第三次诉状交换，确定双方争论的关键所在。

（七）检察院提起审判监督的程序问题

《行诉法草案》第41条规定，有权决定再审之诉的机关是各级法院的审判委员会和上级法院，没有规定检察院提出再审的权力。草案第7条规定，检察院对行政诉讼实行法律监督，法律监督的范围当然包括对认定事实和适用法律错误的已经生效的判决可以提起抗诉，按照再审程序加以纠正。第41条的规定应修正和第7条一致。

（八）强制执行的程序问题

人民法院采取强制执行程序，原则上应依当事人的申请，在当事人申请的范围内决定执行措施。而且在采取强制手段以前，先要经过催告程序，避免强制措施。只在紧急和特殊情况下，才由法院依职权移送执行。《行诉法草案》第42条第3款规定，适用于依职权采取的强制执行，没有规定一般的强制执行程序。

(九) 损害赔偿的起诉资格

《行诉法草案》第 2 条规定的行政诉讼的起诉资格,和第 43 条规定的损害赔偿之诉的起诉资格相同,都以当事人的权利和利益(权益)受到违法侵害为条件。其实,在对行政行为提起的诉讼中,由于当事人的诉讼请求不同,法律所要求的起诉资格也不应当一样。撤销之诉,由于具有保障行政法治的客观作用,法律所要求的起诉资格较宽,只要当事人合法的利益受到违法的侵害时就可起诉。损害赔偿之诉,由于只是对当事人的保护,属于主观的诉讼,法律要求当事人只在权利受到侵害时才有起诉资格,当事人的一般利益受到侵害,只在法律有规定时才能得到赔偿。第 43 条中"权益"一词改为权利比较妥当。在大部分西方国家中,损害赔偿之诉原则上不包括在行政诉讼之内,可以在行政诉讼时附带提起,也可以独立提起。只有法国例外,行政诉讼同时包括撤销之诉和赔偿之诉,行政赔偿不适用一般的侵权行为原则。但法国对于撤销之诉和赔偿之诉仍然要求不同的起诉资格,诉讼的程序和费用也不完全一样。

论比例原则*

比例原则虽是德国行政法学首创的基本行政法原则,但是它的渊源可以追溯到雅典的梭伦时期。雅典的立法者梭伦早已对限度和过度的思想给予了高度的重视,他将正义作为出发点,将限度作为社会秩序的界限,使其成为以后立法者的楷模。① 亚里士多德进一步提出了对西方法学影响颇深的"正义"法哲学思想,把正义分为普遍的正义和特殊的正义,认为是违背比例相称的可能性之间的中部。后来德国的行政法学鼻祖奥托·麦耶在其《德国行政法学》一书中提出了"行政权追求公益应有凌越私益的优越性,但行政权力对人民的侵权必须符合目的性,并采行最小侵害之方法",也即"比例原则"。② 比例原则在行政法学领域具有独特的地位,我国台湾著名的行政法学者陈新民教授认为:"比例原则是拘束行政权力违法最有效的原则,其在行政法学中所扮演的角色,可比拟'诚信原则'在民法中居于帝王条款之地位,所以,吾人称比例原则是行政法中之'帝王条款'当不为过。"③19世纪以来,伴随着国际经济往来的频繁和国际关系的日益密切,首创于德国行政法学中的比例原则受到诸多国家行政法学的借鉴和移植,目前已成为行政法学研究的热点和重点之一。

一、国家权力与公民权利的比例分割

宪政主义国家崇尚宪法的权威性,彰显宪法维护人权作用的至高无

---

* 原载《时代法学》2005年第3期,第20—25页(与冯俊波合著)。
① Ruprecht Kraus, Der Grundsatz der Verhaeltnismaessigkeit in seiner Bedeutung fuer die Notwendigkeit des Mittels im Verwaltungsrecht, Hamburg, 1995, p.18.
② 参见叶俊荣:《论比例原则与行政裁量》,载《宪政时代》1986年第3期。
③ 陈新民:《行政法学总论》,载《行政法学研究》1998年第1期。

上性,因此国家权力与公民权利的博弈必须以宪法为根本规则。宪法赋予公民以基本权利,其本身就已蕴含对抗国家权力对于自由领域的不当侵害与限制的意味,也就是预设了国家权力行使的例外和权力有限的应有之义,当国家权力的行使与公民的基本权利发生冲突时,孰轻孰重,利益的平衡是否真正平衡,就必须凭借某种审查标准来判断公权力的行使是否为宪法所允许,国家权力对公民权利的侵害是否适度、合比例,这便需要比例原则发挥决定性作用。比例原则,是指国家权力的行使应当兼顾公共利益的实现和公民权利的保护。如果国家权力的实现可能对大多数相对人的权益造成不利影响,则这种不利影响应被限制在尽可能小的范围和限度之内,二者应当处于适当的比例。它具有实体和程序两方面的含义,就实体而言,比例原则是指国家机关国家权力的行使,不能给予公众超过国家目的之价值的侵害,否则就不合比例,实体合比例原则主要是从价值取向上来规范国家权力与公民权利之间的合理关系。就程序而言,比例原则是指行政主体所采取的措施与要达到的目的之间必须具有合理的对应关系。由于任何实体性的结果都必须经过一定的程序才能达到,所以,程序合比例是实体合比例的保障,实体合比例是程序合比例的最终体现。[①]

国家权力是指掌握国家政权的统治阶级因为拥有一定的资源或者优势而得到的支配他人或者影响他人的力量,是一种保证集体组织系统中各单位履行有约束力的义务的普遍化能力。而权利则是指在社会中产生,并以一定社会承认作为前提的,由其享有者自主享有的权能和利益,权利是在人与人的相对存在的社会状态之中存在的,也总是以一定的社会承认作为前提。

国家权力和公民权利具有一致性。首先,表现为国家权力来源于公民权利,在原始时代人们已经有了原始的权利,而国家权力的情形则不相同,在最初不存在权力,后来由于人的认识发展和社会的逐步形成,就产生了一些社会公共事务需要一定的人来担任和管理,当初行使这种权力的主体是全体氏族成员为了自身的利益而委托的氏族首领,他享有对公共事务进行管理的力量,这就是最初的权力。其次,国家权力是为了维护公民权利而产生的,在私有出现,产生权利和义务以后,权利经常会遭到

[①] 参见黄学贤:《行政法中的比例原则简论》,载《苏州大学学报》(哲社版)2001年第1期。

侵犯,这时便需要产生一种公共权力来维持社会秩序,这就是国家权力的雏形。最后,公民权利优位于国家权力,由于国家权力来源于公民权利,也由于权力的目的在于维护和实现权利,因此相对于公民权利,国家权力就是手段和工具,否则便是对权力的反动和对权利的否定。

然而,由于社会生活的纷繁复杂和人类利益的逐步发展,国家权力的主动性便使它具有了因情势而变动的潜在本性,国家权力的支配性表现为政治上的强制力量,它可以要求人们做出某种行为,包括允许人们做什么,要求人们做什么和禁止人们做什么。而且任何权力都具有一定的强制性,是以相应的服从的存在作为条件的。因此,在国家权力触角所及的领域,如果放任其肆无忌惮,便不可避免地会影响公民权利,这便与国家权力的人民性背道而驰。国家权力的人民性是指国家权力是人民权力或者说人民权利的产物,来自于人民的让渡和人民的授权,这也就是主权在民的体现。人民的权利高于国家权力,任何国家的权力都必须最终归结到对人民负责上来,至少在应然的意义上应当如此。权力的人民性决定了权力必须受到人民意志的法律约束。当权力的人民性和权力的支配性即国家权力与公民权利发生冲突时,如何协调二者的关系,以最大限度地保护人民的权利呢?

笔者认为,必须发挥法律的作用。法律是社会利益的调整器,能够以其特有的强制力和高效率的运行机制,实现对各种互相冲突、摩擦甚至对立的利益关系进行筛选、评价和平衡,以最小的成本谋求最大多数人的最大利益。而作为法律基本原则的比例原则,就应该体现为自己的独特价值。①

比例原则要求任何国家权力均应以追求公共利益为目的。如果一个公权力行为不以公共利益为目的,则该行为便失去了正当性基础。正如我国台湾学者林锡尧所说,国家和其他公权力行为应重视公益已成为法律的重要原则,且具有宪法层次之效力,国家或其他公法人之机关所为之行为,不论以公法方式或私法方式为之,必须以达成公益为目的。而且比例原则要求行政机关或立法者在有多种方式达到同一目的时,在不违背或减弱所追求的目的效果的前提下,应尽可能选择损害最小的方法。"损害最小",即对公民造成的损害最小,如果以国家措施干预公民自由为实现公共利益所不可少,这种干预就应是最低限度的公共权力对公民一般

---

① 参见蔡震荣:《论比例原则与基本人权之保障》,载《警政学报》1990年第17期。

自由权利的干预,只应发生于维护公共利益所必需的程度。① 一个公权力措施虽然有必要,但该措施不得与所追求的目的失去比例,或是手段必须与所追求的目的具有适当之比例关系。比例原则是一个具有价值追求的原则,在达成目的之手段加上副作用作整体思考后,将手段提升到与目的同样层次进行考虑,以人权为导向,达成"人权保障"的目的与"实现公共利益"的目的之间的权衡,这样比例原则调整的关系实际是一种"目的与目的"间的关系。这便是比例原则的核心内容,它明确地体现了比例原则在国家权力和公民权利关系中黄金分割点的价值定位。

比例原则,从总体上引导公权力的行使。它调整两种关系:一是国家活动中目的与手段的关系;二是公民的自由权利与公共利益的关系。虽然两者的侧重点不同,但是都没有超脱其价值坐标,即正确处理好国家权力与公民利益的关系,既要赋予国家权力一定的优越性以实现社会公共利益,又要防止国家权力过分介入私领域而干涉公民权利,在国家权力和公民权利之间找到最佳结合点,以迎合现代法治的理念追求。

二、比例原则与合理性原则的关系

合理性原则是指行政机关自由裁量权的行使不仅要合法而且应当合理、客观、公正。合理性原则产生的原因是基于行政机关自由裁量权的存在和广泛适用。从形式上看,行政主体基于法定范围内自由裁量权的行使所产生的自由裁量行为都是合法行为,即使在客观上背离了社会公共利益,造成不良后果,也仅属于不当的行为,不产生违法的问题;但同时又应注意到,严重不当的行政行为也会给相对人的合法权益造成损害。正因为如此,自由裁量权的行使同样必须受到法律的控制,自由裁量权的行使不仅应当合法,而且应当合理、客观、公正,这是法治原则的基本要求。因此,合法性原则与合理性原则可以相互依存,有效保障行政法治原则的实践,被公认为法治国家的根本原则之一。

合理性原则和比例原则的关系如何呢?笔者认为,作为现代行政法的两大基本原则,比例原则和合理性原则都可以作为法院对行政机关的行政行为进行司法审查的标准,都追求着一种实质的正义。两者均建立在一种"更重要、更科学的关于行使自由裁量权的目的、方法、理由及效力

---

① 参见于安:《德国行政法》,清华大学出版社1999年版,第29页。

关系的基础之上"。① 但是,两者毕竟不是同一个体,它们之间仍存在差异,具体表现在:

(一) 二者的价值理念不同

尽管比例原则和合理性原则均要求达到正义,但是合理性原则的理念更趋于道德伦理。在合理性原则中,对合理的判断先是从"不合理"开始,"不合理"一般指"恶意""不公平""未具理性""未考虑相关因素",因而,合理也即指善意、公平、诚实。比例原则以人权保障为基本价值理念,要求行政机关在做出行为时,应当全面权衡有关的公共利益和个人利益,采取对公民权益造成最小限制或最少损害的行政行为,并且使行政行为造成的损害和所追求的行政目的要相适应。对于立法机关来说,立法时限制公民基本权利的条款必须是对公民权利损害最小,且与所追求的公共利益相适应的条款,以免给公民基本权利造成重大损害。可以说,比例原则具有"实在法"的特征,而合理性原则却有些"自然法"的特征。

(二) 二者的法律位阶不同

在德国,比例原则已成为行政法的基本原则之一,它贯穿于行政立法、行政司法和司法审查之中,"已经获得了一种宪法的地位"②,但是在英美法系国家,合理性原则只是行政法的一个原则,没有获得宪法的法律地位,它主要被用于审查行政行为的效力,以约束行政主体的自由裁量权,只是司法审查的标准,不适用于行政立法和行政司法领域。

(三) 二者的适用范围不同

由于二者的法律位阶不同,导致其适用范围的差异。在大陆法系国家,比例原则不仅适用于行政措施,而且适用于立法领域。由于其是宪法性原则,有宪法层次的效力,因而其甚至能指导一切国家活动。由于比例原则在公法学上的重要地位及其自身的因素,其适用的范围正在不断扩张,已经不被限制在特定的法律部门和领域。在英国,合理性原则的适用范围没有如此广泛,由于议会主权原则的存在,对于英国议会的立法活动

---

① 〔德〕赛夫:《德国行政法——普通法的分析》,周伟译,台北五南图书出版公司1991年版。

② 〔德〕罗尔夫斯特博:《德国经济行政法》,苏颖霞译,中国政法大学出版社1999年版。

是无法适用合理性原则的。合理性原则起源于英国判例,此后,它便被作为对权力滥用进行司法审查的理由而发展至今。在我国,合理性原则是行政法的基本原则,适用于行政法全领域,但对于立法领域则不适用。在司法审查时,我国坚持合法性审查为主,合理性审查为例外的原则,对自由裁量行为仅在滥用职权、显失公正时才可对其予以审查。

(四)二者的包含内容不同

从德国的经验来看,比例原则只是有效控制滥用自由裁量权的诸多司法审查标准之一,其他的标准还有如合目的性原则、平等对待原则、恣意禁止原则、禁止不相关考虑原则等。但是合理性原则的涵盖内容相当广泛,如禁止不相关考虑原则、平等对待原则、合目的性原则,均是合理性原则的内容。

(五)二者的可操作性不同

比例原则,从目的和手段、公共利益和私人利益的关系的角度审视,不仅对问题定性,而且定量,它可以通过数和量的比较对权力行为进行判断,从而具有一种更为直观的可被证明的标准。而合理性原则只是提供了公平的理念和准则,规定得过于虚幻,过于笼统,过于弹性,让行政人员无所适从。因此,比例原则的判断标准比合理性原则更为简洁,更为精炼,更具有具体性和可操作性。

三、比例原则的行政法适用

比例原则作为行政法的"皇冠原则",在行政法治较为发达的国家和地区已得到越来越广泛的运用。例如,在法国行政法中,比例原则虽然没有被明确提出,也没有成为调整整个行政活动的一项原则,但是在警察法和计划法等特定的行政领域中,比例原则得到了很好的体现和运用。[①]荷兰1994年的《行政法通则》第三章第3条规定:"(1)在某个法律未作限制性规定时,行政机关制作命令仍然应当考虑直接相关的利益。(2)某个命令对一个或更多的利害关系人产生不利后果,这个不利后果

[①] 参见陈淳文:《比例原则》,载台湾行政法学会主编:《行政法争议问题研究》,台北五南图书出版公司2001年版,第112、113页。

需与命令的目的相适当。"葡萄牙1996年《行政程序法典》规定:"行政当局的决定与私人权利或受法律保护的利益有冲突时,仅可在对拟达致的目标系属适当及适度的情况下,损害这些权利或利益。"①比例原则目前虽然在我国行政法学的研究中还未引起足够的重视,但是,随着我国依法治国方略的提出,立法、行政、司法等领域许多难以解决又必须解决的问题的存在,行政、司法及整个社会环境对正义诉求的提高,比例原则的借鉴和移植已刻不容缓。曾经有学者断言:于任何一植基于宪政主义理念的国家或政治体制中,若暂且不论名词、用语方面的歧义,都必定蕴含着此种合比例性的思想,或至少具有可以孕育合比例思想的土壤——节制国家权力行使,以维护自由权领域原本即为宪政思想的基本预设任务。②

(一)体现比例原则精神的法律条文

比例原则虽然在我国法律中尚无明文规定,但在我国一些相关法律的立法,还是在一定程度上反映和体现了比例原则的精神。例如,我国《行政复议法》第1条规定:"为了防止和纠正违法的或者不当的具体行政行为,保护公民、法人和其他组织的合法权益,保障和监督行政机关依法行使职权,根据宪法,制定本法。"《行政处罚法》第1条规定:"为了规范行政处罚的设定和实施,保障和监督行政机关有效实施行政管理,维护公共利益和社会秩序,保护公民、法人或者其他组织的合法权益,根据宪法,制定本法。"第4条第1、2款规定:"行政处罚遵循公正、公开的原则。设定和实施行政处罚必须以事实为依据,与违法行为的事实、性质、情节以及社会危害程度相当。"《人民警察使用警械和武器条例》第4条规定:"人民警察使用警械和武器,应当以制止违法犯罪行为,尽量减少人员伤亡、财产损失为原则。"此条文含有"必要性原则"中的"最少侵害"因素。最近国务院颁布的《社会抚养费征收管理办法》第3条第2款规定:"社会抚养费的征收标准,分别以当地城镇居民人均可支配收入和农村居民年人均纯收入为计征的参考基本标准,结合当事人的实际收入水平和不符合法律、法规生育子女的情节,确定征收数额……"

北京大学公法研究中心于2002年9月16—17日举行的"行政程序

---

① 应松年:《外国行政程序法汇编》,中国法制出版社1999年版,第475页。
② 参见宗珍:《公法上之比例原则初论——以德国法的发展为中心》,载《政大法学评论》1999年第62期。

法研讨会"提交讨论的《行政程序法(专家试拟稿)》第11条规定了比例原则,即:行政机关或其他行政主体实施行政行为,应进行成本—效益分析,在各种可能采取的方案中,选择效益成本比率最大的方案;在各种可能采取的方式中,选择既能实现行政行为的目的,又能最大限度减少行政相对人损害的方式。① 我国的《行政强制法(草案)》第5条规定,设定和实施行政强制应当依照法定条件,兼顾公共利益和当事人的合法权益,正确适用法律、法规,选择适当的行政强制方式,以达到行政管理的目的为限度。比例原则不仅符合前述法律的立法目的和精神,也是实现立法目的的有力保障。我们可以说,有了体现比例原则精神的法律条款,比例原则在中国的适用将不会遇到太大的阻碍。

(二)比例原则在我国行政法中的适用

比例原则不仅是贯穿立法、执法等活动中的一项重要原则,也是司法机关审查行政机关的自由裁量行为是否公正、合理的重要原则。因此具有宪法层次的效力,应拘束立法、行政、司法等所有的国家行为,适用行政法的所有领域。

1. 行政立法

比例原则能够有效地促进行政立法者依法制定相关法规、规章及其他规范性文件,选择出既能确保行政目标的实现,又对相关公民、法人和其他组织的权益损害较小的最优立法方案。它对行政立法裁量的限制,主要包括对立法目的性及必要性的审查,对立法"比例性"的审查,要求立法者在个人权利和公共利益之间作一个"利益衡量"。比例原则就其功能而言体现了平衡的正义,即用平衡目的和手段体现法的正义。这是因为,法律作为调整社会关系的手段,其作用的结果就是对某些人赋予权利的同时,对另一些人科处义务。行政法律也不例外,但基于行政法律的特殊性,更需要对公共利益和私人利益加以调整以达到平衡,而平衡的标准就是比例原则。

2. 行政执法

社会生活的复杂多变,决定了立法者不能也没有必要包罗万象地将所有问题都面面俱到加以规范化,必须给予执法者一定的自由裁量空间。但是基于自由裁量权容易被滥用的特性,必须把行政权力和公民权利维

---

① 参见全国人大常委会法工委行政立法研究组:《行政程序法(试拟稿框架)》。

护在一个适当的限度之内,既能有效地实施行政权力以实现行政管理的目标,又能保障公民的个人权益。而适用比例原则就能有力地制约行政主体的行政处罚行为和行政强制行为,促使其采取适当的处罚方法或执行手段,使行政相对人权益所受的损害降低到最低限度。

干涉行政由于比较强调确保行政权的主动性与应变能力而具有较大的裁量空间,而且干涉行政往往会对公民权利造成直接侵害,因此,比例原则适用于该领域以权衡行政裁量权与公民权适得其所。在干涉行政领域,用比例原则审查行政行为采用最严格的审查标准,即各种干涉行政行为必须同时符合适当性原则、必要性原则、狭义比例原则,才能真正发挥比例原则的宪政价值,在行政权力和公民利益之间找到最佳的结合点。随着现代行政的发展,干涉行政已不是行政的全部或主要内容,以授益行政为核心的新型行政行为大量出现,并且日益成为现代行政的主要方式,那么,比例原则是否也适用于授益行政呢?

笔者认为,授益行政仍适用比例原则,这是因为授益行政行为仍然会对相对人的权利义务产生重大影响,"对于给付行政,由于今日国民对国家之高度依存性,消极拒绝之给付,对人民之不利,可能甚于积极之干涉"。① 而且,某些给付行政行为本身包含有干涉性质。基于国家资源的有限性,对人民的不当给付或过度给付,将会造成国家资源或公共利益的损害,行政机关在行使给付行政等授益性行政行为时,如有几种程度不同的行为可予选择,行政机关应在法律许可的范围内选择对人民收益最大的行政行为而为之。②

3. 行政诉讼

比例原则适用于行政诉讼,不仅仅在于比例原则是公平正义的具体化,更在于比例原则来自权利的基本性质,是国家权力和公民权利的黄金分割点。现代法治以人民权利为本位,国家应最大限度地尊重和保障人民谋求生存、自由以及幸福的权利,而行政权作为一种积极的权力,具有侵害人民权利的内在属性,在行政诉讼中适用比例原则有助于遏制行政自由裁量权的滥用。因为比例原则主要适用于行政自由裁量权领域,其要求行政机关在选择执法的方式、方法和范围、幅度时,必须注意合理的分寸和尺度。如果行政机关无视比例原则的要求,仅凭执法者的任意发

---

① 陈敏:《行政法院有关依法行政原则裁判之研究》,载《政大法学评论》1987年第36期。
② 参见蔡茂寅:《比例原则在授益行政领域之适用》,载《月旦法学杂志》1998年第4期。

挥，滥用职权的现象就必然会出现，如果不在行政诉讼中适用比例原则，行政机关的自由裁量权就没有必要的限度，滥用职权的现象就难以有效纠正。因此，为了遏制行政自由裁量权的滥用，提高行政质量以保障人权，必须在行政诉讼中适用比例原则。

当然，法院在适用比例原则进行司法审查时，也必须遵循合理的限度。从行政诉讼的角度，法院应当严格遵循比例原则，在充分尊重行政主体裁量权的基础上，处理解决行政争讼，兼顾行政目标与相对人利益，在确保行政目标的前提下，使行政相对人权益受到最低程度的侵害。我国《行政诉讼法》第54条第4项规定：对行政处罚显失公正的，人民法院可以判决变更。也就是说，法院只能纠正严重违反比例原则的具体行政行为。这是因为，只有达到严重的程度，才能被认定为滥用职权或显失公平，否则就是一般的不合理。如果行政机关可以在两种手段中进行选择时，没有选择对相对人权益侵害最小者，而此时若两种手段给相对人造成的损害程度差别不大，则属于一般的不合理；若差别明显，则属于滥用职权或显失公正。如果求全责备将违反比例原则、程度轻微的具体行政行为一律予以撤销或变更，则会适得其反，严重影响行政效率。因此，人民法院适用比例原则必须确定一个合适的标准。

总之，构建中国的行政法体系，必须结合本国的国情，立足本国的实际，表现出寻找中国特色的巨大勇气和精神，但是，也必须吸收借鉴世界法律文化的有益成果，比例原则便是其中之一。在以保障人权为终极目标的法治国家中，必须加强对比例原则的研究和适用，必须找到国家权力和公民权利的最佳结合点，这不仅有利于行政法基本原则的重构，而且能够拓展司法审查的深度和广度，保障人权，构筑更为公平的社会经济环境，最终实现依法治国的宏伟目标。

下 编

词 条*

---

* 原载《中国大百科全书》(法学卷),中国大百科全书出版社 1984 年版,页码分别标注。

《中国大百科全书》法学卷词条(1984年)

详　目

《保护未成年人管辖权和法律适用公约》(Convention concernant la compétence des autorités et la loi applicable en matière de protection des mineurs) …………………………………… 297

《布斯塔曼特法典》(Codigo Bustamante) …………………… 299

《产品责任法律适用公约》(Convention on the Law Applicable to Products Liability) ………………………………………… 305

《儿童抚养义务法律适用公约》(Convention sur la loi applicable aux obligations alimentaires envers les enfants) ………… 308

夫妻财产制的准据法(Applicable Law for Matrimonial Regime) ………… 310

《扶养义务法律适用公约》(Convention on the Law Applicable to Maintenance Obligations) ……………………………… 314

《公路交通事故法律适用公约》(Convention on the Law Applicable to Traffic Accidents) …………………………………… 316

国际海上货物运输契约的准据法(Applicable Law for Contracts of International Maritime Transport of Goods) ………… 318

国际航空运输契约的准据法(Applicable Law for Contracts of International Air Transport) ………………………………… 320

海牙国际私法会议(Hague Conference on Private International Law) …… 322

监护的准据法(Applicable Law for Guardianship) …………… 326

解决汇票、本票和支票的某些法律抵触公约(Conventions for the Settlement of Certain Conflicts of Laws in Connection with Bills of Exchange, Promissory Notes and Check) ………… 328

亲子关系的准据法(Applicable Law for Parentage) ………… 331

区域性国际私法公约(Regional Private International Law) ················ 334
收养的准据法(Applicable Law for Adoption) ····························· 337
《收养管辖权、法律适用和决定承认公约》(Convention on Jurisdiction,
　　Applicable Law and Recognition of Decrees Relating to Adoptions) ··· 340
《遗嘱方式法律抵触公约》(Convention on the Conflicts of Laws
　　Relating to the Form of Testamentary Dispositions) ····················· 342

《保护未成年人管辖权和法律适用公约》
(Convention concernant la compétence des autorités et la loi applicable en matière de protection des mineurs)[①]

1960年第九届海牙国际私法会议制定的关于有权对未成年人采取保护措施的国家和应当适用的法律以及这方面国际合作的公约。1961年10月5日公开签字,1969年2月生效。截至1981年3月1日,批准公约的国家有联邦德国、奥地利、法国、葡萄牙、卢森堡、瑞士、荷兰、南斯拉夫。在批准国家之间,这个公约代替了1902年6月12日的海牙《未成年人监护公约》。

1956年第八届海牙国际私法会议议决修改海牙会议初期订立的关于亲属法方面的公约,并决定首先修改1902年的《未成年人监护公约》。该监护公约以适用未成年人本国法为指导思想,不能适应现代国际社会生活,而且由于近代国家对未成年人保护的干预越来越多,需要调整国家间管辖权的抵触,因此公约称为《保护未成年人管辖权和法律适用公约》。

公约适用于在缔约国内有惯常居所的未成年人,但缔约国可保留只适用于某一缔约国的未成年人。未成年人的意义依其本国法及惯常居所地法的规定,保护事项包括未成年人的法定代理及监护,以及人身及财产方面的一切利益,但不包括对未成年人的抚养义务在内(参见《儿童抚养义务法律适用公约》《扶养义务法律适用公约》)。

管辖权公约规定有权对未成年人采取保护措施的机关为:

(1)依未成年人本国法当然具有的权力关系,不需要司法机关或行政机关的介入直接根据法律规定的权力关系,实质指根据未成年人本国法行使亲权及有法定监护权的人。这些人对未成年人首先采取保护

[①] 原载《中国大百科全书》(法学卷),中国大百科全书出版社1984年版,第9页。

措施。

（2）在依未成年人本国法当然具有权力关系的人不能行使、放弃行使权力，或其保护措施不够时，未成年人惯常居所地国的行政或司法机关，有权采取保护措施，这些措施往往是当地机关的行政或社会职责，适用于一切居民。

（3）未成年人本国的有关机关在下述条件下，可以对未成年人采取保护措施：(a) 为未成年人的利益要求采取措施时；(b) 事先通知未成年人惯常居所地国有关机关。这条规定使未成年人的本国与居所地国的管辖权达到平衡。

（4）特殊情况下的管辖权：(a) 未成年人的人身或财产利益受到严重威胁时，惯常居所地国可以不顾未成年人本国的管辖权而采取措施。但此时未成年人本国及其他缔约国无必须承认的义务。(b) 在紧急情况下，所有的缔约国可以采取必要的临时措施保护未成年人的人身及财产利益。这些措施在依本公约有管辖权的机关采取行动时即应停止，但不妨碍其已经发生的效力。(c) 缔约国可以保留该国判决离婚、婚姻无效及分居的机关有权对未成年人的人身及财产规定保护措施，但其他缔约国可以自由决定是否承认。

法律适用有管辖权的机关在采取保护措施时，适用其各自的内国法（参见《收养管辖权、法律适用和决定承认公约》），保护青少年的法律，大都是强行法规，没有适用外国法的余地。

惯常居所地变更时，未成年人本国机关所采取的措施，在新惯常居所地继续有效，但原惯常居所地机关所采取的措施，只在新惯常居所地未采取代替措施以前继续有效。新惯常居所地国的有关机关在采取代替措施时，应事先通知原惯常居所地国的有关机关。

国际合作为使保护未成年人的措施取得实效，公约规定了三种国际合作形式：① 互通消息。所有机关依公约规定采取措施后，应立即通知未成年人本国的有关机关，必要时也通知未成年人惯常居所地国的有关机关，各缔约国应指定直接接受及送出上述通知的机关。② 交换意见。缔约国对未成年人采取保护措施时，如有其他缔约国已先采取措施，应尽量先与后者交换意见以确保保护性措施的连续性。③ 直接合作。未成年人本国的机关在取得未成年人惯常居所地国的有关机关，或其财产所在地国的有关机关同意后，可把自己所采取的措施委托后者实施。未成年人惯常居所地国的有关机关在取得未成年人财产所在地国的有关机关的同意后，也可把自己所采取的措施委托后者实施。

《布斯塔曼特法典》
(Codigo Bustamante)[①]

即 1928 年 2 月第六届泛美会议于古巴首都哈瓦那通过的《国际私法法典》,因哈瓦那大学国际私法教授 A.S.de 布斯塔曼特领导起草而得名。它总结了拉丁美洲国家在国际私法方面的立法经验,以及这门科学在当时的研究成果,是一部全面的国际私法法典,在学术界很有参考价值。没有接受法典的国家也曾援用,对司法实践也具有一定的影响。

泛美会议为美洲国家组织的前身,第一届会议于 1889 年在美国首都华盛顿举行,参加国除美国外,还有中美、南美各国。1901 年在墨西哥举行第二届会议时,巴西代表提议成立一个国际法学家委员会,起草国际公法及国际私法法典。1906 年在里约热内卢第三届会议时成立了里约热内卢国际法学家委员会。委员会于 1912 年 6 月 26 日举行第一次会议,成立小组委员会起草国际私法法典,由于本国法主义及住所地法主义的意见分歧,未能达成协议,1914 年第一次世界大战发生,工作即告停顿。战后泛美联盟要求美洲国际法学会成立一个委员会起草国际私法法典,1924 年成立以布斯塔曼特为首的起草委员会,并于 1925 年提出一部《国际私法法典》草案,1927 年 3 月美洲国际法学会讨论,未能达成一致意见。同年 4 月 18 日在里约热内卢国际法学家委员会第二次会议上,经热烈辩论后提出,于 1928 年第六届泛美会议通过。批准法典的有 15 个拉丁美洲国家:玻利维亚、巴西、智利、哥斯达黎加、古巴、多米尼加共和国、厄瓜多尔、危地马拉、海地、洪都拉斯、尼加拉瓜、巴拿马、秘鲁、萨尔瓦多、委内瑞拉。1928 年 11 月 25 日开始生效。法典包括下列 5 卷,共 437 条。

绪论规定国际私法的主要原则,首先规定关于民事权利的享有和保

[①] 原载《中国大百科全书》(法学卷),中国大百科全书出版社 1984 年版,第 30 页。

障,各缔约国人民享受国民待遇,但每个缔约国可根据公共秩序的理由规定若干例外。法典指出,就民事权利的行使及保障而言,各缔约国的法律可以分为三类:① 属人法或国内公共秩序法,其适用以当事人的国籍或住所为标准,即使当事人在其他国家时亦适用。② 属地法、当地法或国际公共秩序法,对领土内的一切人,不论其国籍及住所如何都必须适用。③ 任意法,即当事人明示或默示所选择适用的法律,亦即当事人意思自治。法律制度或关系的定性,如法典无规定时,依各缔约国自己的定性。

关于属人法的标准,在国际私法上一向有当事人本国法主义及当事人住所地法主义的分歧。美洲多数国家采取住所地法,而一部分国家,如古巴、海地、多米尼加共和国、巴西(1942年以前)采取本国法。有些国家,如智利、秘鲁、委内瑞拉、厄瓜多尔、萨尔瓦多实行混合制,即对外国人适用住所地法,而对本国人则完全或部分适用本国法。法典对于这一争论不予解决,由各缔约国自己决定。第7条规定:缔约国可以本国法、住所地法、国内立法已经规定或以后将要规定的其他法作为属人法。这个规定的目的在于争取尽量多的国家接受法典,但减弱了法典统一国际私法的作用。法典第8条规定了既得权的保护,根据法典规定所取得的权利有域外效力,但应受各缔约国国际公共秩序的限制(见保留条款),法典未采纳反致(见反致和转致)。

《国际民法法典》的第1卷,共分四编:

(1)人法。法典首先规定属人法的两个根本原则,即国籍及住所。国籍的取得、丧失和恢复由各国自己规定。解决国籍抵触的办法是:在内外国籍发生抵触时,依内国的国籍法决定其国籍;在两个外国国籍发生抵触时,依当事人住所地国家的法律决定其国籍。如当事人于发生国籍抵触的国家均无住所,依法院地法所接受的原则确定其国籍。

法人的国籍依核准或许可其成立的国家的法律决定。

住所的概念及其取得、丧失和恢复均受属地法的支配。解决住所抵触的办法是:内外住所抵触时,以内国法所定的住所为住所;两个外国住所抵触时,依最后主张取得的住所地法律确定其住所。对于无住所的人,以居所或所在地为住所。

自然人的能力除法律另有规定外受属人法的支配。法人的民事能力受准许该法人成立或承认该法人的国家的法律支配。

亲属关系一般受属人法的支配,例如婚姻的实质要件,夫妻关系,亲子关系,扶养的概念、顺序,收养,失踪,监护,禁治产,成年制度等都受属人法的支配。但下列事项受当地法律支配：当地不容许免除的婚姻障碍，同意的方式，婚约的拘束力，对婚姻提出异议，结婚的仪式，强迫威胁和诱拐作为婚姻无效的原因，请求离婚和分居的原因，对亲生子女的抚养义务，父子关系及母子关系的追寻及其禁止，确定扶养的义务、数额、方法，确定父的纠正权和惩戒权的性质、范围及撤销亲权的规定等。

下列事项以属人法为主属地法为辅：不履行婚约时应否负赔偿责任，受双方当事人共同属人法的支配；无共同属人法时，受当地法的支配；夫妻财产契约受夫妻共同属人法的支配；无共同属人法时，受最初婚姻住所地法支配。

（2）财产法。财产不论其种类如何，受所在地法支配。在决定所在地时，关于有体动产及代表债权的各种证券应注意其普通的或正常的所在地。债权以其履行地为所在地，如履行地未确定时，以债务人住所地为所在地。工业产权、著作权及法律规定的其他类似的经济权利以登记地为所在地。各种动产如无其他规定时，以所有人的住所地为所在地。如无所有人，以占有人的住所地为所在地。作为质权标的之物，以占有人的住所地为所在地。

动产和不动产的区别，关于财产的其他分类和定性，依当地法律的规定。

（3）取得财产的各种方法。在没有特别规定时，取得财产的方法依当地法律的规定。法典分别规定了赠与、遗嘱及遗产继承等取得财产方法所应当适用的法律。

基于契约的赠与，其成立及生前效力依关于契约的一般规定；在赠与人死亡时才发生效力的赠与，依遗嘱继承的规定。

以遗嘱处分财产的能力，遗嘱撤销的程序、条件和效力，依遗嘱人的属人法。关于遗嘱形式的规定属于国际公共秩序法，但关于在外国立遗嘱及军队与海员在国外立遗嘱的规则不在此例。

法定继承和遗嘱继承，包括继承顺序、继承权利的数量和遗嘱处分的实质成立要件，不论遗产的性质及所在地如何，除法律另有规定外，依被继承人的属人法。关于根据遗嘱或不根据遗嘱而继承遗产的能力，依继承人或受遗赠人的属人法。

（4）债务及契约。债的概念和分类依属地法。各类债务的准据法，依债务发生的原因不同而不同。由于法律规定而产生的债依该项法律的规定。由契约而产生的债，除另有规定外，依契约所定条款而履行。由犯罪或不法行为而产生的债,受规定该犯罪或不法行为的法律的支配。由于民事过失或不注意而产生的债,受产生此项债务的过失或不注意的当地法律的支配。关于付款的条件及应付的货币依当地法律的规定。

法典关于契约的规定,主要精神是契约能力受属人法支配,契约的实质受意思自治及共同属人法的支配。无共同属人法时,受契约缔结地法支配,但不得违反当地的强行法规。

《国际商法法典》的第2卷,共分四编:

(1) 一般商人及商业。法典规定经营商业,及为商业行为和作为商业契约当事人的能力依当事人的属人法。在任何领土内由于法律或特别规定而不准经营商业,依当地法律的规定。法典第1卷关于民事契约的一般规则亦适用于商业契约。

(2) 特别商业契约。法典规定公司的商业性质依其章程所规定的法律而定。如无此项规定,依股东大会举行地法律。如无股东大会举行地法,依董事会通常所在地法律而定。

代理人的义务受委托人商业住所地的法律支配。

陆上国际运输契约受相当于其性质的准据法支配。

火灾保险受该契约成立时保险标的物所在地法律支配。其他保险依缔约者的共同属人法。如无共同属人法依契约缔结地法。但因行使诉讼或保全权利而需要证明事实或不作为时,其证明的外部形式,应依上述事实或不作为发生地法。

汇票的发票、背书、保证、参加付款、承兑、拒绝证书的形式,依其行为地法。如无特别约定时,发票人与受款人间的法律关系依发票地法。承兑人与持票人间的权利和义务依承兑地法。背书人与被背书人间因背书而产生的法律效力依背书地法。保证依提供保证地法。参加承兑的法律效力依第三者参加地法。本票及支票准用关于汇票的规定。

(3) 航海及航空商业。法典规定船舶国籍的证明根据航行执照及登记证书,并以船旗为其显著标志。船舶所有权移转时公告的方式,船舶出卖后债权人的权利,船长的权利和义务,船舶所有人及管理人就其行为应负的责任,船员的义务,船舶的内部秩序,都依船旗国法。船舶的扣押和拍卖依船舶所在地法。依船旗国法所设定的船舶抵押权、优先权和担保物权有域外效力。以上规定也适用于航空器。

租船契约如非依附契约时,依商品输出地法。履行契约的行为依行为地法。确定海损为共同海损或单独海损以及船舶和货物对于损失分摊的比例,依船旗国法。

在领海上或领空上国籍相同的船舶或飞机的意外碰撞,受旗国法支配。国籍不同时依出事地法。在领海或领空上发生的过失碰撞,一概依出事地法,在公海或其上空由于意外或过失而发生的碰撞,国籍相同时依旗国法,国籍不同时,如由于过失而发生碰撞,依被碰撞的船舶或飞机的旗国法。如由于意外事故而发生碰撞,双方船舶或飞机应依其中一国法律分摊全部损失的一半,其余半数依另一国法律分摊。

(4) 关于时效的规定。

《国际刑法法典》的第 3 卷,规定国家在涉外刑事案件方面的管辖权。法典所采取决定刑事管辖权的原则有属地主义、属人主义、保护本国利益原则及对国际条约和国际法所处罚的犯罪有管辖权原则。

依属地主义,一国的刑法拘束领域内一切人,不论其国籍如何。犯罪行为发生在数国者,各国对在其国内犯罪行为有管辖权。任何缔约国在其领土内不适用别国的刑法,但同时又规定了属地原则的例外,对领域内的某些犯罪行为不进行追究;外国元首、外交官及其家属所犯的罪,经许可过境的外国军队所犯的罪(不包括在法律上与该军队无关的犯罪),发生在领海或领空内的外国军舰或军用飞机内的犯罪案件,以及发生在外国商船或民用航空器内与当地居民无关、又不影响当地安全的犯罪,都不追究。

依属人主义,缔约国对于其本国国民在国外犯有侵犯其独立的罪行有管辖权,法典并将这个原则扩张适用于居住在本国的外国人。

依保护本国利益原则,法典规定凡在其他缔约国内犯罪侵害另一缔约国的安全或公共信誉者,不论犯人的国籍及住所地如何,该国都可处罚(第 305 条)。发生在公海或其上空的不同国籍的船舶或飞机由于过失的碰撞,由受害的船舶或飞机所属国家行使管辖权(第 309 条)。

根据国际条约所处罚的犯罪,缔约国可根据该条约对领土外所发生的这一犯罪行使管辖权。对于在公海及其上空以及尚未组成为国家的领土内所犯的海盗、贩卖奴隶、破坏海底电缆等破坏国际公法的犯罪行为,应由逮捕者依其刑法惩处。

《国际诉讼程序法法典》的第 4 卷。包括一般原则、管辖、引渡、出庭的权利、司法委托、具有国际性质的抗辩、证据、上诉、破产及外国判决的执行等事项。

在一般原则方面,法典规定管辖独立及内国人、外国人平等原则。

关于民商事件的管辖,除法律有相反规定外,首先依当事人明示或默示的意思决定。为了防止法律规避,当事人合意所定的管辖以在一方或双方有国籍或住所的国家为限。关于不动产诉讼或混合诉讼,当事人合意所定管辖,以不动产所在地法无反对时为限。

不能依当事人合意定管辖时,如当地法律无特别规定,应依案件的性质而决定管辖。关于对人的诉讼,由义务履行地法院管辖,否则由其居所地法院管辖。对动产物权的诉讼,首先由财产所在地法院管辖。对不动产物权的诉讼,由专属不动产所在地法院管辖。关于遗嘱验证或法定继承案件,由死者最后住所地法院管辖。破产案件,如由债务人提出请求,由其住所地法院管辖;如由债权人提出请求,由任何一个对请求有管辖权的地方的法院管辖,但如果债务人或过半数债权人要求的话,债务人住所地法院有优先权(参见国际民事管辖权、国际民事管辖权制度)。

在下列情况下,缔约国法院无管辖权:在对人诉讼中,外国国家或元首为被告时;在物权诉讼中,外国国家或元首以国家或元首资格行动而为被告时;以上原则也适用于外国的外交官和外国军舰或飞机的指挥员为被告时;外国领事因职务行为为被告时。但当事人自动放弃其豁免权者不在此限。

关于外国判决的执行,法典规定缔约国所作的民事判决,如符合下列条件,可在其他缔约国发生效力并执行:① 作出判决的法院依本法典规定有管辖权,并依本法典的规定作出判决;② 当事人或其法定代理人经传唤就审;③ 判决与执行地国的公共政策或公法不相抵触;④ 判决在其作出的国家为可以执行的判决;⑤ 判决经执行国公务人员或译员准确译出;⑥ 判决书符合寄出地国关于公正文书的要求及执行地国关于认证的要求。

执行判决的程序按执行国法律的规定。

《布斯塔曼特法典》虽然得到 15 个国家的批准,但并没有包括全部拉丁美洲国家。就达到统一国际私法目的而言,也还存在问题。首先,法典对适用属人法的连结因素未作具体规定。缔约国可以或采住所地法原则,或采本国法原则,或采其他原则,抵触仍然不可避免。其次,各国在批准该法典时,提出一些保留,限制了法典的适用范围。最后,在理论基础上,法典作者受当时欧洲大陆法影响较大,过多强调属人法的作用,在这个法典通过以后,国际私法的趋势,甚至在欧洲大陆,属地主义也有发展。美洲国家法律委员会曾主张修改《布斯塔曼特法典》,将《蒙得维的亚条约》《布斯塔曼特法典》及美国《抵触法重述》协调统一,但未实行。

《产品责任法律适用公约》

(Convention on the Law Applicable
to Products Liability)[①]

    1972年第十二届海牙国际私法会议制定,于1973年10月2日公开签字,1977年10月1日生效。截至1983年3月1日,批准国有奥地利、比利时、法国、卢森堡、荷兰、葡萄牙、瑞士、捷克斯洛伐克、南斯拉夫。

    1964年第十届海牙国际私法会议,议决对侵权行为制定一项法律适用公约。为此目的成立特别委员会准备起草工作。特别委员会经过讨论,认为侵权行为范围太广,一个公约不能包括全部侵权行为的法律适用规则,决定就各类侵权行为,按其缓急程度分别成立公约。首先制定的是《公路交通事故法律适用公约》。由于各国关于产品责任的实体法和抵触规则不同,应负的产品责任及适用的法律出现很大的差异,法律关系很不确定,因此继《公路交通事故法律适用公约》之后,制定了本公约。

    公约适用的范围:

    产品的范围。公约所谓产品,是指一切有经济价值能供使用或消费的物,包括天然产品及工业产品,不论是制成品、原料、动产、不动产均在公约产品范围以内,但对于未加工的农产品,缔约国在签字批准或加入时,有权保留不受公约拘束。

    损害的原因和种类。损害发生的原因,一般由于产品本身的缺陷,但即使产品本身没有缺陷,由于对产品的使用方法或特性没有说明,或说明不适当,消费者或使用者因此受到损害,也在公约规定的责任范围之内。

    损害的种类。包括人身的及财产的损害以及经济损失,但不包括产品本身的损害及因此产生的经济损失在内。产品本身的损害如引起其他

[①] 原载《中国大百科全书》(法学卷),中国大百科全书出版社1984年版,第41页。

损害时,则包括在产品责任范围以内。

责任的性质。产品的责任不是契约责任,而是由侵权行为所发生的损害赔偿责任。公约不包括根据合同关系的责任在内。例如某甲在领国使用某乙向当地汽车进口公司购买的丙国制造的汽车,由于汽车制造上的缺陷,某甲受到损害,某甲对汽车制造厂或汽车进口公司的损害赔偿之诉是公约范围内的产品责任。如某乙受有损害时对汽车进口公司提起损害赔偿之诉,是根据合同关系或合同与侵权行为竞合的责任,不在公约适用范围之内。但某乙对丙国汽车制造厂的诉讼在公约适用范围之内。为了避免定性上的分歧起见,公约不用契约外的责任一词,而规定"产品的所有权或使用权由赔偿义务人移转于受害人时,该二人间的关系,不在公约适用范围之内"。

受理案件的机构。公约适用的范围,不因受理案件的机构不同而受影响。因此不论民事法庭、刑事法庭(附带民事诉讼)或行政法院(例如法国、比利时等国)所受理的案件,如与公约所定事项有关,均在公约适用范围之内。

赔偿权利人。赔偿权利人为受害者,可为自然人或法人,不以直接受害者为限,例如依靠直接受害人扶养的人所受的损害也在公约适用范围以内;也不以消费者为限,生产者由于所购买的原料或部件有缺陷而受到的损失也在公约适用范围之内。

赔偿义务人。赔偿义务人可为自然人或法人,包括:① 制成品或部件的制造者。② 自然产品的生产者。③ 产品的供应者。④ 产品制造或商业分配环节上的其他人员,包括修理人员及仓库营业人在内。⑤ 上述人员的代理人或雇佣人。原告可以根据情况要求其中一人或数人负责。赔偿义务人不包括运输人员、检验人员及合同关系中的双方当事人。

地域的范围。公约不要求相互条件,根据公约规定应当适用的法律,纵然是非缔约国的法律,也要适用。

准据法的确定。产品责任涉及几个国家时的准据法,公约规定 4 个连结根据,即:① 损害事实发生地;② 直接受害人惯常居所地;③ 赔偿义务人主营业所所在地;④ 直接受害人购买产品的市场。为了平衡各方面的利益,不以一个连结因素决定法律的适用,而是一个法律必须同时具备两个连结因素时才能作为准据法适用。

损害事实发生地国如果同时符合下列情况之一时,则适用该国的内国法:① 直接受害人的惯常居所地。② 赔偿义务人的主营业所所在地。

③ 直接受害人购买产品的市场。但直接受害人的惯常居所地国,如果符合下列情况之一时,则应该适用该国的内国法:① 赔偿义务人主营业所所在地。② 直接受害人购买产品的市场。

有时由于案件的情节过于分散,没有符合上述规定的连结因素,赔偿权利人可以要求适用损害事实发生地的内国法,也可以适用赔偿义务人主营业所所在地的内国法。公约还规定如果赔偿责任人能证明他不能合理地预见这种产品或他的同类产品会通过商业渠道在损害事实发生地及直接受害人惯常居所地得到供应的话,这两地的法律都不能适用,能适用的是赔偿义务人主营业所所在地法。

在决定产品是否有缺陷时要考虑具体情况,不论应适用的法律为何,都要考虑产品是否符合销售地国关于安全的规定,例如食品是否符合销售地的卫生规则,机器是否符合销售地的安全保障。

以上规定应适用的法律是各国的内国法,不采纳反致(见反致和转致)。只在明显地违反法院地公共秩序时才不适用。

准据法的内容。下列事项受公约所确定的准据法的支配:① 责任的条件和范围;② 免责的原因以及责任的限制和分担;③ 损害的性质;④ 赔偿的方式及范围;⑤ 赔偿权利可否移转;⑥ 直接有权要求损害赔偿的人;⑦ 委任人对受任人的行为所负的责任;⑧ 举证责任,当证据规则构成责任法的一部分时;⑨ 消灭时效及除斥期间。由于各国对消灭时效及除斥期间的定性不一致,英美法系认为属于程序法,大陆法系认为属于实体法,公约规定缔约国在签字批准或加入公约时,有权保留关于这两个问题不受该项规定的拘束。

《儿童抚养义务法律适用公约》
（Convention sur la loi applicable aux obligations alimentaires envers les enfants）[①]

1956年第八届海牙国际私法会议制定的、规定儿童抚养涉及两国或几个国家时的共同法律适用规则。公约于1956年10月24日公开签字，截至1983年3月1日，批准国有联邦德国、奥地利、比利时、西班牙、法国、希腊、意大利、日本、卢森堡、挪威、荷兰、葡萄牙、瑞士、土耳其。加入国有列支敦士登。1962年开始生效。

在现代生活中，人的流动性较大，对儿童负有抚养义务的人，有时远在他国，有时甚至前往外国以逃避责任，儿童抚养义务在一些国家成为迫切的国际问题。为此，有关的国际机构就这个问题制定了一些公约，主要有第八届海牙国际私法会议通过的两个公约，即《儿童抚养义务法律适用公约》及1958年公开签字的《儿童抚养义务决定的承认和执行公约》，后一公约保障前一公约的执行。此外，1956年6月20日在联合国主持下制定了《国外扶养费收取公约》，规定国外扶养费收取的办法，这个公约可以帮助海牙公约的实施。海牙国际私法会议在1972年第十二届会议中，又制定了范围更广的《扶养义务法律适用公约》及《扶养义务决定的承认和执行公约》，新公约适用于全部家庭关系的扶养义务，包括儿童抚养义务在内。在批准新公约的国家间，新公约代替1956年及1958年的儿童抚养义务公约。

1956年的《儿童抚养义务法律适用公约》适用于对21岁以下未结婚的青少年和儿童的抚养，包括婚生子女、非婚生子女及养子女在内。但对于养子女，缔约国在签字批准或加入公约时，可以保留不适用公约的规

[①] 原载《中国大百科全书》（法学卷），中国大百科全书出版社1984年版，第74页。

定。公约不适用于旁系亲属间的扶养关系。公约采取互惠原则,以互相承认法律适用为条件,根据公约规定所应当适用的法律如为非缔约国的法律即不适用。公约只规定抚养义务,并不决定抚养义务人及抚养权利人间亲属关系的存在,例如对非婚生子女的抚养并不因此当然成立亲子关系。

《儿童抚养义务法律适用公约》一反过去以义务人属人法为主导的思想,出于保护儿童的目的,以儿童惯常居所地法支配儿童抚养义务。这个法律决定儿童抚养义务的存在、范围、抚养义务人、有权提起抚养诉讼的人及起诉期限等,儿童惯常居所地变更时,变更后的关系适用新惯常居所地法。

对儿童惯常居所地法的适用有两个例外:① 在下列情况下缔约国可适用当事人本国法:(a) 抚养义务人与儿童有同一国籍;(b) 诉讼由该国受理;(c) 抚养义务人的惯常居所在该国。② 为了保护儿童的利益,在儿童依惯常居所地法不能取得任何抚养权利时,则适用法院地国际私法所指示的法律。

根据公约规定所应当适用的法律明显违反法院地国的公共秩序时即不适用。

夫妻财产制的准据法

(Applicable Law for Matrimonial Regime)[①]

按照抵触规则审理涉外夫妻财产制案件所应适用的实体法。各国夫妻财产制的抵触规则存在下列分歧：① 分割制和单一制的不同，前者区别不动产和动产适用不同的准据法，后者对不动产和动产适用同一的准据法。② 对夫妻财产关系的法律性质的认定和连结根据的规定不同，即对夫妻财产关系究竟属于财产权的范畴，还是属于婚姻效力的范畴，还是属于契约的范畴，有不同的看法，因而在连结因素的规定上也有采取属物法则、属人法则和法律行为法则的不同。③ 对夫妻财产制的准据法一旦确定以后是否允许变更也有分歧。国际间关于统一夫妻财产制的法律适用的最新公约是 1978 年 3 月 14 日签订的《夫妻财产制法律适用公约》，对上述有分歧的问题大都采取折中态度。

分割制和单一制。英美法系国家在夫妻财产关系的法律适用上采取分割制，不动产适用物的所在地法，动产适用夫的住所地法或婚姻住所地法，基本上保持中世纪时的属物法则。这个制度能够保持夫妻财产制和继承财产权的取得、丧失和变更等法律关系的统一，但其缺点为同一夫妻的不动产随其所在地的不同而适用不同的法律，使夫妻间的法律关系复杂化，而且有时可能产生不公平的结果。现在大多数国家采取单一制，1905 年《婚姻效力涉及夫妻身份关系和财产权利义务法律抵触公约》和 1978 年的公约原则上也都采取单一制，但夫妻对于其全部或一部分或以后所取得的不动产可以约定适用不动产所在地法。

对连结因素的规定。夫妻财产关系采取什么制度、适用哪国法律，可由夫妻协议决定的，称为约定财产制；如夫妻间对于财产关系未作决定，

[①] 原载《中国大百科全书》（法学卷），中国大百科全书出版社 1984 年版，第 143 页。

而依各国法律规定的,称为法定财产制。

法定财产制。各国法定财产制最常用的原则是:

① 根据当事人国籍。根据国籍决定夫妻财产制的准据法的国家,有适用结婚时夫的本国法的,例如1965年的《婚姻效力公约》第2条、德国1896年《民法典施行法》第15条、日本1898年《法例》第15条,以及南斯拉夫和比利时60年代的判例等。基于男女平等的思想,近年来许多国家倾向于适用夫妻共同的本国法,在没有共同的本国法时,德意志民主共和国1975年《关于国际民事、亲属和劳动法律关系以及国际经济合同法律适用法》第19条规定适用民主德国法律;捷克斯洛伐克1963年《国际私法和国际民事诉讼法》第21条规定适用捷克斯洛伐克法律;波兰1965年《关于国际私法的法律》第17条规定依夫妻住所地法,住所不在一国时,依波兰法。

② 根据当事人住所。夫妻财产制适用住所地法的有英美法系国家以及瑞士、丹麦、挪威和南美某些国家,英、美等国以夫的住所地法为夫妻财产的准据法,其他国家(例如瑞士)和1940年的蒙得维的亚《国际民法条约》,以夫妻婚姻住所地法为准据法。婚姻住所地指夫妻共同住居的地方,或夫妻于结婚后立即迁往居住的地方。近来的倾向有以惯常居所代替住所。

③ 根据其他连结因素。夫妻没有共同的国籍,也没有共同的住所和惯常居所时,1978年《夫妻财产制法律适用公约》规定适用和夫妻财产关系最密切的国家的法律,南美洲有少数国家例如尼加拉瓜、厄瓜多尔、哥伦比亚、智利等国以婚姻举行地法作为夫妻财产制的准据法,但婚姻举行地往往带有偶然性质,和夫妻财产并无密切联系,学说上一般不赞成。

约定财产制对有夫妻财产契约规定的,即不适用法定财产制而依契约的规定。在国际私法上,首先要解决的问题是夫妻财产契约所适用的准据法是否必须和法定财产制的准据法一致,还是可以在法定财产制的准据法以外选择其他法律作为夫妻财产契约的准据法。对此各国立法可以分为三种方式:

① 夫妻可以自由选择财产契约所适用的准据法。采取这种立法的国家有法国、卢森堡、英国、美国等。

② 有限制的自由。原则上适用法定财产制的准据法,但在某些情况下可以适用其他法律。采取这种立法的国家有德国、葡萄牙、芬兰等,1905年《婚姻效力公约》第2条规定夫妻法定财产制适用结婚时夫的本

国法；第5条规定夫妻财产契约原则上适用结婚时夫的本国法，但如该法反致（见反致和转致）于其他国家的法律时依其他国家法律。

③ 完全拒绝自由选择。夫妻财产契约的准据法必须和法定财产制的准据法一致，只能在该法所规定范围内选择除法定财产制以外的由该法所规定可供选择的其他财产制。采取这种立法的国家有日本、意大利、丹麦、挪威等。1978年《夫妻财产制法律适用公约》采取有限制的自由，但可供选择的准据法范围相当广，包括夫妻任何一方的本国法，惯常居所地法，结婚后的最初婚姻住所地法。如果夫妻财产契约中没有指明准据法时，有的学者主张应适用契约的准据法，有的学者主张应适用法定财产制的准据法。

夫妻缔结财产契约的能力，大部分国家适用关于自然人行为能力的准据法，即夫妻各自的属人法，但美国各州倾向于适用契约本身的准据法。

夫妻财产契约形式的准据法，国际间所采用的有契约缔结地法，契约本身准据法，和夫妻本国法。许多国家的法律都规定夫妻财产契约必须遵守某种方式。这种方式一般只是契约成立的形式要件，只适用于当地，但如果某国法律以这种方式为契约的实质要件时，该国公民在国外所订立的夫妻财产契约也要遵守这种方式，才能有效成立。

准据法的变更。夫妻财产制准据法的变更有由于准据法本身的修改而产生，有由于连结因素的变动而产生。前一种情况一般是适用修改后的法律。由于连结因素的变动而产生的变更，应区别分割制的准据法和单一制的准据法。在采用分割制的情况下，不动产适用物的所在地法，而不动产的所在地是不变的，所以不动产的准据法只是随所在地法的改变而变更。因此，连结因素的变更主要是影响单一制的动产和不动产以及分割制中的动产的准据法。在约定财产制和法定财产制中，约定财产制以当事人的意思自治为选择准据法的原则，其连结因素是主观性的，不论这种主观性是明示的、默示的或推定的，当事人的国籍和住所改变时，如果没有主观因素的改变，也不产生准据法的变更。但是在法定财产制下，当事人的国籍或住所是决定准据法的原则，因此，在当事人的国籍或住所改变时，准据法是否必须改变，在学说上和立法上有不同的主张；有人认为不应变更，以避免法律关系的混乱和不确定，防止夫妻一方利用变更的可能性损害他方，但近代一般学说倾向于变更以适应新的情况。联邦德国、日本、意大利等国以结婚时夫的本国法为夫妻法定财产制的准据法，不因当事人的国籍的变动而变更；法国、挪威、丹麦、以色列、巴西等国以夫妻最初婚姻住所地法为夫妻法定财产制的准据法，不因当事人住所的变更而变更；民主德国、捷克斯洛伐克等国以夫妻双方共同的本国法为夫妻法定财产制的本国法，夫妻的国籍变动时准据法也随之变更；美国、阿根廷、加拿大等国的很多省以婚姻住所地法为夫妻法定财产制准据法，住所地变更时，准据法也随之变更，但准据法的变更不影响当事人的既得权和第三者的利益，新住所地的准据法不能适用于原来的财产关系。此外，联邦德国允许夫在结婚后取得联邦德国国籍或外国夫妻在联邦德国有住所时，依联邦德国法律缔结夫妻财产契约，不问夫在婚姻举行时的本国法是否允许；意大利法律允许夫国籍变更后依照新的本国法订立夫妻财产契约；美国一般允许夫妻间订立契约阻止住所变动对准据法的改变；1905年《婚姻效力公约》采取准据法不变更原则，以夫在结婚时的本国法为夫妻法定财产制的准据法，但夫妻在结婚后同时取得新国籍时，以新国家的法律为其本国法；1978年《夫妻财产制法律适用公约》对夫妻法定财产制的准据法采取变更原则，因婚姻住所地的变动而变更，但附有某些限制，还规定当事人可以订立契约阻止准据法的变更。

中国夫妻财产制准据法 1980年《中华人民共和国婚姻法》规定："夫妻在婚姻关系存续期间所得的财产，归夫妻共同所有，双方另有约定的除外"，表明中国法律规定在夫妻间没有约定财产制时，以夫妻财产共有制为法定财产制。至于涉外婚姻的夫妻财产制，由于中国和其他一些外国的社会制度不同，在适用外国法时，不得违反中国的公共秩序（见保留条款）。

《扶养义务法律适用公约》
(Convention on the Law Applicable to Maintenance Obligations)①

1972年第十二届海牙国际私法会议制定的、规定家庭成员不在同一国时扶养义务的法律适用规则。1973年10月2日公开签字。截至1983年3月1日,已有联邦德国、比利时、西班牙、意大利、卢森堡、土耳其、法国、荷兰、葡萄牙、瑞士批准。公约于1977年10月1日开始生效。

在近代生活中,人的流动性较大,由于移民、工作、离婚、分居、战争或其他原因,家属分散,因此对成年人的扶养义务与对儿童的抚养义务一样,成为国际社会关心的问题。海牙国际私法会议在1956年的《儿童抚养义务法律适用公约》及1958年的《儿童抚养义务决定的承认和执行公约》的基础上,加以改进扩大,制定了1973年《扶养义务法律适用公约》和《扶养义务决定的承认和执行公约》,并在批准新公约的国家间,分别代替1956年及1958年的公约。

《扶养义务法律适用公约》适用于家庭中的一切成员,包括非婚生子女及养子女在内,但缔约国在签字批准或加入公约时,可保留公约的适用范围仅限于:① 夫妻及离婚后原来夫妻间的扶养;② 对21岁以下的未婚未成年人的抚养。也可作出保留,使公约不适用于下列扶养:① 旁系亲属;② 姻亲;③ 一造当事人未出席而其惯常居所亦不在其地的法院所作的离婚、分居及婚姻无效的判决中所规定的扶养。

公约不要求相互条件,根据公约所应当适用的法律为非缔约国法律时也适用。

公约只规定扶养义务应当适用的法律,作为扶养义务先决问题的亲

---

① 原载《中国大百科全书》(法学卷),中国大百科全书出版社1984年版,第146页。

属关系,也依规定扶养义务的法律决定,但只限于扶养目的有效。因此,扶养义务法上的亲子关系、夫妻关系,并不产生亲属法上的亲子关系及夫妻关系,后者的准据法不在公约规定范围之内。

扶养义务应当适用的法律为扶养权利人的惯常居所地法。惯常居所地变更时,从变更时起,依变更后的惯常居所地法。如果依惯常居所地法权利人得不到扶养时,则依扶养权利人及扶养义务人双方共同的本国法。如依共同的本国法也得不到扶养或没有共同的本国法时,依受理机构的内国法。旁系亲属及婚亲间是否有扶养义务,依扶养关系人共同的本国法的规定。在没有共同的本国法时,依扶养义务人惯常居所地法的规定。离婚后,原来夫妻间的亲属关系已不存在,这时的扶养义务应适用离婚判决所适用的法律,这个规定也适用于分居及婚姻无效时的扶养义务。

上述法律都是内国法,不适用反致(见反致和转致)。应当适用的法律如明显违反缔约国的公共秩序时则不适用。

公约的一个创新是规定社会安全机构或救济机构的求偿权。社会安全机构或救济机构向扶养权利人所提供的给付,能否请求扶养义务人偿还,依该机构组织法的规定。

规定扶养义务的法律决定下列事项:① 扶养权的存在、范围及扶养义务人;② 有权提起扶养诉讼的人及提起诉讼的期间;③ 社会安全机构或救济机构向扶养权利人提供给付时,扶养义务人偿还债务的范围。

不论关于扶养义务的法律如何规定,在决定扶养数额时,必须考虑扶养权利人的需要及扶养义务人的资力,以期公平合理。

扶养义务是资本主义国家用以减轻家庭矛盾的一种方法。在资本主义社会,扶养权利人都是经济上的弱者,由于各国抵触规则的不同,扶养义务人可以利用各国法律的不同,减轻或逃避自己的责任。《扶养义务法律适用公约》统一缔约国间的法律适用,使扶养义务人责任明确,对扶养权利人是一种保障,但公约对于其适用的范围规定一些保留,大大降低了公约的作用。此外,扶养义务要切实履行,还须《扶养义务法律适用公约》《扶养义务决定的承认和执行公约》和1956年在联合国主持下制定的《国外扶养费收取公约》互相配合。

《公路交通事故法律适用公约》

(Convention on the Law Applicable to Traffic Accidents)[①]

1968年第十一届海牙国际私法会议通过的、对公路交通事故侵权行为赔偿责任制定的统一抵触规则。1971年5月4日开始签字，1975年6月开始生效。截至1983年3月1日止，批准国有奥地利、比利时、法国、卢森堡、荷兰、葡萄牙、瑞士、捷克斯洛伐克、南斯拉夫。

1964年第十届海牙国际私法会议，议决对侵权行为制定一项法律适用公约。为此目的成立特别委员会准备起草工作。特别委员会经过讨论，认为侵权行为范围太广，决定就各类侵权行为，按其缓急程度分别制定公约。鉴于公路交通事故发生最多，乃于第十一届海牙国际私法会议中，首先制定《公路交通事故法律适用公约》，以后再继续制定其他公约（参见《产品责任法律适用公约》）。

《公路交通事故法律适用公约》适用于公共道路、公共场地以及某些公众有权出入的非公共场地所发生的交通事故。不适用于铁路、水路的交通事故。发生事故的车辆包括引起事故的车辆及受害的车辆，不论其为机动车辆或非机动车辆。公约只适用于由交通事故所发生的赔偿责任，不包括由汽车制造缺陷、道路或场地失修及其他情况所发生的赔偿责任。公约只规定交通事故契约外的民事责任，不包括契约的责任，但公约对契约外的民事责任的意义没有确定，各国在公约的适用范围上仍然可能发生分歧。公约不要求相互条件，根据公约规定所应当适用的法律为非缔约国的法律时亦应适用。

公路交通事故应适用的法律原则上为事故发生地的内国法（第3

[①] 原载《中国大百科全书》（法学卷），中国大百科全书出版社1984年版，第163页。

条），这是侵权行为法的一般规则。因为事故发生地与案件的关系有时只是偶然性的，为反映受害人及肇事人的利益，公约也规定了一些例外。

由于车辆登记地大多是车辆保险地，公约规定，在下列情况下适用车辆登记地的内国法：① 对司机、车主、车辆持有人及其他对车辆享有权利的人的责任。② 受害人为乘客而其惯常居所不在肇事地时。③ 受害人非乘客而其惯常居所在车辆登记国时。受害人不止一人时应分别考虑适用的法律。但如果有几辆车同时牵涉到事故中，上述情况只在各该车辆都在同一国登记时，才适用登记地法。肇事地点车辆以外的人所负责任，也只在其惯常居所都在登记地国时，才适用登记地法。

没有登记的车辆或同时在几个国家登记的车辆，以车辆惯常停放地的内国法代替登记地的内国法，因为在这种情况下，与车辆有密切关系的是其惯常停放地。通常这个地方可能就是登记国中的一个。

对乘客赔偿所适用的法律也适用于其所携带的物品，对车主赔偿所适用的法律也适用于车上所载除乘客所带以外其他物品的赔偿。但对车外物体损害的赔偿，受事故发生地法律支配。

不论所适用的法律如何，在决定交通事故责任时，应考虑出事地点在出事时的交通规则及安全规则，作为决定责任大小的参考。应适用的法律支配全部民事赔偿责任。例如责任的条件、范围、免责的原因、赔偿的方式、消灭时效及诉讼期限等。公约也规定了受害人对赔偿义务人的保险者直接起诉时所根据的法律。

国际海上货物运输契约的准据法
(Applicable Law for Contracts of International Maritime Transport of Goods)[①]

国际海上货物运输契约,主要包括租船合同和以提单为凭证的运输合同。租船合同由当事人自行决定合同的内容,主要受契约法的支配;以提单为凭证的运输合同,内容主要由承运人在提单中规定,但当事人的契约自由在很大程度上受到有关国家的强行法规和它们所签订的国际公约的限制。这方面的准据法包括:

国际公约。国际海上货物运输必然涉及两个或两个以上的法域,为了减少法律抵触,国际间订有公约,以统一运输契约中的某些规定,目前主要有:① 1924 年签订的《统一提单若干法律规则的国际公约》(《海牙规则》);② 1968 年签订的《修改统一提单若干法律规则的国际公约的议定书》(《维斯比规则》,见《海牙规则》);③ 1978 年签订的《联合国海上货物运输公约》(《汉堡规则》)。这三个公约统一缔约国海上运输法中关于承运人的责任、义务、豁免、赔偿限额以及诉讼等规定,公约中关于这些事项的规定是各缔约国就这些事项所应当适用的共同准据法。公约的适用范围按照公约的法律适用规则决定,是公约中的实体规定作为准据法的范围。

《海牙规则》的适用范围规定在该公约第 1 条及第 10 条中。它以缔约国内提单的签发地,通常亦即契约的缔结地作为准据法的连结根据。但不排除非缔约国的当事人自愿采用该规则。《维斯比规则》扩大了公约的适用范围,适用于两个不同国家的港口之间的货运提单,但以① 提单是在缔约国内签发,或② 货物是从一个缔约国港口起运,或③ 以提单

---

① 原载《中国大百科全书》(法学卷),中国大百科全书出版社 1984 年版,第 203 页。

为凭证的合同采用该规则,或采用使该规则生效的任何一国的立法为条件。海运契约符合上述任何一种情况,即可适用《维斯比规则》的各项规定,不论船舶、承运人、托运人、收货人或任何其他利害关系人的国籍如何。这条规定不妨碍缔约国将该规则适用于不符合上述情况的提单。《汉堡规则》的适用范围除包括《维斯比规则》的全部连结根据外,还增加了两个连结根据:① 海上运输契约规定的卸货港在缔约国内;② 海上运输契约规定的备选卸货港之一是实际卸货港并位于缔约国内。因此,不论船舶及当事人的国籍如何,凡海上运输契约符合下列条件之一即可适用《汉堡规则》:① 契约的缔结地在缔约国;② 装货港在缔约国;③ 卸货港在缔约国;④ 当事人在契约中选择适用《汉堡规则》。

有关国家的法律。各国海上运输法中都包含许多强行规则,对于发生于其领土内的行为必须适用。例如法国、比利时、英国、美国都规定凡由该国港口出发以及到达该国港口的运输都受其法律支配。因此,各国之间仍然发生法律抵触。如果法律抵触事项受其所参加的国际公约的支配,则应依国际公约的规定解决;如果法律抵触的事项不受国际公约支配时,有关国家势必执行其本国的强行规则,只有对于不受强行规则支配的事项,才按该国的法律抵触规则解决。这时,可以作为准据法的有装货港法、卸货港法、缔约地法、承运人主营业所或住所地法、船旗国法等,视事项的性质及受理诉讼国家的法律规定而定。因此,管辖法院不同,法律适用的结果也不一样,为了加强海运契约法律适用的预见性及确定性,必须同时规定其管辖权(见国际民事管辖权)。

当事人意思自治。关于国际海上运输契约的国际公约及各国的国内立法,都没有排除当事人的意思自治,但因国际公约和各国立法中包含许多强行规则,因此当事人的意思自治在这方面受到很大的限制。当事人的意思自治表现在两个方面:① 选择契约的准据法,例如海运提单上往往有首要条款,规定该提单受何国际公约或何国法律支配。② 决定契约的条款。由于国际公约及各国立法中强行规则的存在,如果一个契约是在某项国际公约的适用范围以内,而当事人所选择的法律或所决定的条款不符合该公约中的强行规则,其违背部分在适用该公约的国家内将被视为无效。如该契约不在国际公约的适用范围以内,当事人所选择的法律或所决定的条款要得到有关国家的承认,也必须不违背该有关国家国内立法中的强行法规。但承运人在契约中放弃其根据国际公约或某个国家立法所享有的权利和豁免,或增加他所应当承担的责任的决定是有效的,因为这时更能保护货方的利益,不违背强行规则的宗旨。

国际航空运输契约的准据法
（Applicable Law for Contracts of International Air Transport）①

按照抵触规则，国际航空运输契约应适用的实体法，主要适用 1929 年 10 月 12 日在华沙签订的《统一国际航空运输某些规则的公约》(《华沙公约》，见国际航空货物运输公约）中的各项规定。公约规定了航空运输契约应记载的事项、承运人的责任、消灭时效及有管辖权的法院等。1933 年开始生效，以后经过 1955 年在海牙、1961 年在瓜达拉哈拉、1971 年在危地马拉城及 1975 年在蒙特利尔几次修改。未批准或加入修改后的公约的缔约国与其他缔约国间仍适用原公约。加入这个公约的已有 100 多个国家，中国于 1958 年加入《华沙公约》，1975 年加入 1955 年修改该公约的《海牙议定书》。

公约的适用范围，亦即公约中的实体规定在各缔约国中作为准据法的范围，主要规定在公约第 1 条及第 2 条中。根据这两条的规定，公约所适用的国际运输是指根据有关各方所订立的运输契约，不论在运输中是否有间断或转运，其出发地和目的地是在两个缔约国的领土内，或出发地和目的地是在同一缔约国领土内、而在另一缔约国或非缔约国的领土内有一个约定的经停地点的运输，包括旅客、行李、货物以及航空运输企业以航空器办理的免费运输在内。国家及其他公法人经营公约所规定的运输时亦适用公约的规定。但公约不适用于国际邮政运输。目的地在另一非缔约国内而中间没有在其他国家内的经停地点的运输，属于非公约的国际运输。

公约的各项规定是强行规则，凡在公约适用范围内的运输契约以及

---

① 原载《中国大百科全书》(法学卷)，中国大百科全书出版社 1984 年版，第 205 页。

缔约国的法律都不得违反公约中的规定,例如承运人由于已登记的行李或货物的毁灭、遗失、损坏所应负的责任,以及对旅客、行李或货物因迟延所应负的责任,不论其根据如何,只能按公约所规定的条件和限额提出。公约所没有规定的事项则适用有关国家的法律。例如下列事项适用法院地法:① 受害人对损害的发生负有过失时,法院可按法院地法的规定减轻或免除承运人的责任。② 诉讼期限的计算方法依法院地法。③ 诉讼程序依法院地法。④ 如果损失的发生是由于承运人的有意的不良行为,或由于承运人的过失,而根据受理法院的法律这种过失被认为等于有意的不良行为时,承运人无权引用公约中关于免除或限制承运人责任的规定。

以上问题,有的属于程序法,有的属于实体法,依公约的规定均适用法院地法。有时公约不确定适用何国法律,由缔约国自己决定。例如关于承运人责任的根据,有的国家认为是契约责任,因而适用承运人主营业所所在地法;有的国家认为是侵权行为的责任,因而适用侵权行为地法。又如承运人由于旅客的死亡所负的赔偿责任由谁提出,公约未作规定,只能按有关国家法律的规定,该有关国家的法律可能为被害人本国法,可能为事实发生地法,也可能为法院地法。又如损害赔偿的范围是否包括精神损失在内,也由有关国家的法律决定。在这些情况下法律的适用很不确定。在学说上有人主张凡是公约所未确定的法律及未规定的事项均适用法院地法,即由有管辖权的法院适用其内国法。这个理论可以增加法律适用的预见性及确定性,因为根据《华沙公约》第28条的规定,对于赔偿诉讼有管辖权的法院,只能是缔约国内下列各地法院之一,由原告选择:① 被告的住所或主营业所所在地;② 签订契约的营业所所在地;③ 目的地。因此,能够补充公约的法律,也只限于上述地方的法律。

航空运输契约的当事人,可以选择适用的法律和规定契约的条款。但如该运输契约在《华沙公约》适用范围以内时,其所选择的法律和规定的条款,不能违背公约中的规定。关于非公约的国际运输法由各国自行规定,许多国家的法律对于非公约的国际运输也准用《华沙公约》中的规定。

国际航空运输协会在统一国际航空运输契约的法律适用方面也有贡献。协会为非政府的组织,对所属各会员公司规定一种共同的空运单格式,格式的主要内容符合《华沙公约》的规定,对公约所未规定的事项及非公约的国际运输作出补充规定。协会的空运单格式不仅为会员公司所采用,有时也为非会员的公司所采用。

海牙国际私法会议

(Hague Conference on Private International Law)①

国际间以逐渐统一国际私法为目的的政府间组织。因会议地址设在荷兰海牙而得名。根据会议组织及会员国成分的变迁情况，海牙国际私法会议可分为两个阶段：从1893年第一届会议到1928年第六届会议期间为第一阶段，这时的会员国主要限于欧洲大陆国家，没有固定组织，参加会议凭荷兰政府邀请。第二次世界大战后进入第二阶段，在会员成分及组织机构上发生了重大变化，会员国扩大，分布于世界五大洲，根据1980年10月第十四届会议记录，出席会议的正式会员共有29个国家。

海牙国际私法会议第二阶段的最大变化，是在第七届会议上制定了组织规约，于1955年7月15日开始生效，从此海牙国际私法会议成为永久性政府间组织；具有常设机关，以保证会议工作正常进行。

会议的机构。根据《海牙国际私法会议规约》的规定，机构有四：

① 大会。由全体会员组成，凡曾经参加过海牙国际私法会议并愿意接受会议规约的国家都能成为会员。其他国家如愿参加，可由一个或几个会员国建议，经多数会员国同意后成为会员。大会的职权为通过条约，提出建议，决定会议的工作计划，每4年举行一次常规会议。会议由常设机关向荷兰政府提出，通知会员国参加，必要时得举行特别会议。从1951年第七届会议到1980年第十四届会议期间，共举行过8次常规会议，1966年举行过一次特别会议。

② 荷兰国家委员会。是会议的执行机构和指导机构。根据1897年2月20日荷兰政府国王赦令成立，协助政府组织会议。《海牙国际私法会议规约》承认了委员会的历史作用，规定由委员会和会员国磋商决定大

---

① 原载《中国大百科全书》（法学卷），中国大百科全书出版社1984年版，第267页。

会的议程。

③ 常设局。是会议的秘书处,在荷兰国家委员会领导下工作。设秘书长一人,秘书若干人,由不同国家的人担任,并由荷兰政府根据国家委员会提名任命。负责大会及特别委员会的准备和组织工作,对特别委员会所讨论的议程提供材料,可以起草公约草案,并直接与会员国的国际私法团体或机构联系。享有某些外交特权。

④ 特别委员会。大会和荷兰国家委员会,可以根据需要决定设立特别委员会,进行研究工作和起草公约草案。

工作方法。海牙国际私法会议不企图制定一部全面的国际私法法典,而是针对某一具体问题成立一项具体公约,以期逐渐达到统一国际私法的目的。公约的内容主要在于制定及协调各国的抵触规则,包括法律抵触、管辖抵触以及与抵触规则密切联系的民事诉讼程序规则。范围不限于荷兰政府及其他会员国政府提出的事项,某些国际组织及学术团体也可向海牙国际私法会议建议讨论事项,或派观察员参加讨论。公约签订后,通常需要3—5国批准才能生效。没有参加会议的国家,可以根据公约规定条件申请加入。

会议成绩。海牙国际私法会议第一阶段共制定7个公约:① 1896年《民事诉讼程序公约》;② 1902年《婚姻法律抵触公约》;③ 1902年《离婚及分居的法律与管辖抵触规则公约》;④ 1902年《未成年人监护公约》;⑤ 1905年《关于禁治产及类似的保护措施公约》;⑥ 1905年《婚姻效力涉及夫妻身份关系和财产权利义务法律抵触公约》;⑦ 1905年《民事诉讼程序公约》(代替1896年公约)。此外,会议还讨论了继承、遗嘱、外国判决的承认和执行、司法救助、破产、国际动产买卖和修改1902年及1905年公约等问题。

海牙国际私法会议第二阶段自第七至十四届会议期间,签订了下述28个公约:

关于反致的公约:1955年《解决本国法和住所地法抵触公约》(尚未生效)。

关于外贸的公约:① 1955年《有体动产国际买卖法律适用公约》;② 1956年《承认外国公司、社团和财团法律人格公约》(尚未生效);③ 1958年《有体动产国际买卖所有权移转法律适用公约》(尚未生效);④ 1958年《有体动产国际买卖协议管辖权公约》(尚未生效);⑤ 1965年《协议选择审判籍公约》(尚未生效);⑥ 1978年《居间合同及代理法律适用公约》(尚未生效)。

关于保护儿童的公约:① 1956 年《儿童抚养义务法律适用公约》;② 1958 年《儿童抚养义务决定的承认和执行公约》;③ 1961 年《保护未成年人管辖权和法律适用公约》(代替 1902 年《未成年人监护公约》);④ 1965 年《收养管辖权、法律适用和决定承认公约》;⑤ 1980 年《国际抢夺儿童民事方面公约》。

关于婚姻及家庭的公约:① 1970 年《承认离婚和分居公约》;② 1973 年《扶养义务决定的承认和执行公约》;③ 1973 年《扶养义务法律适用公约》;④ 1978 年《夫妻财产制法律适用公约》(尚未生效);⑤ 1978 年《结婚仪式及承认婚姻有效公约》(代替 1902 年《婚姻法律抵触公约》,尚未生效)。

关于遗嘱及遗产的公约:① 1961 年《遗嘱方式法律抵触公约》;② 1973 年《遗产国际管理公约》(尚未生效)。

关于侵权行为的公约:① 1971 年《公路交通事故法律适用公约》;② 1973 年《产品责任法律适用公约》。

关于民事诉讼程序的公约:① 1954 年《民事诉讼程序公约》(代替 1905 年《民事诉讼程序公约》);② 1965 年《民商事司法和司法外文件国外送达和通知公约》(代替 1905 年及 1954 年《民事诉讼程序公约》第 1—7 条);③ 1970 年《从国外得到民商事案件证据的公约》(代替 1905 年及 1954 年《民事诉讼程序公约》第 8—16 条);④ 1961 年《废除要求认证外国公文书的公约》;⑤ 1971 年《民商事外国判决的承认和执行公约》;⑥《民商事外国判决的承认和执行海牙公约附加协议书》;⑦ 1980 年《对涉外民事诉讼提供便利公约》(代替 1905 年《民事诉讼程序公约》第 17—24 条,及 1954 年《民事诉讼程序公约》第 17—26 条)。

海牙国际私法会议第一阶段及第二阶段所通过的公约,有明显的不同趋势:① 第一阶段的公约内容限于亲属法及程序法问题,而第二阶段的公约则趋向于经济问题及社会问题。例如除上面提到的外贸、儿童保护、扶养义务、侵权行为等公约外,海牙国际私法会议还准备制定商业票据法律适用公约、仲裁公约、技术转让法律适用公约、雇佣合同法律适用公约等。② 第二阶段公约中大量使用惯常居所地法作为准据法,而在第一阶段的公约中,则当事人的本国法占主导地位。③ 第二阶段的公约几乎普遍地限制公共秩序的保留,外国法只在明显违反法院地公共秩序时才不适用。④ 第二阶段许多公约对于法律适用不要求相互条件,非缔约国的法律,只要符合公约规定的条件,同样可以适用,在国际私法统一方面又前进了一步。

总之,第一阶段的参加国不多,参加会议的国家也未对这一阶段制定的 7 个公约全部签字或批准,所订立的公约由于过分强调当事人本国法的作用,大都为第二阶段通过的公约所代替。第二阶段截至 1983 年 3 月,会员国已增加到 30 个,包括东欧国家 2 个,亚洲、非洲、拉丁美洲国家 9 个,其余都是发达的资本主义国家。所制定的 28 个公约,其中有 11 个公约截至 1983 年 3 月 1 日尚未生效。在已经生效的 17 个公约中,批准国及加入国达 10 国以上的只有 12 个,反映出资本主义国家之间利害冲突不易调和。海牙国际私法会议主要是制定国际私法公约,即造法性条约,这些公约虽然批准的数目不是很多,但是制定过程中都经过充分准备和详细讨论,常设事务局对一些国家的实体法及抵触规则作过比较研究,起草公约草案的特别委员会和各国参加大会的代表团,由有名的国际私法专家组成,草案并征求过会员国政府的意见,因此,会议所通过的公约享有较高的信誉,受到学术界的重视。

监护的准据法

(Applicable Law for Guardianship)[1]

指按照抵触规则涉外监护事件应适用的实体法。这些抵触规则所采用的连结根据包括受监护人的国籍、住所、惯常居所地、法院地、物的所在地等。

受监护人的属人法。以属人法为中心是传统的关于监护的准据法原则。因为监护制度是对未成年人的一种保护,以受监护人在一般行为能力上有缺陷为条件,因此,适用于监护制度的法律为支配受监护人一般行为能力的法律。而人的一般行为能力受属人法的支配,从而适用于监护的法律是受监护人的属人法。例如《布斯塔曼特法典》第84条规定:"关于监护或保佐的目的、组织和分类,适用未成年人或无行为能力人的属人法。"在属人法问题上有的国家采住所地主义,有的国家采国籍主义。前一类国家即以住所地法为监护制度的准据法,例如1940年蒙得维的亚《国际民法条约》第25条、1931年斯堪的纳维亚国家《关于婚姻、收养和监护的某些国际私法规定的公约》第14条都如此。罗马法系的国家则以当事人的国籍为属人法的连结因素,因此,这类国家以受监护人的本国法为监护制度的准据法,例如1902年的海牙《未成年人监护公约》第1条及中华民国时期1918年北洋政府的《法律适用条例》第18条都如此。

法院地法。适用被监护人的属人法是一个原则,但有例外情况。1902年《未成年人监护公约》第3、4条规定,在外国有惯常居所的未成年人,倘未依或不能依其本国法设置监护人时,应依当地法设置监护人。这是临时性的监护人,一旦依被监护人本国法设置监护人时,其监护职务应即停止。在这种情况下适用当地法,亦即法院地法。

---

[1] 原载《中国大百科全书》(法学卷),中国大百科全书出版社1984年版,第313页。

物的所在地法。在被监护人的财产分布于几个国家的情况下,对于物权的取得和变更,如果依照财产所在地法不允许适用所在地以外的法律时,应适用物的所在地法。

惯常居所地法。第二次世界大战以后,关于监护制度的准据法原则发生了重大变化。1961年海牙《保护未成年人管辖权和法律适用公约》放弃了本国法原则,采取惯常居所地为连结根据。这一公约又进一步影响了比利时、荷兰、卢森堡等一些采取本国法主义的国家。

解决汇票、本票和支票的某些法律抵触公约
(Conventions for the Settlement of Certain Conflicts of Laws in Connection with Bills of Exchange, Promissory Notes and Check)[①]

在国际联盟主持下,日内瓦国际会议通过了《解决汇票和本票的某些法律抵触公约》(1930年开放签字)和《解决支票的某些法律抵触公约》(1931年开放签字),为欧洲大陆国家所广泛采用。

《解决汇票和本票的某些法律抵触公约》。为便利国际贸易,统一各国汇票制度,1930年6月7日,日内瓦会议同时签订了《汇票和本票统一法公约》和《解决汇票和本票的某些法律抵触公约》,后者是对前者的补充。因为《汇票和本票统一法公约》没有完全统一汇票和本票制度,首先,许多国家没有参加,或者没有批准这个公约,例如英美法系国家都没有参加这个公约;其次,统一法公约不是对所有问题都有规定,而且还有可以保留的条款;最后,会议各国又考虑到公约实施以后,各国法院解释不同,又可能引起新的法律抵触。为了弥补这些缺点,日内瓦会议在订立《汇票和本票统一法公约》的同时,又订立了本公约。这个公约没有包括汇票和本票的全部抵触规则,所以称为解决汇票和本票的"某些"法律抵触公约。批准及加入公约的国家有:德国、奥地利、比利时、巴西、丹麦、芬兰、法国、希腊、意大利、日本、摩纳哥、挪威、荷兰、波兰、葡萄牙、瑞典、瑞士、苏联。公约于1934年开始生效。主要内容如下:

票据行为的成立要件:

① 实质要件——票据能力。公约只规定了当事人的票据行为能力,

[①] 原载《中国大百科全书》(法学卷),中国大百科全书出版社1984年版,第322页。

对同意问题没有规定。当事人票据能力依其本国法的规定,但有两个例外:一是如其本国法指示适用其他国家法律时,则适用其他国家法律,因此,公约采纳反致和转致,但以一次为限。二是当事人依本国法无票据能力,依票据行为地法有能力时,则就该项票据行为而言被视为有能力,以维持票据流通的信用。由于这个规定使本国人有可能规避本国法的限制,所以公约又规定缔约国有权否认本国无票据行为能力人在其他缔约国内所为的票据行为。

② 形式要件——票据行为的形式,依行为地法。也有两个例外:一是依行为地法其形式为无效的票据行为,如果在其以后的票据行为依当地法为有效时,则其当初形式的无效性,不影响以后的票据行为的效力。这是因为票据行为有独立性,一个行为的无效,不影响其他行为的效力。二是票据行为的双方当事人有同一国籍时,在国外的当事人对国内当事人的票据行为,可不依当地法律所规定的形式,而依其本国法所规定的形式。

票据行为的效力。在票据上签名的人的权利和义务,依票据行为独立原则,不同的票据行为受不同的法律支配,汇票承兑人及本票出票人的义务受付款地法支配,票据上其他签字人的义务受行为地法支配,因此在甲国背书的效力受甲国法律支配,在乙国背书的效力受乙国法律支配。对票据行为效力独立原则,公约规定一个例外:在拒绝付款时,行使追索权诉讼的期限,不论执票人在何国,均受发票地法律支配。

票据义务的履行。指付款及与付款相牵连的问题,例如票据资金、部分付款、拒绝证书、票据遗失等。执票人是否取得票据发行原因的债权,依票据发行地法;是否允许部分承兑,执票人是否必须接受部分付款依付款地法;拒绝证书的形式、期限以及其他为行使或保全票据权利的行为的形式,依行为地法;票据遗失或被盗时所应采取的措施依付款地法。公约没有提到外币付款问题。

公约适用的范围。公约适用于缔约国间的汇票和本票的法律抵触(第1条)。对于在缔约国领土范围外所承担的义务,或依公约规定所应适用的法律为非缔约国的法律时,缔约国有权决定是否适用公约所规定的国际私法原则。因此,缔约国如果未行使这项权利以限制公约的适用范围时,公约的适用范围将极广泛,不限于缔约国间,公约将取代缔约国原有的抵触规则。公约不适用于在其实施以前缔约国领土内已经发出的汇票和本票。

《解决支票的某些法律抵触公约》为了解决支票法律抵触问题,日内瓦会议继 1930 年《汇票和本票统一法公约》以及《解决汇票和本票的某些法律抵触公约》以后,又于 1931 年 3 月 19 日制定了《支票统一法公约》及本公约。截至 1960 年,批准及加入本公约的国家有:联邦德国、奥地利、比利时、巴西、丹麦、芬兰、法国、希腊、意大利、日本、摩纳哥、尼加拉瓜、挪威、荷兰、波兰、葡萄牙、瑞典、瑞士。公约于 1934 年开始生效。

公约的内容与《解决汇票和本票的某些法律抵触公约》基本相同,但由于支票只是支付的工具,所以扩大了付款地法的适用范围。它与《解决汇票和本票的某些法律抵触公约》的不同有:付款地法决定支票付款人的资格。关于支票行为的形式,除像汇票行为一样依行为地法以外,还可依付款地法。付款地法决定下列事项:① 支票是否必须见票即付,或者可以见票后定期付款,以及填迟实际票据日期的效果。② 票据提示的期限。③ 支票是否可以承兑、保付、认可、照付以及这类记载的效力。④ 执票人是否可以要求以及是否必须接受部分付款。⑤ 支票是否允许划平行线或载明"记入账户",或作其他类似的记载,以及平行线和此类记载的效力。⑥ 执票人对票据资金(存款)是否享有特殊权利,该权利的性质如何。⑦ 出票人是否可以撤销支票或反对付款。⑧ 支票遗失或被盗时应采取的措施。⑨ 对出票人、背书人或其他票据债务人行使追索权,是否必须持有拒绝证书或其他类似的证明。

这两个商业票据抵触法公约为欧洲大陆国家所广泛采用,但它根据大陆法系观点,以当事人本国法决定当事人的票据能力,不便于商业交易。此外,公约根据票据行为独立原则,规定同一票据上背书的效力,因背书地不同而受不同国家的法律支配,致使票据上的法律关系复杂。第十四届海牙国际私法会议议决要对商业票据制定新的法律适用公约。

亲子关系的准据法

(Applicable Law for Parentage)[1]

在审理涉外亲子案件中,根据抵触规则的规定而适用的实体法。据以确定案件当事人双方亲子关系(见父母子女关系)是否成立,以及如果成立,其相互间的权利、义务关系。

亲子关系成立的准据法。由于亲子关系的成立有三种方式:① 婚生子女;② 非婚生子女准婚生,取得婚生子女身份;③ 收养。从而其相应的准据法,也有婚生子女的准据法、准婚生的准据法和收养的准据法。

婚生子女的准据法。在婚姻关系存续期间所生子女均推定为婚生子女。但对婚前受胎子女是否为婚生,夫死或离婚后所生子女在几个月内可以认为是婚生,否认婚生子女的条件和方式,婚姻无效时所生子女是否可以认为是婚生,各国法律规定不一。适用的法律不同,直接影响当事人的身份地位。以住所地法为属人法的国家,例如英国,以子女出生时父的住所地国家的法律为准据法。美国一般依子女出生时父母双方的住所地法,当双方住所地不同时,可能导致不同的结果。以国籍为属人法的国家,例如1896年德国《民法典施行法》,以子女出生时其母之夫的本国法为准据法。这一抵触规则后来为日本、泰国、意大利等许多国家所采纳。奥地利1978年《关于国际私法的联邦法》规定,以子女出生时父母双方的共同属人法为准据法。法国则依子女出生时母的属人法为准据法,不知其母为谁时,则依子女的属人法。1928年美洲国家《布斯塔曼特法典》、1975年民主德国《关于国际民事、亲属和劳动法律关系以及国际经济合同法律适用法》,都以子女的属人法为准据法。在以父母的一方或双方的属人法决定子女是否婚生时,如父母在子女出生前已离婚或其父已死亡,

---

[1] 原载《中国大百科全书》(法学卷),中国大百科全书出版社1984年版,第477页。

则依其离婚或死亡时的属人法。过去一些国家曾认为亲子关系能否成立决定于婚姻效力,因此也曾以婚姻效力的准据法为亲子关系成立的准据法(见结婚的准据法)。

准婚生的准据法。非婚生子女包括婚前所生子女及婚姻关系外所生子女。个别国家如新西兰,在法律上不区别婚生子女和非婚生子女,不需要准婚生手续。但在大部分国家,非婚生子女取得婚生子女地位,需要一定的条件或手续。一般有三种方式:① 父母在子女出生后结婚。对于非婚生子女是否因此而准婚生,英国等一些国家以结婚时生父住所地法为准据法,奥地利等国则依父母双方的属人法,双方属人法不同时,依其中更有利于准婚生的法律。法国等国则依结婚时规定婚姻效力的法律,或依父母任何一方的属人法,或依子女的属人法。② 认领。有的国家规定为生父的单独行为,有的国家规定为生父、生母的共同行为,有的国家还规定认领必须与其生父生母结婚相配合,否则非婚生子女只能取得某些权利,而不能取得婚生子女地位。认领的对象和方式各国也不完全相同。英国等国以认领时生父住所地法为准据法,泰国则适用认领时生父的本国法,波兰等国适用认领时子女的本国法,日本则对于父母和子女分别适用其本国法。③ 请求认领。依当事人请求由法院宣告亲子关系,即寻求或确认生父或生母的行为。是否允许请求认领依法院地法,请求认领所适用的准据法依一般认领适用的法律。

亲子关系效力的准据法。亲子关系即父母子女关系。亲子关系效力即父母子女间的权利义务。父母对未成年子女的权利及义务,即亲权,包括身份及财产两个方面。前者如对子女的保护、教养、惩戒、抚养等,后者为对子女财产的使用、收益、管理等。涉外亲子关系效力的准据法,有的国家如日本、泰国适用亲子关系成立的准据法;有的国家对于亲子关系的成立及亲子关系效力适用不同的准据法。例如法国,亲子关系的成立适用母的属人法,而亲子关系的一般法律效力,适用婚姻效力的准据法。目前趋势是适用子女的属人法,例如捷克斯洛伐克、波兰、联邦德国对亲子关系都适用子女的本国法。

有些国家认为扶养义务超过亲权范围,另设抵触规则对准据法加以规定。例如捷克斯洛伐克1963年《国际私法和国际民事诉讼法》第24条规定,亲子关系依子女本国法,父母对子女的扶养请求权依父母的本国法。海牙国际私法会议并制定有《儿童抚养义务法律适用公约》(1956年)、《儿童抚养义务决定的承认和执行公约》(1958年)、《保护未成年人管辖权和法律适用公约》(1961年)等。

由于国家对家庭关系的干预、亲子关系中属人法的适用往往受当地法律所限制、补充或代替,这方面的公共秩序保留(见保留条款)和强行法规较多。亲权中财产方面的权利和义务,英美法系国家规定对不动产适用不动产所在地法;大陆法系国家不区分动产和不动产,但如财产所在地法对财产的取得和行使有特别规定时,须受所在地法的限制。

非婚生子女和生母的关系,一般依生母的属人法。对生父的权利和义务,1896年德国《民法典施行法》规定依出生时生母本国法,英国规定依出生时生父住所地法;1978年奥地利《关于国际私法的联邦法》规定依子女属人法。

《中华人民共和国婚姻法》中,规定了父母子女关系,这些规定属于强行法规。中国法院在受理涉外亲子关系案件时,对发生在中国境内的亲子关系,其成立及其相互间权利义务应依中国法律的规定。在国外合法成立的亲子关系,只要不违背中国的公共秩序,中国予以承认。华侨为中国公民,其亲子关系受中国法律支配。

区域性国际私法公约

(Regional Private International Law)①

国际私法的国际渊源之一。指同一地区的国家基于相似的文化背景和经济及人员间比较密切的交往关系,为统一国际私法而订立的条约。制定区域性国际私法公约比制定全球性国际私法公约容易达成协议。世界上主要的区域性国际私法公约有:

《利马条约》。南美 7 个国家于 1878 年签订的《建立国际私法统一规则条约》。南美国家是国际间最先实行统一国际私法的国家。1877 年 12 月 9 日,南美各国应秘鲁政府邀请于秘鲁首都利马开会,讨论统一国际私法问题,1878 年 11 月 9 日,秘鲁、阿根廷、玻利维亚、哥斯达黎加、智利、厄瓜多尔及委内瑞拉 7 国签订《建立国际私法统一规则条约》,因在利马开会又称《利马条约》。条约分八章,共 60 条,规定人的身份、能力、财产、法律行为、婚姻、继承、法院管辖、外国判决的承认及执行、认证以及国际刑法等事项。该条约受当时欧洲大陆本国法主义影响较大,一些拉丁美洲国家不满意,除秘鲁外,其他各国都未批准,因之未能生效。

《蒙得维的亚条约》。利马会议失败以后,1888 年 8 月至 1889 年 2 月,由阿根廷及乌拉圭两国发起,于乌拉圭首都蒙得维的亚举行南美国际私法会议。参加国有阿根廷、玻利维亚、巴西、智利、巴拉圭、秘鲁、乌拉圭。会议精神与利马会议相反,鉴于南美国家外来移民很多,为了保护南美国家的利益,特别强调住所地法主义。会议签订了 9 个条约:《国际民法条约》《国际商法条约》《国际刑法条约》《诉讼程序法条约》《文学艺术所有权条约》《商标条约》《发明专利条约》《执行自由职业公约》以及一个附加议定书。

---

① 原载《中国大百科全书》(法学卷),中国大百科全书出版社 1984 年版,第 483 页。

批准《国际民法条约》的国家有阿根廷、玻利维亚、巴拉圭、秘鲁、乌拉圭5国。哥伦比亚于1934年加入该条约。条约规定：人的能力、夫妻人身方面的权利和义务及夫妻法定财产制适用住所地法，但夫妻法定财产制及约定财产制均受物的所在地法的限制。婚姻的实质要件和仪式以及婚生子女的地位依婚姻举行地法。亲权及对于子女人身方面的权利和义务依权利行使地法。亲权及对子女财产的权利依财产所在地法。契约的实质及其是否必须为要式行为依履行地法。财产不论其性质如何依所在地法。继承依被继承财产所在地法。离婚依婚姻住所地法，但不得违反婚姻举行地法。

1939年，为纪念条约签订50周年，阿根廷及乌拉圭两国政府邀请上次会议参加国于乌拉圭首都举行第二次南美国际私法会议，修改1889年条约。会期自1939年8月至1940年3月，参加国有阿根廷、玻利维亚、哥伦比亚、巴拉圭、秘鲁、乌拉圭。除《发明专利条约》及《商标条约》外，其他条约都有修改。原《国际刑法条约》中的一部分扩充成为《政治避难与庇护条约》，原《国际商法条约》分为《陆上国际商法条约》及《国际商务航行法条约》。直至1982年，1889年条约在玻利维亚及秘鲁间继续有效。1940年条约在阿根廷、巴拉圭、乌拉圭三国间有效。

《布斯塔曼特法典》。1928年第六届泛美会议总结南美国际私法立法经验，通过了《布斯塔曼特法典》。它包括绪论、国际民法、国际商法、国际刑法、国际程序法五部分，共437条，为最完备的国际私法法典。批准该法典的国家有15个拉丁美洲国家。1928年11月25日生效。

北欧国家国际私法公约。丹麦、瑞典、挪威、芬兰、冰岛等5个北欧国家于1931年—1935年间签订的5个国际私法公约，即1931年的《关于婚姻、收养和监护的某些国际私法规定的公约》(1932年1月1日生效)，1931年的《扶养费收取公约》(同前)，1933年的《外国判决的承认和执行公约》(1933年7月1日生效)，1933年的《破产公约》(1935年1月1日生效)，1934年的《继承和遗产管理公约》(1936年1月1日生效)。1931年的两个公约在1953年略有修改，其修改议定书于1954年3月1日生效。

《比利时、荷兰、卢森堡统一国际私法公约》。比利时、荷兰、卢森堡三国于1951年签订的统一各国国际私法公约，包括人、物、契约及债务、法律行为及不法行为等事项。1968年加以修改，该公约除卢森堡外，其他两国均未批准，不曾生效。

欧洲经济共同体的国际私法公约。欧洲经济共同体从1958年成立以来签订了许多公约。关于国际私法方面的重要公约有:1968年2月的《互相承认公司及法人公约》、1968年9月的《关于民商事司法管辖和判决执行公约》、1980年6月的《契约债务法律适用公约》。除《关于民商事司法管辖和判决执行公约》已于1973年2月1日生效以外,其他两个条约直到1982年尚未生效。

经济互助委员会的国际私法条约。苏联及东欧国家间的经济互助委员会在外贸和亲属法方面签订的多边条约中,有时也制定共同的抵触规则。例如经济互助委员会1980年的《交货共同条件》中规定当事人关于商品交付的权利和义务,如契约中或交货条件中没有确定,或者没有充分确定时,依卖方国家的法律规定。这个规则和1955年6月15日海牙国际私法会议制定的《有体动产国际买卖法律适用公约》的有关条款相同。

美洲国家间国际私法条约。1975年1月,美洲国家组织在巴拿马召开第一届美洲国家间国际私法专门会议,改变过去提出的制定一部美洲国家间全面的国际私法典的设想,就一些具体问题制定了6个公约,于1976年1月全部生效。1979年4—5月在蒙得维的亚举行第二届会议,又通过了8个公约,也已生效。

收养的准据法

(Applicable Law for Adoption)[①]

按照抵触规则审理涉外收养关系的实体法。收养是由法律所创造的亲子关系。各国法律关于收养的准据法包括收养的成立要件和收养的法律效力两个方面:

收养成立的准据法。收养制度改变当事人间的法律地位,在大多数国家中,其成立必须有国家的参与和当事人间的同意,使收养行为成为一个复合的行为。国际间对其准据法有两种规定:

法院地法。英美等国认为收养行为的实体是法院根据当事人的申请而发布的收养命令,因而收养成立的准据法是法院地法。英国1968年的《收养法》经1975年的《儿童法》修改后,英国法院对于在英国有住所的收养者的申请,有权颁发命令;夫妻共同收养时,只要其中一人在英国有住所,法院即可颁发命令。美国各州关于收养的规定不完全一致,根据美国《第二次抵触法重述》的总结,美国各州中有权颁发收养命令的法院是:被收养者或收养者住所地法院,对收养者、被收养者或被收养者的法定监护人有管辖权的法院。斯堪的纳维亚五国1931年2月6日签订的《关于婚姻、收养和监护的某些国际私法规定的公约》规定适用和英国大致相同的法律,收养由收养者住所地法院管辖,法院在决定收养是否具备成立的必要条件时只适用法院地法。

属人法。欧洲大陆各国认为收养主要是当事人间的合意行为,所以根据身份关系适用属人法的一般原则。如果当事人的属人法不同时,关于应当适用哪个属人法的问题,在立法上和理论上有下列几种主张:

① 原则上适用收养者的属人法,但在某些例外情况下适用被收养者

[①] 原载《中国大百科全书》(法学卷),中国大百科全书出版社1984年版,第538页。

的属人法；因为收养行为由收养者发动，收养者负有主要责任。采取这样规定的立法有德国1896年的《民法典施行法》、1975年民主德国的《关于国际民事、亲属和劳动法律关系以及国际经济合同法律适用法》、1978年奥地利《关于国际私法的联邦法》、1963年捷克斯洛伐克《国际私法和国际民事诉讼法》、1965年波兰《关于国际私法的法律》等。这些立法，在夫妇双方共同收养而没有共同的属人法时，有规定必须满足夫妇双方属人法所规定的条件者（如捷克斯洛伐克、奥地利），有规定适用法院地法者（如民主德国）。此外，这些立法在规定适用收养者的属人法的同时，还规定适用被收养者的属人法，例如德国1896年规定如果被收养者为德国公民时，关于需要被收养者同意的规则必须按照德国法律的规定。民主德国1975年也有同样的规定。奥地利、捷克斯洛伐克和波兰都规定了关于被收养者同意的规则，即不论收养者和被收养者的国籍如何，都适用被收养者的本国法。

② 原则上适用被收养者的属人法，在某些例外情况下适用收养者的属人法，因为近代的收养制度在于保护被收养者的利益，所以收养的成立要件应依被收养者属人法的规定。法国的一部分学者和判例曾经采取这个主张，但在收养者为法国公民时，则不适用被收养者的本国法而适用法国的法律。

③ 分别适用收养者和被收养者的属人法。因为收养制度同时关系到收养者和被收养者双方的利益，所以对于各方应具备的条件分别适用各自的属人法来决定，例如，1898年的日本《法例》、1928年的《布斯塔曼特法典》、1979年匈牙利的《关于国际私法的法令》都采取这种主张，但匈牙利法律同时又规定，如果收养者或被收养者一方为匈牙利公民时，只能适用匈牙利法律的规定。

④ 同时适用收养者和被收养者的属人法，这种主张使收养关系难以成立，实际上很少被采用，而且如果采纳这种主张，结果只是适用要求最严格一方的属人法，而不是同时适用双方的属人法。

以上所述关于收养成立的实质要件，不能违背法院地的公共秩序。至于收养成立的形式要件，由于往往有公权力机关的参与，只能依行为地法。国际间关于收养成立要件的重要公约有海牙国际私法会议制定的《收养管辖权、法律适用和决定承认公约》。

1980年《中华人民共和国婚姻法》规定了收养关系。在中国境内成立的收养关系，应以中国的法律作为准据法。如果收养关系的任何一方为中国公民时,纵然发生在国外,仍应以中国法律为准据法。至于收养和被收养者双方都是外国人在外国发生的收养关系,如果符合他们的本国法或住所地法,并且不违反中国的公共秩序,中国即予以承认。

收养效力的准据法。对收养成立适用法院地法的国家,例如英美等国,对收养的法律效力当然也只适用法院地法。在收养关系以当事人的属人法作为准据法的国家,例如欧洲大陆各国,支配收养成立的法律和支配收养效力的法律不一定相同,这是因为关于收养的成立要考虑双方当事人的条件,所以往往以双方当事人的属人法作为准据法。但收养关系成立后,其法律效力应当确定,所以往往只能适用一个法律。例如1898年的日本《法例》、1938年泰国《法律抵触法》、1942年《意大利民法典》、1978年奥地利《关于国际私法的联邦法》、1979年匈牙利《关于国际私法的法令》等都规定收养的成立要件分别适用收养者和被收养者双方的本国法,而收养的法律效力只适用收养者的本国法。但也有规定收养的成立和收养的效力适用相同的属人法的,例如1940年的蒙得维的亚《国际民法条约》(见区域性国际私法公约),规定收养的成立要件和收养的效力都适用双方当事人的住所地法。

但收养关系中的某些法律效力不受收养效力的准据法的支配,而受其他法律支配。一般认为养子女的继承权利不受收养效力准据法的支配,而受继承法的支配,养子女的国籍问题一般受国籍法的支配。如当地警察规则对姓名的使用有特别规定时,养子女的姓名不受收养效力准据法的支配,而适用当地的警察法;养子女和原先家庭亲属间的婚姻障碍则依养子女的属人法或婚姻法的规定。

《收养管辖权、法律适用和决定承认公约》
(Convention on Jurisdiction, Applicable Law and Recognition of Decrees Relating to Adoptions)①

1964年第十届海牙国际私法会议制定的,目的在于规定缔约国间关于国际收养的统一的抵触规则,以便利国际收养的相互承认。1965年11月15日公开签字,截至1983年3月1日,有奥地利、联合王国、瑞士批准,1978年10月开始生效。随着国际间私人交往的发达,以及各国经济及人口发展的不平衡,有些国家的收养者往往向其他国家寻找儿童。而各国关于收养的立法差别很大,在收养的实质要件、形式要件以及收养的效力方面均有不同。本公约就是为使国际收养易于成立,得到共同的承认以保护儿童的利益而制定的。

公约适用范围:① 被收养者只限于不满18岁未结婚的未成年人。② 只限于缔约国国民及居民相互之间的收养,收养者及被收养者都必须同时具有缔约国国籍并在缔约国内有惯常居所,但收养者及被收养者不能具有同一国籍并同时住在其本国国内。收养者不止一人时,如在缔约国内没有共同的国籍或住所,不适用本公约。收养的管辖机关不符合公约的规定时,也不适用本公约。

管辖权。对国际收养有管辖权的机关为:① 收养者惯常居所地的有关机关;② 收养者本国的有关机关。惯常居所地条件及国籍条件必须在提出申请时及有管辖权机关决定时都存在。公约以收养者而不是以被收养者的惯常居所及国籍决定收养的管辖权,这是由于收养的结果,被收养者与婚生子女一样处于收养者同一亲权之下的缘故。为了调和在身份方面主张住所地法国家及主张本国法国家间的冲突,公约同时规定收养者

---

① 原载《中国大百科全书》(法学卷),中国大百科全书出版社1984年版,第539页。

的惯常居所地国及其本国都有管辖权。

　　法律适用。公约规定对国际收养有管辖权的机关适用其内国法，但有两种例外情况：① 为保护儿童的利益，不论有管辖权的机关为收养者本国的有关机关，或为其惯常居所地国的有关机关，被收养者和其家庭的同意应依儿童的本国法。② 为尊重收养者本国的利益，有管辖权的机关为收养者惯常居所地国的机关时，应尊重收养者本国法关于禁止收养的规定，但以这种禁止经其本国政府依公约第13条的规定声明为条件。公约第13条规定缔约国在签字批准或加入公约时，可以声明基于下述原因的一种或数种禁止其本国国民的收养：① 收养者有直系卑亲属；② 收养者未经配偶同意；③ 收养者与被收养者有血亲关系；④ 被收养者已为他人的养子女；⑤ 收养者与被收养者不符合年龄差别的要求；⑥ 收养者与被收养者不符合收养的年龄条件；⑦ 被收养者不居住于收养者家中。

　　国际收养的承认、无效及撤销凡属公约范围内的收养，如其管辖机关符合公约的规定时，当然得到其他缔约国的承认。

　　有权撤销公约范围内的收养或宣告其无效的机关为：① 宣告无效或撤销当时被收养者在缔约国内的惯常居所地的有关机关；② 宣告无效或撤销当时收养者在缔约国内的惯常居所地的有关机关；③ 原来批准收养的国家的机关。

　　宣告无效所适用的法律，根据无效的原因可以为：① 批准收养的机关的内国法；② 收养因违反收养者本国法关于禁止收养的规定而无效时，收养当时收养者的本国法；③ 收养因违反被收养者同意的规定而无效时，收养当时被收养者的本国法。

《遗嘱方式法律抵触公约》
(Convention on the Conflicts of Laws Relating to the Form of Testamentary Dispositions)①

1960年第九届海牙国际私法会议制定的,目的在于统一各国关于遗嘱方式的法律适用规则。有了共同的准据法,尽管各国关于遗嘱方式的规定不同,也可避免同一遗嘱在甲国认为有效,而在乙国认为无效的现象。公约的范围只涉及遗嘱的方式,不包括遗嘱的内容。公约于1961年10月5日公开签字,截至1983年3月1日,批准国有联邦德国、奥地利、比利时、丹麦、芬兰、法国、希腊、爱尔兰、以色列、意大利、日本、卢森堡、挪威、联合王国、瑞典、瑞士、南斯拉夫。加入的国家有爱尔兰、以色列、南非、博茨瓦纳、斐济、毛里求斯、波兰、民主德国、斯威士兰、汤加。公约于1964年1月生效。由于公约不要求相互条件,凡符合公约规定的法律及利害关系人,即使是非缔约国的法律及国民,也在公约的适用范围之内。

遗嘱方式一向受到海牙国际私法会议注意,从1893年到1928年间的各届会议中,屡有讨论都无结果。因为当时主要是从遗嘱继承或一般继承角度讨论遗嘱方式问题,由于未能就继承问题达成协议,因而也未能就遗嘱方式达成协议。1961年的公约把遗嘱方式问题与遗嘱内容分开,在方式上尽量使遗嘱易于成立以成全死者遗志,因此得到许多国家批准。

准据法公约的基本精神为成全死者遗志,使遗嘱在形式方面易于成立,依公约规定,遗嘱方式符合下列法律规定者都认为有效:① 行为地法。② 立遗嘱人本国法,包括立遗嘱时的本国法及遗嘱人死亡时的本国法在内,因此遗嘱不会因遗嘱人变更国籍而无效,而且有时原来无效的遗嘱,变更国籍后因符合新国家的规定而变为有效。遗嘱人有重复国籍时,

---

① 原载《中国大百科全书》(法学卷),中国大百科全书出版社1984年版,第695页。

只要符合任何一国的本国法即可使遗嘱有效。在有几个法律体系的国家,例如联邦国,应依该国的法律适用规则决定遗嘱人的本国法。如果该国没有这项规则,以遗嘱人与之有最密切关系的法律体系作为其本国法。③ 遗嘱人住所地法,包括立遗嘱时的住所地法及遗嘱人死亡时的住所地法在内。④ 遗嘱人立遗嘱时或其死亡时的惯常居所地法。公约于住所地外又把惯常居所地作为连结因素,因为住所与惯常居所不一定相同。⑤ 不动产所在地法,但只限于与不动产有关的遗嘱。

以上法律都是指内国法而言,不包括国际私法在内,所以没有反致。

这五种法律都可据以决定遗嘱方式有效,但公约不妨碍缔约国现在或将来的法律规则承认其他法律所规定的遗嘱方式。例如有些国家以法院地法作为遗嘱方式的准据法,也得到公约的承认。

遗嘱的撤销。遗嘱成立后可以另一遗嘱撤销。上述的遗嘱方式,也适用于撤销遗嘱的遗嘱方式。此外,对撤销遗嘱的遗嘱还定有更宽大的条件,只要它符合使原先遗嘱有效成立的方式即可成立,不论这种方式是否符合立撤销遗嘱时的要求。例如一英国人在法国旅行期间立一自书遗嘱存于公证人处,该遗嘱依法国法是有效的,因为法国允许自书遗嘱。该人回英国后以另一自书遗嘱撤销前一遗嘱,后一遗嘱依英国法律无效,因英国法规定必须有两个以上证人,但在本案仍有效,因其符合原先遗嘱方式。

遗嘱方式的范围。关于遗嘱的方式与实质如何划分,公约没有规定。公约只就两个引起争论的问题加以明确:① 根据遗嘱人的年龄、国籍或其他身份资格而对遗嘱方式所加的限制,属于形式问题,因而在公约规定范围之内。例如荷兰法律禁止本国国民为自书遗嘱,德国法律禁止未成年人为自书遗嘱。这种限制都被认为是遗嘱方式,而非遗嘱能力。因此荷兰人在没有这种禁止的法国所为的自书遗嘱被认为有效。同样,根据遗嘱见证人的资格而对遗嘱效力的限制,也属遗嘱方式问题。例如有些国家对于见证人的年龄及其与遗嘱人的亲属关系有一定的限制,这种限制也属于遗嘱方式问题。② 共同遗嘱为许多国家所禁止,但在缔约国承认共同遗嘱时,其方式也在公约规定范围之内。

公约所允许的保留包括:① 外国法明显违反法院地公共秩序时不适用。② 本国国民无特殊情况在外国所为的口头遗嘱,缔约国可保留不承认。③ 住所或惯常居所在国内而死亡在外国的本国国民在外国所立遗嘱,如其方式为本国法所不允许,仅依行为地法才能成立,而该行为地国非其死亡地国时,对于这种遗嘱方式,缔约国可保留不予承认。但不承认的范围,只限于遗嘱人在其本国国内的财产。例如一荷兰人其住所或惯常居所也在荷兰,在法国立一自书遗嘱(只有法国承认)而该人死于英国。这个遗嘱从荷兰法律观点来看是无效的。但无效的范围,只限于该人在荷兰的财产。④ 缔约国对遗嘱中的非继承事项条款,例如遗嘱中关于收养、认领、指定监护人等条款可保留不适用公约的规定。

《王名扬全集：论文、词条汇编》
编后记

  本卷编辑工作奉行如下原则：一是尽力求全。在主客观条件允许的范围内，尽可能收集所有的文献。二是最低程度。任何编辑工作都涉及内容和形式两个方面，本卷先期整理工作奉行最低限度的形式整理原则，亦即对实质内容不作任何修改，只对标题、编码、符号、错字等形式问题，按照学界惯例进行梳理。只要成果原初的格式不影响到内容，也不作更改。文献顺序的安排按照时间的先后进行。三是存疑保留。遇到引注文献有疑问时，尽可能找原著核实，无法找到原著的，即以"译者注"等方式存疑并作技术处理。刘东刚博士在翻译王老博士论文时有几处存疑，姜漪同学在整理王老硕士论文时也有个别外文文献存疑。编校者对前述标准下的技术瑕疵承担学术责任。四是默契配合。刘东刚博士负责翻译博士论文，姜漪同学负责其他部分文献的收集与文本转换，第一编校者负责标准把握、体例设计、结构编排、内容校阅等。成稿完成后，各自分别校对一遍。五是贵在坚持。整理工作的困难和干扰因素太多，编校者难免打退堂鼓。在王老风范的感动下，三位编校者相互打气，终于坚持下来。快乐莫过于心中不言而喻的默契。

  王老的博士论文是本卷的重头戏，传统民间寒士风格的刘东刚博士承担了王老博士论文的翻译工作，这是全集整理工作中最为艰巨也是最具有学术创新价值的一项攻坚战。他总结翻译工作的关键词是"辛苦但充实"：

翻译的过程非常辛苦。首先碰到的是学术难题，王老论文中的外国法和中国现代法部分没有多大问题，困难主要是中国古代法部分，在论文第一部分"古代法"中，王老大量引用了中国古代法典的条文和案例，其中以《大清律例》和《刑案汇览》为主。而本人在十多年的法律专业学习中，除了学过几本法制史的教材以外，对中国古代法制史没有任何其他学术训练。"书到用时方恨少"，这是整个翻译过程中最深刻的体会。为了克服困难，我决定对中国古代法部分的翻译采取以下翻译步骤：先将法语的相关条文和判例翻译成现代汉语；在理解条文和判例的大意后，根据注释标明的线索，查找古代法相应的条文和判例，然后用古代法典的原文替代翻译成现代汉语的条文，如果是案例，将关键的信息核对后，在脚注中标明案例的具体名称。经过此番努力，王老论文中引用的绝大多数条文和案例找到了原文和出处。

其次是相关文献的查找问题。王老论文中引用的古代法律文献的版本已经成为图书馆的特藏版本或者只提供文献传递的图书版本，查阅起来非常困难。幸运的是，王老引用文献的大部分经过现代人的整理得以重新出版，虽然页码和篇章等体例格式有所调整，但是基本内容和框架没有变化，其中《唐律疏议》《宋刑统》《大明律》《大清律例》有法律出版社 1999 年的新版本，内容完整、齐全，查找比较方便；《大清律例通考校注》有中国政法大学出版社 1992 年的新版本，有些在《大清律例》中找不到的内容，在《大清律例通考校注》中能够找到，比如论文中有关滥用缉票的例文，以及雍正时期发布的关于"八议"制度不实行的圣谕，都是在《大清律例通考校注》中找到的。有时候查阅资料整整一天，只能找到一个条文或一个案例，电子版和纸质版的文献交替查找，对眼睛也是一个不小的挑战。但是，相关案例和条文一旦找到，就能幸福地体验到"苦尽甘来"的感觉。

最后是翻译时间问题。此次翻译任务要在不到半年的时间内完成，对于我来说是一个不小的挑战。由于平时有全职的法律顾问工作（一天 8 小时），上下班路途较远（一天大约 4 个小时），上班时，一旦空闲下来，就抓紧时间进行翻译或者校稿，一天平均能利用一到两个小时，早上和晚上分别能挤出一小时，这样能保证平均每天 3 小时以上的翻译时间。另外，必须充分利用节假日和周末，有时甚至在上下班的公交车上也可以翻译两三个段落。通过此次翻译工作，初步找到了谋生和学术之间的平衡点，能不能在研究机构和学校之外的单位进行谋生,但同时进行一些学术研究工作,现在看来,困难不小,但是可能性还是有的。

翻译的过程非常充实。此次翻译是一次比较彻底的中国古代法制史的学习过程,也是比较法的学习过程。可以毫不夸张地说,本人20年来学习的中国古代法制史知识也不如这半年学习得多,以前对中国法制史的学习只停留在几本普通教材的层面上,这一次翻译过程,才是一次真正、全面、系统的古代法制史学习过程,从《唐律疏议》到《大清律例》,从《刑案汇览》到《大理院判决例全书》,再到《最高法院判决要旨》,时间跨度之大、文献资料之广泛,是前所未有的。另外,此次翻译过程也是比较法的学习过程,王老论文吸取了当时中国、英国、法国宪法和行政法理论的精髓,例如,中国王世杰、钱端升的《比较宪法》,英国戴雪的《宪法》,法国狄骥的《公法的变迁》等引用的著作都是当时最为优秀的代表作品,对后世影响很大。

"翻译其实是一种再创作",本人比较认同这种观点。翻译过程绝对不是简单的外语转化为汉语,而是一种再创作。首先,翻译必须根据现代人的语言习惯和专业术语对外文文本进行翻译,除了引用文献的原文外,其他行文肯定是通过现代人的语言和专业来表达的,这一工作本身就是一种创造。其次,翻译过程也是对作者文本知识的消化、吸收、校正和理顺过程。中国古代法典知识的消化和吸收是本次翻译的最大收获之一,五刑(笞、杖、徒、流、死)、赎刑、八议、公罪和私罪等古代法制度的具体内容是非常丰富的,中华法系是一种独特的、历史悠久的法律体系,值得后人去学习和反思。翻译过程中需要对文本中明显的标点、文字错误进行校正,另外,本人还对王老论文中的注释做了一些调整,将尾注的形式改为连续的脚注形式,并在中国法典和判例的注释中,直接将条文和判例的名称进行了标注,更有利于读者进行查找相关文献。最后,翻译是一种规范的学术训练。对优秀的学术论文进行翻译,是一次很好的学术训练。前言、缩略语、导论、正文、结论、参考书目、目录以及注释,论文翻译的每一步都必须遵循学术规范。

在这种"幸苦但充实"的翻译工作中,刘东刚博士有幸走进了王老的学术思想世界,得以与王老进行专业"对话"。他不仅为王老的学术功底所折服,也对王老在学术规范方面的训练和素养有了深刻的感受:

谈到学术规范和学术训练,这里不得不说说王老的学术风格和学术贡献。本人体会最深刻的有以下几点：

第一，宏大的学术抱负和学术理想。从王老留下来的学术遗产中我们可以看出，王老是一个具有很大学术抱负的学者。……第二，学贯中西，融汇古今。可以毫不夸张地说，王老是一位学贯中西、融汇古今的学者。王老对中国古代的法律精神和法律传统有自己非常独到的见解。……令人印象深刻的是，王老论文的字里行间透露出一种对中华民族历史和法律文化的认同感和自豪感，表现出一种民族自信。……第三，平实易懂，专业规范。……王老的中文著作平实易懂，王老的外文作品也一样，其中博士论文应该说是代表作品。在他的论文中，中国古代哲学、历史、法典和判例方面的内容都变成了顺畅的法语。我把这些法语内容翻译成现代汉语之后，立即能够理解其意，几乎能够立刻找到他引用文献的内容。……王老论文的结构、章节编排、注释都遵循严格的学术规范。论文中的封面、声明、前言、缩略语、导论、正文、结论、参考书目、目录以及注释，都具有相当的规范性。以参考书目为例，不仅规范，而且方便，主要表现在：一是分类合理。在区分中文、西文文献和著作的基础上，再将中文文献和著作分为立法和判例汇编、参考和引用的主要著作；西文文献和著作分为法律和判例汇编、参考和引用的主要著作。二是排列有序。每一类文献和著作都按照开首字母的先后顺序予以排列。三是中文文献和著作既有法语翻译版本，又同时附有中文拼音版本。虽然民国时期的拼音规则和现代汉语的拼音规则有很大的区别，但是凭借汉语是母语的优势和对中文文献和著作的熟悉程度，经过仔细比较核对，再通过国家图书馆的书目搜索进行确认，最终将王老论文中引用的全部中文文献和著作的名称、作者都进行了确认，中文参考书目的翻译工作也算得以圆满完成。王老当年规范、方便的学术工作、译者自身具有的对专业文献和著作的领悟能力、现代化的书目搜索技术在这里得以交汇融合，形成了一次令人神往的学术对话。

其实三位编校者都在编辑工作中不知不觉地进入了王老的学术思想世界，都曾经获得了"一次令人神往的学术对话"体验。三位编校者为这种不知多少年才能得遇的师生缘分而感到幸运。想必王老会允许将此份学缘的成全视为全集整理工作的一种成果，并为之欣慰吧！

高家伟
2015 年 10 月 16 日谨记